Tour Operating Practice

투어오퍼레이션 실무

고영길 지음

이프레스

머리말

여행에 대한 사람들의 관심이 많아지고 정책적으로도 여가를 장려하면서 여행업의 지속적인 발전이 기대되고 있다.

이에 관광을 전공하고 여행사를 비롯한 관련 산업체에 비전을 갖는 학생들이 많아지고 있으며, 관광 관련 전공이 설치된 대학에서는 여행사 경영론과 여행사 실무론 과목들이 필수적으로 커리큘럼에 있을 정도로 중요 교과목으로 자리매김하고 있다.

여행사 실무 과목은 학생들이 여행사 현장으로 취업했을 때 대학과 현장 간의 괴리감이 있어 학생들이 현장에서 재교육을 받아야 하는 경우도 많이 있었다. 결국, 대학에서 습득한 지식이 현장에서 연착륙하게끔 하기 위한 교육내용으로 이루어져야 하며, 이는 산업체에서도 절실하게 요구하는 사항이다.

정부에서도 산업현장의 직무를 국가적 차원에서 표준화한 NCS(국가직무능력표준)를 적극 도입하여 산업현장에서 적합한 인재를 개발하는 데 노력하는 등 이제는 대학과 현장과의 괴리감을 없애는 데 대학도 노력해야 한다.

따라서 본 ≪투어오퍼레이션 실무≫는 여행사 업무 중에서 가장 실무적인 파트인 여행상품 기획, 예약, 판매, 수배, 현지 진행에 포커스를 맞추고 여행사들의 현장 실무 담당자의 요구를 적극 수렴하여 최대한 실무적인 내용으로 구성하고자 노력하였다.

모쪼록 본 교재가 여행업에 취업하고자 하는 많은 학생들에게 실질적인 도움이 되기를 기대하며, 본 교재가 나오기까지 흔쾌히 조언을 주신 하나투어, 여행채널 관계자분과 출판사 이프레스 관계자분들께 이 자리를 빌려 감사의 말씀을 전한다.

2016년 1월
저자 씀

Contents 차례

Chapter 03 여행소재

Chapter 04 여행상품의 이해

Chapter 08 여행일정표의 이해

Chapter 09 여권 및 비자

Chapter 10 관광통역안내사 업무

Chapter 11 국외여행인솔자

Chapter 01

여행과 여행업에 대한 이해

Chapter

01

여행과 여행업에 대한 이해

1 여행에 대한 이해

1) 여행의 어원

이동은 인간이 존재하면서부터 시작되었다. 원시시대의 수렵, 채취 등 생존을 위해 일정한 정착지 없이 이동하면서 타지역의 풍광을 보면서부터 여행이 시작되었다고 할 수 있다.

인간의 이동은 거주지를 떠나 타지에 정착을 하게 되는 '이주'와 타지로 이동하였다가 거주지로 다시 돌아오는 '여행'으로 구별된다. 원시시대나 중세시대에는 '이주', '이민'의 형태가 대부분이었다면, 근대에는 일상생활권을 벗어나 다시 돌아올 것을 전제로 다른 곳의 사회나 문화를 돌아보는 '여행'의 형태가 많아졌다.

이렇게 인간의 이동에는 '이주'와 '여행'이라는 서로 다른 개념이 포함되어 있으며, 인간 이동의 역사에는 이주가 여행에 앞서 행해졌다고 볼 수 있다.

오늘날의 여행 혹은 여행객을 의미하는 'travel' 혹은 'traveller'는 라틴어인 'travail'에서 파생되었다. 'travail'은 고통(trouble) 혹은 노동(work)의 의미로서 과거의 여행이 위험하고, 고역이었다는 것을 알 수 있다. 즉, 그리스 · 로마시대의 귀족이나 산업혁명 이후의 신흥 부유층의 호화여행을 제외하고, 대부분의 서민 여행은 위험과 고통이 따랐다. 오늘날에도 배낭여행이나 저렴한 여행을 추구하는 일부 여행객은 고난과 위험을 무릅쓰는 여행과 관련지어 이러한 의미를 생각해 볼 수 있다.

이제는 위험과 고통 없이 여행을 할 수 있는 세상이지만, 아직까지 시간적, 경제적, 신체적 사유로 여행을 떠나지 못하는 사람들도 많다.

UN에서 채택한 인류선언 제24조에는 "모든 사람은 합리적인 노동시간의 단축과 정기 유급휴가를 포함하여 휴식과 여가의 권리를 가진다"라고 명시되어 있으며, 세계 관광기구도 1980년 마닐라선언과 1982년 아카폴코 선언에서 '관광여행의 기본권(Right to travel)'을 채택, 모든 사람에게 여행할 권리를 부여하자고 제의하였고, 이는 복지여행으로 연결되었다.

여행을 지칭하는 단어로는 trave 이외에도 trip, tourism, journey, sightseeing, excursion, voyage 등이 있는데, 1947년 국제관광연맹(IUOTO: Intemational Union of Official Travel Organizations)에서 'travel'을 공용 단어로 사용하고 있다.

2) 여행의 정의

여행의 순수한 개념은 인간의 이동에서 나타나는 현상, 즉 넓은 의미의 관광보다는 좁은 의미의 개념으로 파악해야 한다. 그러므로 여행은 단순하게 인간이 어떤 목적을 가지고 어떠한 수단에 의해 한 지점에서 다른 지점으로 이동하는 것을 의미한다.

일본학자인 쓰에다케(末武直義)도 '여행은 자기의 일상생활권을 떠나 일시적으로 다른 지역에 원칙적으로 체재할 목적을 가지고 이동하는 행위'라고 정의하고 있다.

국내의 많은 학자들도 여행에 대해 정의를 내리고 있는데, 공통적으로 일상생활권을 떠나는 비일상성이 전제가 되고, 여행자의 자유의사를 반영하여 다시 돌아올 예정으로 떠나는 이동의 행위가 있어야 하며, 경제적인 소비와 체험행위가 이루어져야 한다고 정의하고 있다.

표 1-1 국내학자별 여행의 정의

이선희(2004)	여행은 인간이 일상생활을 하는 정주지에서 떠나 다시 돌아올 예정으로 일정한 기간 동안 이동하는 소비행위
조송빈(1991)	여행은 인간이 일상생활권을 떠나 다시 돌아올 예정으로 다양한 욕구의 충족을 위해 이동하는 행위
정찬종(1994)	일상생활과 관련 없이 정주지를 이탈하여 다시 정주지로 돌아오는 동안의 모든 체험 과정의 총체

3) 여행의 구성요소

여행객의 쾌적하고 즐거운 여행을 위해서는 교통, 숙박, 식사, 가이드 등 다양한 매체들이 필요하다. 여기서 한발 더 나아가면 여행객들과 관광지 및 다양한 매체를 연결시켜 주는 여행사가 위치하게 된다. 여행매체는 이동과 관련한 버스, 항공, 선박, 기차 등 공간적 매체와 숙박, 휴식, 오락시설 등 관광지에서의 즐거운 시간을 보내기 위한 시간적 매체, 여행사, 여행정보, 가이드 등 여행의 전 과정을 컨트롤하는 기능적 매체로 구성되어 있다.

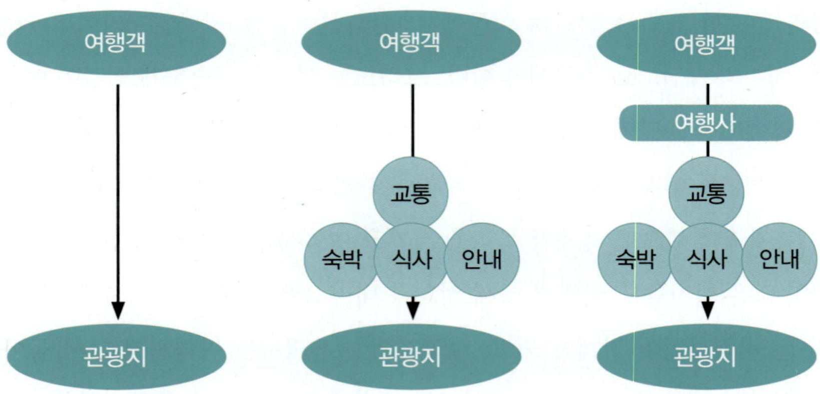

그림 1-1 여행사의 위치

표 1-2 여행의 구성요소

여행주체	여행객	다양한 욕구와 동기를 지닌 여행의 중심적인 구성요소
여행객체	여행자원	여행객을 끌어들일만 한 매력이 있는 유 · 무형의 자원들

여행매체	공간매체	교통	여행상품을 구성하는 가장 기본적인 요소
여행매체	시간매체	숙박	당일 여행 이외의 경우 기본적인 요소
		식사	현지에서 이루어지는 식사뿐 아니라 이동 중의 식사 포함
		쇼핑, 선택관광	여행객의 만족도에 영향을 미치는 요소
	기능매체	여행서비스	여행업, 안내, 여행정보

2 여행업에 대한 이해

1) 여행객들의 여행 추이

(1) 외국인 방한 관광객 현황

2010년부터 중국인 방한객이 빠르게 증가하면서 2013년부터 일본을 제치고 제1의 인바운드 시장으로 급부상하였다. 중국인 방한객의 급증에는 쇼핑관광의 매력, 크루즈관광의 증가, 한류관심층 확대, 비자 발급요건 완화 등의 요인을 들 수 있으며, 인센티브 단체, 개별관광객과 가족단위, 여성층, 청소년층, 중노년층 등 수요층이 점점 다양해지고 있다. 이에 반해 일본은 지속적인 엔화의 약세와 함께 한일 외교갈등, 일본인의 국내여행 선호 등에 따라 방한객이 감소하고 있는 추세이다.

표 1-3 연도별 외국인 관광객 입국 현황 (단위: 명, %)

연도	외국인 관광객 수	성장률	연도	외국인 관광객 수	성장률
1994	3,580,024	7.5	2004	5,818,138	22.4
1995	3,753,197	4.8	2005	6,022,752	3.5
1996	3,683,779	−1.8	2006	6,155,046	2.2
1997	3,908,140	6.1	2007	6,448,240	4.8
1998	4,250,216	8.8	2008	6,890,841	6.9
1999	4,659,785	9.6	2009	7,817,533	13.4
2000	5,321,792	14.2	2010	8,797,658	12.5
2001	5,147,204	−3.3	2011	9,794,796	11.3
2002	5,347,468	3.9	2012	11,140,028	13.7
2003	4,752,762	−11.1	2013	12,175,550	9.3

출처: 문화체육관광부(2014). 2013년 기준 관광동향 연차보고서.

표 1-4 연도별/국적별 시장점유율 추이 (단위: %)

연도	일본	중국	미국	구주	교포	기타	계
2001	46.2	9.4	8.3	8.3	5.6	22.2	100.0
2002	43.4	10.1	8.6	9.4	5.9	22.6	100.0
2003	37.9	10.8	8.9	10.1	6.0	26.3	100.0
2004	42.0	10.8	8.8	8.6	5.2	24.6	100.0
2005	40.5	11.8	8.8	8.5	4.7	25.7	100.0
2006	38.0	14.6	9.0	8.7	3.7	26.0	100.0
2007	34.7	16.6	9.1	8.7	4.6	26.3	100.0
2008	34.5	17.0	8.9	8.6	4.5	26.5	100.0
2009	39.1	17.2	7.8	7.7	3.0	25.2	100.0
2010	34.4	21.3	7.4	7.3	3.6	26.0	100.0
2011	33.6	22.7	6.8	7.0	3.3	26.6	100.0
2012	31.6	25.5	6.3	6.4	3.0	27.2	100.0
2013	22.6	35.5	5.9	6.3	2.5	27.2	100.0

출처: 관광지식정보시스템(원시자료출처: 법무부 출입국 통계 재구성).

(2) 한국인의 국외여행 현황

2013년 한국인 해외여행객은 원화 강세와 세계경제 회복 기대감 등으로 전년대비 8.1% 증가한 14,846,485명을 기록하였다. 월별로는 매월 전년 동월대비 증가세를 나타내고 있으며 특히 방학과 휴가철인 1월, 7월, 8월에는 140만 명 이상이 해외여행을 다녀온 것으로 나타났다.

표 1-5 한국인 해외 출국 현황

연도	출국자 수	성장률
2001	6,084,476	10.5
2002	7,123,407	17.1
2003	7,086,133	-0.5
2004	8,825,585	24.5
2005	10,080,143	14.2
2006	11,609,879	15.2
2007	13,324,977	14.8
2008	11,996,094	-10.0
2009	9,494,111	-20.9

연도	출국자 수	성장률
2010	12,488,364	31.5
2011	12,693,733	1.6
2012	13,736,976	8.2
2013	14,846,485	8.1

출처: 문화체육관광부(2014). 2013년 기준 관광동향 연차보고서.

한편, 해외 국가들의 NTO 통계에 기반하여 2014년 방문객 수를 살펴보면, 중국, 일본, 미국, 태국, 필리핀 등이 해외여행의 주요 목적지인 것으로 나타났다. 중국 방문객이 전년대비 2.5% 감소하였으나 397만 명으로 가장 많았으며, 이어 일본 방문객이 전년대비 20.2% 증가한 246만 명, 미국 방문객은 전년대비 8.7% 증가한 136만 명으로 나타났다. 35만 명이 방문한 대만은 전년대비 성장률이 35.6%로 가장 높게 나타났는데, 대만 배낭여행을 다룬 TV 예능 프로그램의 영향이 큰 것으로 생각된다.

2) 여행업의 개념 및 기능

(1) 여행업의 개념

오늘날 여행사는 사람들의 여행에 대한 관심과 참여로 대단히 중요한 관광산업으로 부상하고 있다. 여행업의 발전 요인은 다음과 같다.

① 교통기관의 발달: 빠르고 대량수송이 가능한 교통기관의 발달은 여행의 대중화를 가져왔으며, 이에 따라 여행업이 발달하는 기폭제가 되었음.

② 여가의 증대: 산업화의 발달로 여가시간이 증대되었으며, 주5일제 등, 삶의 질 향상에 따라 여가활동의 증대는 여행욕구를 증대시킴.

③ 여행계층의 확대: 실버층 및 주부들의 여가확대에 따라 여행계층이 다양하게 확대됨.

④ 가처분소득의 증가: 소득증대에 따라 문화소비의 증가가 두드러짐.

⑤ 매스컴의 발달: 여행지의 정보획득이 용이해짐에 따라 여행욕구를 자극.

여행업의 개념에 대해 살펴보면, 크게 여행활동을 위한 중개자 또는 매개자(intermediary)로서의 역할, 여행상품 생산자로서의 역할로 나누어 살펴볼 수 있다.

중개자 또는 매개자로서의 역할은 여행업이 숙박업, 교통업, 식당업과 같이 여행객을 대상으로 사업을 전개하는 시설업자(principal)와 여행객의 중간에 위치하면서 여행객을 위해 시설이용과 관련된 예약과 수배 및 일련의 알선 등과 같은 서비스를 제공하고, 그 대가로 시설업자로부터 일정한 수수료를 받아 경영해 나가는 사업을 말한다.

후자의 경우는 여행업의 개념을 알선 · 중개 수단에 초점을 맞추기 보다는 여행상품의 생산 · 판매 · 마케팅을 강조하는 입장인데, 예컨대 여행업이란 "교통, 숙박, 음식, 관광 등 여행과 관련된 모든 요소를 하나의 서비스로서 대중에게 판매하는 자격이 부여된 기업" 또는 "독립적 요소로서의 교통과 숙박 및 기타 서비스 등을 결합한 패키지 투어를 고객에게 판매하는 기업" 등 여행에 대한 무형 서비스를 제공하는 기업으로 파악하는 것이다.

(2) 여행업의 역할과 기능

관광사업을 관장하는 「관광진흥법」에서는 여행업을 "여행자 또는 운송시설·숙박시설, 그밖에 여행시설의 경영자 등을 위하여 그 시설이용의 알선이나 계약 체결의 대리, 여행에 관한 안내, 여행편의를 제공하는 업"이라고 정의하고 있다.

이 정의에서 보면 여행업이란 단순히 여행자를 위한 업무만으로 한정하고 있지 않다. 즉, 여행자뿐 아니라 운송, 숙박업자 및 관광시설 등을 위한 업무이며, 동시에 여행자 및 소재제공업자 쌍방에 서비스를 제공하는 것이 여행사의 역할이라 할 수 있다.

예를 들어, '여행객에게 호텔을 소개한다'는 업무가 의미하는 것은, 여행객에게 「조건에 맞는 신뢰할 수 있는 호텔을 찾아 소개」하는 행위이면서 호텔에 대해서는 「손님을 알선」하는 행위이기도 하다. 결국, 여행사의 업무는 여행객과 소재제공업자 사이에서 각각의 서비스를 제공해 주는 것이라 할 수 있다.

이를 구체적으로 살펴보면 다음과 같다.

① 수배 · 수속 대행

여행사 ➡ 여행자: 번거로운 수배나 수속 대행
➡ 소재제공업자: 여행자 알선과 예약수배업무의 대행

여행자를 대신해서 여행사가 숙박시설이나 운송기관의 예약, 공항이나 호텔 체크인 등을 대행하는 업무를 말한다.

특히 해외여행은 언어 문제나 관습에 차이가 있어 개인이 예약할 때는 예약조건을 세세히 확인하는 것이 힘들며, 체크인 등에 시간이 걸리는 경우가 많다. 여행자에게 이러한 번거로운 수배 · 수속을 대행하는 것이 여행업무의 하나이다.

한편, 여행소재제공업자에게도, 본래 각 업자가 해야 할 예약 수속을 여행사가 대행함에 따른 업무량 감소, 안정된 수요확보를 위해 여행사에 고객 알선을 요청하기도 한다.

② 여행상담

여행사 ➡ 여행자: 여정 제안, 여행정보 제공
➡ 여행소재제공업자: 여행자 수요에 관한 정보 제공

인터넷의 보급으로 여행지의 여러 정보들은 일반 여행자도 쉽게 입수할 수 있다. 그러나 인터넷상에 존재하는 정보는 개인의 체험만을 근거로 게재된 것이 많아 내용이나 견해가 극단적으로 편향되거나 오래된 정보인 경우도 많다.

여행사는 각각의 여행소재제공업자나 여행사 직원, 관광행정기관 등의 확인을 거친 양질의 현지 정보를 수집하면서 입소문이나 설문을 통한 정보를 선별하여 상품기획에 이용하고, 이러한 정보를 여행자에게 제공하고 있다.

한편 여행사는 소재제공업자에게도 정보를 제공하고 있다. 여행사는 많은 여행자와 접점을 갖고 있으므로 여행자의 다양한 요구(needs)를 직접 들을 수 있고, 또한, 많은 제공업자와의 접점도 갖고 있으므로 다른 업자들의 성공, 실패에 대한 케이스스터디를 파악할 수 있다. 이러한 여행자 수요와 업계 동향을 제공함으로서 제공업자의 설비, 서비스 향상이나 경쟁력 있는 가격 제공으로 이어지게 된다.

③ 보증

여행사 ➡ 여행자: 여행소재의 질 보증, 여정 보증 ➡ 여행소재 제공업자: 지불, 결재 보증

현대적 의미의 여행업은 전통적 의미의 여행 알선이라는 업무범위를 넘어서는 보다 적극적이고 포괄적인 개념을 지니고 있다. 종전의 교통, 숙박, 식사 등을 예약·수배하거나 알선해 주던 소극적인 업무에서 벗어나 여행자들의 욕구에 신속히 부합하기 위해 독자적으로 여행상품을 기획·개발·판매하는 업무에 많은 비중을 두는 것이 그 예이다. 즉, 오늘날 여행업의 총체적 개념은 여행자의 여행행위를 위해 전문적이고 조직적으로 최대의 편익을 제공하며, 전세계의 여행 및 관광과 수송의 모든 부분에 접근할 수 있게 해 주는 편리한 일괄 구매의 기회(one-stop access)를 제공하는 여행백화점(department store of travel)인 것이다.

한편, 여행사의 기능을 부서별로 살펴보면 다음과 같다.

① 판매(영업 부문)

직접 여행객들과 접하는 소매업으로서의 판매기능이다.

판매방법으로서는 사내 판매와 회사나 각종 단체에 대한 방문판매가 중심이었으나 최근에는 다이렉트 메일(DM), 잡지, 홈쇼핑 등을 이용한 통신판매와 신문 등 메스컴을 이용한 판매, 인터넷을 이용한 판매가 효과적인 판매방법으로 정착된다.

② 수배(수배 · 예약 부문)

여행업자는 여행객의 의뢰를 받은 여행예약을 전세계 항공사, 철도, 버스, 호텔, 레스토랑, 가이드 등 수배할 것이 많기 때문에 수배·예약업무는 여행업에서 상당히 중요한 기능 중 하나이다.

그러나 하나의 여행사가 전 세계의 모든 관계되는 회사와 계약을 맺고 한 건 한 건 수배하는 것은 여러 면에서 비효율적이다.

따라서 이 기능을 지역별, 여행목적별로 특화시킨 전문업자에게 위탁하는 경우가 많다. 이 같은 업자를 지상수배업자(Land Operator)라고 하는데, 대부분의 여행업자는 현지 수배와 관련해서 지상수배업자에게 업무를 위탁하고 있다.

③ 기획(상품기획개발 부문)

여행업자 간 극심한 경쟁에서 살아남기 위해서는 여행객의 니즈에 맞는 여행, 세계 각지의 볼거리들을 담은 여행, 경쟁사에서 볼 수 없는 참신한 여행들을 기획하

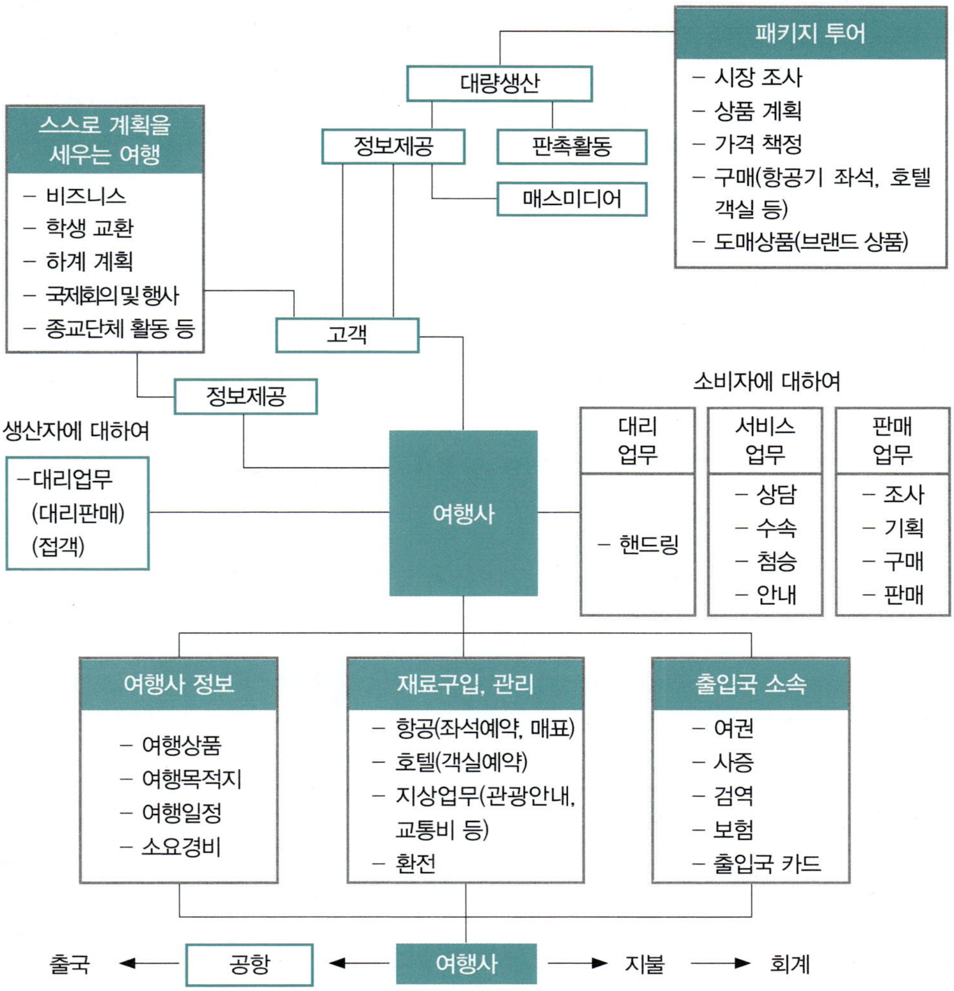

그림 1-2 여행업의 기능

출처: 김천중(1999).

고 새로운 여행목적지 · 여행루트를 개발하여 상품화하는 것이 필요하다. 충실한 기획 · 개발기능은 여행사의 중요 과제라 할 수 있다.

3) 여행업의 분류

(1) 영업기능상 분류

① 도매여행사: 여행상품을 기획하여 개별 여행자가 아닌 소매여행사(tour retailer)를 상대로 영업, 판매하는 여행사로서 도매여행사는 여행상품의 기획, 브랜드, 객실 및 항공권 확보 등에서 경쟁력을 확보할 수 있어야 한다. 대표적인 도매여행사로서는 하나투어, 모두투어 등을 들 수 있다.

② 소매여행사: 여행상품을 직접 기획하지 않고 도매여행사(wholesaler)로부터 여행상품을 제공받아 최종 소비자인 여행객을 대상으로 판매하는 여행사를 의미하며, 다수의 도매업자로부터 여행상품을 제공받기 때문에 다양한 상품을 취급할 수 있다는 장점이 있다. 상품 판매 시 도매여행사로부터 일정한 수수료를 받는다.

③ 직판여행사: 여행상품을 기획하여 여행객을 상대로 직접 판매하는 것까지 자사에서 일괄처리하는 여행사

④ 랜드사: 랜드 오퍼레이터(land operator) 또는 지상수배업자라고도 하며, 현지 수배(호텔, 식사, 버스, 입장권 등)를 전문으로 하는 회사

(2) 업무대상에 따른 분류

① 상용여행사: 계약된 특정 기업의 고객을 주 영업대상으로 운영하는 여행사

② 부설여행사: 항공권이나 여행수요가 비교적 많은 특정 기업이 필요에 의해 주로 자체 건물 내에 부설하여 해당 기업의 여행수요를 전담하며, 또한 외부의 고객도 창출하여 운영하는 여행사

③ 전문상품판매여행사: 항공권, 박람회, 허니문, 배낭, GSA(총판대리점), 골프, 연수, 특정 지역 등의 특정 상품만을 중점적으로 홍보 및 판매하여 운영

(3) 관광진흥법상의 분류

① 일반여행업

국내 또는 국외를 여행하는 내국인 또는 외국인을 대상으로 하는 여행업(사증발급을 대행하는 행위를 포함)을 의미한다.

② 국외여행업

국외를 여행하는 내국인을 대상으로 하는 여행업(사증발급을 대행하는 행위를 포함)을 의미한다.

③ 국내여행업

국내를 여행하는 내국인을 대상으로 하는 여행업을 의미한다.

표 1-6 관광진흥법에 따른 여행업의 분류

여행업종별	등록기준	주요업무
일반여행업	자본금: 2억 원 이상 사무실: 소유권이나 사용권	인바운드 아웃바운드 국내업무
국외여행업	자본금: 6천만 원 이상 사무실: 소유권이나 사용권	아웃바운드
국내여행업	자본금: 3천만 원 이상 사무실: 소유권이나 사용권	국내업무

(4) 마케팅 유형별 분류

마케팅의 중요성이 증가되면서 이를 기준으로 신여행사 그룹, 공격적 기존여행사 그룹, 보수적 기존여행사 그룹, 대기업 계열사 그룹으로 여행업을 분류할 수 있다.

표 1-7 마케팅 유형에 따른 여행업의 분류

유형	특징
신여행사	1990년대 후반에 설립된 여행사들로 광고를 중심으로 한 영업에 의존도가 높고, 브랜드 인지도를 높이는 데에는 성공하였으나 생산성이 낮은 특징이 있다.
공격적 기존여행사	기존 시장의 선도업체로서 신여행사 그룹의 적극적인 마케팅에 대응하여 시장 점유율을 유지하기 위한 광고 등 공격적인 마케팅을 하고 있는 여행사들이다.

유형	특징
보수적 기존여행사	시장의 선도업체로서 회사의 인지도가 높고, 안정적인 경영상태와 생산성을 중시하며, 넓은 고객층을 중심으로 한 보수적 마케팅 전략을 구사하고 있다.
대기업 계열사	대기업과 밀접한 관계를 가지고 시장의 대부분이 해당 대기업으로 한정되어 있으므로 판매와 재무구조의 안정성을 가지고 있으며, 특히 항공권 판매를 중심으로 하는 경우가 많다.

4) 여행업의 경영특성

여행업은 일반 제조업과는 다른 고유의 특성을 갖고 있다.

- 인적자원의 의존도: 직원의 능력과 성실성에 따라 여행상품의 가치가 달라짐.
- 계절성에 따른 수요변화가 큼: 가격 차이 및 여행조건 변동이 큼.
- 전문적인 여행현장 지식: 여행사의 전문성은 쉽게 얻을 수 있는 여행정보와는 차별화됨.
- 고정자본투자가 적음: 쉬운 창업이 가능함.
- 무형적인 특성을 지닌 여행상품: 눈에 보이지 않는 무형재의 상품이므로 일반적인 제품보다 직원 및 단골의 존재유무가 중요함.

이상과 같은 여행업 경영의 특성을 재정리하면 다음과 같다.

첫째, 위험부담이 적은 사업이다. 다시 말해 항공이나 숙박 등 여행소재 제공업자로부터 소재를 구입하여 여행사 창업 초기에는 주문생산에 주력함으로서 대규모 설비투자가 필요하지 않은 사업이므로 비교적 자금부담이 적어 위험부담이 적은 사업이다. 이를테면 여행사가 예약된 항공좌석과 호텔객실을 취소하더라도 이에 대한 책임을 지는 경우가 거의 없어 상품구매에 대한 위험부담이 전혀 수반되지 않는다.

둘째, 노동집약적인 사업이다. 여행업은 곧 인적 사업이다. 최근에 정보 시스템의 발달로 인한 사무자동화로 내부업무의 인원감축이 일부 이루어지고 있지만, 상담과 안내 등 고객과의 빈번한 접촉의 필요성으로 인적자원이 다수 필요하다.

셋째, 운용자금을 활용할 여지가 있다. 여행업자는 여행대금을 수령한 후에 소재제공업자에게 대금을 결제하기까지 시간적인 여유가 있어서 이 자금을 운용할 수 있다. 이러한 자금은 이자 및 주식매입, 자체 카드사업 등에 이용되고 있다. 이런 여유자금으로 재투자 수익을 기대할 수 있다.

Chapter 02

여행업의 조직 및 수익구조

Chapter

02

여행업의 조직 및 수익구조

1 여행사의 조직 및 직무

여행환경의 변화 및 각 여행사마다의 특성에 따라 조직구성은 큰 차이를 보일 수 밖에 없으므로 여행사는 규모에 맞게 상품과 조직을 구성하고 있다. 여행업의 경영상 수익창출을 위해 인터넷 등 판매구조의 변화에 따라 조직 및 업무가 다를 수 있다.

여기서는 국내여행(domestic), 국제여행(in-bound), 국외여행(out-bound)의 분야별 조직으로 구분하여 조직의 세부적 특징을 설명하기로 한다.

1) 국내여행업(domestic)의 조직업무

① 국내여행조직: 판매부서, 수배부서, 안내부서, 차량부서, 기획개발부서, 관리부서

② 국내여행조직의 특징: 관광버스 렌탈과 패키지 여행, 국내선 항공권판매, 철도승차권판매 등의 위주로 이루어진다.

③ 종합적인 업무변화: 상품개발, 판매 및 수배를 일괄 처리하는 경우가 많고 국내여행상품을 기획하고 원가를 계산하고 행사진행 후 정산완료로 이루어진다.

2) 인바운드(In-bound) 여행업의 조직업무

① 인바운드 여행조직: 판매부서, 수배부서, 안내부서, 기획개발부서, 관리정산부서.

② 인바운드 여행조직의 특징: 외국인이 한국에 지사를 두고 판매하는 경우와 해외여행사와의 협력으로 판매하는 경우가 대부분이며, 국내에서의 조직체계는 국내여행의 조직체계와 유사하다.

③ 종합적인 업무변화: 국제회의 및 박람회 등 패키지 이외의 다양한 유형의 외래관광이 점점 활성화되었다.

3) 아웃바운드(Out-bound) 여행업의 조직업무

① 국외여행조직: 판매부서, 수속부서, 발권부서, 안내부서, 기획개발부서, 관리부서

② 국외여행조직의 특징: 발권부서, 안내부서도 판매부서와의 유기적인 관계로 진행되며 기획개발부서는 조직상 수배부서로 명칭이 변경되는 경우도 있다. 상품개발은 현지에 있는 여행사(Land사)의 협조로 진행되기도 한다.

③ 종합적인 업무변화: 인터넷의 발달로 인터넷 정보화 부서가 별도로 구성되어 있는 경우가 많고 수속부서는 여권수속을 여행사가 담당할 수 없게 되면서 비자수속도 대행사에 아웃소싱하는 형태로 변화되고 있다.

④ 판매부서의 조직을 업무별로 부서를 둠: 패키지부, 법인영업부, 허니문부 등 한 부서에서 종합적으로 판매와 수속과 안내, 기획을 총체적으로 처리하는 경우와 판매부서를 일본부, 중국부, 미주부, 유럽부, 동남아부 등으로 나누어 조직을 구성하는 경우도 많다.

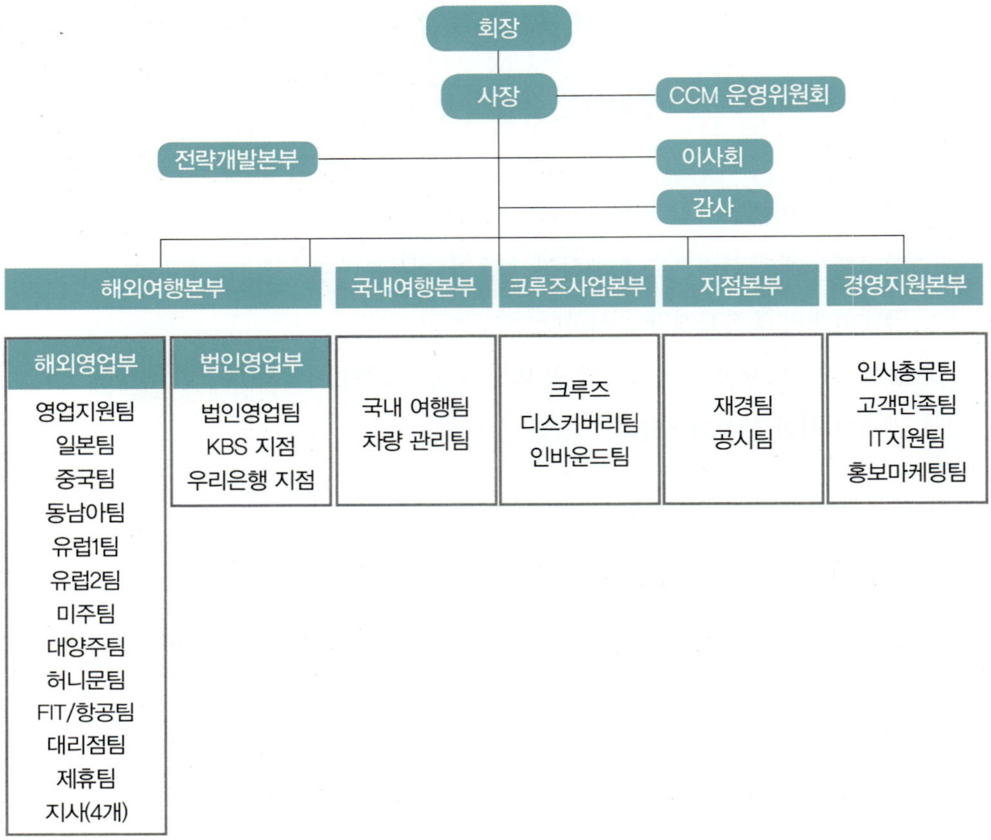

그림 2-1 여행사의 조직(L관광의 예)

현재 여행사들은 사업영역을 확장하면서 단순히 판매와 수배에만 국한하지 않고 복잡다단한 부서들과 그에 맞는 직무들을 직원들에게 요구하고 있는데, H투어의 경우를 예로 들면 다음과 같다.

표 2-1 H투어의 직무

기획	회사 전반의 경영계획 수립 및 성과관리, 조직관리, 경영혁신 등 경영의사결정 및 경영활동 지원
홍보	언론홍보, 기업 및 브랜드 광고, 사회공헌사업, 사내 커뮤니케이션 활동
인사	회사의 비전 및 경영전략과 연계한 채용, 배치, 이동, 평가, 보상 등의 인사활동 및 인사기획
교육	임직원, 하나투어 전문판매점, 해외지사의 교육을 통해 회사비전을 달성할 수 있는 인재양성

재무	분개, 결산, 세무, 출납, 자금관리 등 일련의 회계처리를 통하여 회사의 재무상태를 관리/개선하며 경영에 필요한 적절한 정보를 제공
총무	회사 자산의 관리 및 유지업무/사내 후생에 관련된 업무/ 회사의 비품 및 설비 자산을 관리하며, 법무업무, 사무환경 개선 및 각종 서비스 제공을 통한 업무효율성 강화
대리점	여행대리점 및 제휴사 등에 여행정보 제공 및 여행상품 판매/지원
OP	상품상담 및 예약업무, 대리점(여행사)과 상품운영관리 담당자들 간 커뮤니케이션 담당, 여행계약부터 출발까지 고객접점관리
마케팅	소비자의 트랜드 분석 및 수요예측과 소비자 행동분석을 통하여 마케팅 전략수립 및 영업활동에 적용
상품판촉	철저한 시장분석을 통한 해외여행 상품 기획/개발 및 고객 프로모션 기획/집행/관리
온라인	고객니즈, 시장조사, 통계자료를 바탕으로 한 서비스의 구축/개선 및 웹사이트, SNS 기획/구축
항공영업계획	항공권의 안정적 확보를 위한 연간수요예측, 판매실적 통계 및 분석, 프로모션 기획 및 항공사 대상 영업
항공예약발권	항공스케줄 확인 및 좌석관리, 항공권 예약과 발권 및 요금산출
상품개발	중국/일본/동남아/구미/대양주/테마 등 지역 및 상품의 특성을 반영한 여행상품 기획/개발/운영
IT	업무효율성 증대를 위한 최적의 IT개발 서비스와 원활한 전산 서비스를 제공

2 여행사의 수익구조

① 저수익구조: 수익률이 그리 높지 않다.

② 저수수료율과 이익률

- 상품원가에 대략 10%의 마진을 붙여 판매
- 커미션 수수료도 대략 10% 내외

표 2-2 **수수료의 종류**

종류	내용
소재제공업자 수수료	교통, 숙박, 음식 및 기타 소재제공업자로부터 받는 수수료
취급수수료	취급여행객으로부터 받는 취급요금
판매수수료	타 여행사의 상품을 대리판매하여 받는 수수료
대행수수료	비자수속이나 여행자보험가입 등에서 받는 수수료

③ 박리다매 수익구조

④ 여행사의 기본수익

- 여행상품 판매수익 : 항공요금+현지비용+마진
- 항공권 판매수수료: 0 커미션 시대 → TASF(Travel Agent Service Fee)[1)]
- 숙박 및 교통기관 등의 이용에 따른 수수료 : 5~10%
- 쇼핑과 선택관광 수수료 : 10~30%
- 수속대행 수수료

1) 국내여행의 수익원

국내여행(domestic tour)의 수익원은 당일여행, 숙박여행, 수학여행, 효도관광, 신혼관광 등 국내를 여행하는 내국인을 대상으로 하는 국내여행이며 다음과 같은 수익원이 있다.

- 관광상품 생산판매의 수익금 산출
- 국내선 항공권 판매수수료
- 관광식당 이용수수료
- 개인고객(FIT)의 호텔 및 콘도 예약 수수료
- 철도 및 유람선 승선권 판매수수료
- 전세버스 대절에 따른 수익
- 렌터카 수수료

---

1) TASF(Travel Agent Service Fee)란 항공사들이 여행사 대상 판매수수료(커미션) 제도 폐지에 맞서 여행업계가 지난 2010년에 도입한 대체 수익원이다. 항공권 발권 서비스에 대해 소비자에게 일정 요율 또는 액수를 취급수수료로 부과해 잃어버린 항공권 커미션 수익을 만회한다는 게 핵심이다. 장기적으로는 항공권뿐만 아니라 여행상품, 호텔, 기차 등의 예약판매에도 적용하는 게 목표이다.

2) 국제여행의 수익원

국제여행(inbound tour)의 주된 수익은 지상경비(land fee)로 얻어지는 수익으로, 지상경비는 국가 간 이동을 목적으로 하는 항공 · 선박 등을 제외한 현지 체재와 관련한 총경비에 일정율의 이익(보편적으로 10%)을 가산하여 산출하고 있다.

- 지상경비 수익
- Optional Tour 판매수수료
- 기념품 가게, 면세점 등에서의 물품구매에 따른 쇼핑수수료
- 개인고객(FIT)의 호텔 예약수수료
- 관광사진업의 관광기념사진 판매수수료
- 관광유흥음식점 수수료
- 국내선 항공권 판매수수료
- 그 외 용역 관련 수입(통역안내 서비스, 송영 서비스 등)

3) 국외여행의 수익원

국외여행(outbound tour)의 수익원은 국제선의 항공권 판매 수수료가 가장 큰 비중을 차지하지만 최근 항공권 판매 수수료의 축소 내지는 폐지가 진행됨에 따라 앞으로 여행사 수익원의 다각화가 진행될 것으로 예측된다.

국외여행업체의 기본적인 수익원은 다음과 같다.

- 자사기획의 여행상품 판매수익
- 도매여행사 기획상품판매에 따른 수수료
- 모객되지 않은 상품을 타 여행사가 판매했을 경우
- 항공예약에 따른 수수료
- 호텔과 차량 이용에 따른 수수료
- 선택관광 판매수수료
- 쇼핑 커미션

3 여행업의 환경 변화

여행업 내 · 외부에서 경영환경과 관련하여 많은 변화가 일어나고 있다.

대형 여행업체의 다각적 경영과 다국적 기업의 특성은 점점 고급화되고 있으며, 여행업무의 범위는 여행과 관련된 모든 서비스를 수용하려는 모습으로 강화되고 있다.

한편으로 이러한 규모의 경제화를 수용하기 힘든 중소규모의 대리점 성격이 강한 여행업은 동종업자들끼리 기업집단을 이루거나 프랜차이즈 경영방법을 도입하는 등 각 여행사들마다 치열한 미래전략을 짜내기 위해 고심하고 있다.

1) 내부 환경변화

① 판매부서의 강화: 인터넷 판매부서, 법인 입찰부서, 국제회의 기획부서 등 판매확충을 위한 부서를 강화

② 인수 합병을 통한 조직 내부환경 변화

③ 아웃소싱과 협력업체 수익배분으로 조직축소: 소규모 여행사는 협력업체와 조직을 공유하려는 경향을 보이고 있음. 즉, 시스템만을 조직하고 판매조직 등은 외부인에게 맡겨 일정부분의 수수료를 얻음.

(1) 항공권 판매

① 항공사의 직접판매강화: 항공사의 직판강화로 단거리 개인고객의 이탈이 가속화

② 수수료 폐지에 따른 수익율 하락: 고정적인 수익률 폐지에 따른 경쟁체제

③ 온라인 항공권 판매 전문여행사의 등장으로 일반여행사의 경쟁력 하락: 인터넷 구매결제 시스템과 예약 시스템의 발달로 오프라인 여행사 타격

④ 항공 볼륨인센티브(Volume Incentive) 도입: 항공사의 판매전략에 따라 판매비율이 높을수록 추가로 여행사에게 인센티브 제공

(2) 단체여행 영업

① 패키지여행사의 인센티브단체 영업강화: 중소규모 여행사의 가격경쟁력 하락으로 단체관광을 패키지여행사에서 위탁 · 진행하고 수수료를 받는다.

② 인터넷의 발달로 고객이 여행상품의 정확한 가격비교와 여행정보 획득이 활발함: 고객에게 모든 내용의 정보가 노출되어 있다.

③ 개별여행의 강화와 단체여행의 축소: 젊은 층의 개인여행 선호에 따라 관광 관련 사업자에 직접 예약하는 부분관광 패턴으로 바뀌었다.

④ 인적 네트워크 판매보다는 시스템에 의한 단체여행 판매: 공공기관 여행상품 구매 시 공정성과 투명성의 절차가 요구됨으로 영업직원의 능력보다는 회사의 능력과 기획능력이 단체여행상품의 판매에 유리하다.

2) 외부 환경변화

① 과당경쟁: 국내여행사 수 15,000개 이상(일반 여행업 2,000개, 국외 여행업 5,700개, 국내 여행업 7,500개)

② 수익구조의 변화: 여행사의 항공권 수익 비율이 항공사 수수료 폐지 이전에는 50%를 차지하였으나 현재는 여행사마다 줄어드는 추세이고 볼륨인센티브의 제공으로 대형여행사의 매출과 판매비중이 높아지고 있다.

③ 시장의 과점화: 대형여행사의 등장으로 시장지배력이 50% 이상을 넘고 있으며 자본과 조직의 거대화로 심화되고 있다.

④ 외부충격 심화: 금융위기와 자연재해 등의 발생으로 국내여행시장의 변동성이 있으며 남북 대치 및 국가별 외교 상황에 따라 시장에 미치는 영향이 크다.

(1) 여행업의 수요와 유통구조의 외부환경

① 국내여행업

– 개별여행 증가: 가족단위 여행과 도로 및 교통수단의 발달로 여행상품 구성요소의 직접 구매(호텔, 콘도 등의 구매를 직접 진행)

– 여가시간의 확대: 초 · 중 · 고등 학교의 주5일제 전면 도입에 따른 당일, 1박2일 등 초단기 수요 발생

② 국제여행업

– 한류 문화관광 수요: 공연 및 기획여행이 활성화되고 드라마에서 시작된 한류가 아이돌 가수의 인기로 확산되어 인바운드 시장확대
– 중국의 외래시장 수요: 중국의 소득증대와 여가증대로 외래관광이 대폭 확대되고 주변국인 한국의 여행매력도가 높아졌다.
– 의료관광 및 산업관광: 한국의료의 선진화는 건강의 중요성을 인식한 외국인의 수요를 창출하고 있으며 관광과 의료를 함께하는 고부가가치 여행자의 증가와 한국의 IT산업과 게임산업 등 첨단산업의 발전에 따른 산업관광의 성장세가 뚜렷하다.
– 여행사의 인바운드 시장진입: 외래관광의 확대를 수익으로 실현시키기 위하여 신규 인바운드 부서와 중국 등 동남아 시장환경에 대응하고 국제회의 기획 등 MICE 산업 신규 진출

③ 국외여행업

– 여행정보의 오픈: 인터넷의 발달로 여행객이 여행정보 수요를 여행사만큼 취득하고 여행상품 구매의 폭을 넓히고 있다.
– 개인여행 수요의 증가: 패키지여행의 수요는 정체인데 반해, 개별가족여행과 에어텔 상품 판매가 증가하고 항공권, 호텔을 직접 구매
– 여행업 전문화 경향: 개별 전문 동호회 모임을 통한 전문탐방여행이 확대되고 있다(등산, 문화, 음악, 문화, 스포츠, 역사 탐방단).
– 패키지 대형여행사의 인센티브 수요 장악: 여행객이 브랜드 가치를 중요시함으로써 인센티브 단체여행이 패키지여행사에 잠식 당하고 여행사의 업무영역이 허물어지고 있다.

④ 세계 여행업무 외부환경

– 국제화의 강화: 교통수단 및 혁명적인 정보통신의 발달은 세계여행수요의 증

가로 이어지고 있으며 인터넷 전문 판매여행사가 등장하고 있다.

- FTA 등 국제협약에 따른 여행시장개방: 산업의 한 분야로 서비스 산업이 확고히 인식되어지고 있으며 국가별 자유무역 또한 활발히 진행됨에 따라 대형 외국 여행사의 국내진입이 가능해졌다.
- 다국적 여행사의 진입과 인수 합병: 세계적인 여행사 그룹이 다국적기업의 상용거래를 통한 수익창출과 서비스를 통한 확장으로 국가 간 인수 합병이 이루어지고 있다.

(2) 여행업의 영업 외부환경

① 여행상품 가격의 외부환경

- 과당경쟁의 파행으로 수익률 저조: 오픈된 상품시장에서 다수업체의 경쟁심화로 기본 수익률 저조(판매되는 상품 매출액의 10% 수익률이 있어야 회사운영가능).
- 외부가격 인상요소 발생: 유가상승과 세금인상은 항공권가격의 상승으로 이어짐으로서 전체 여행상품 가격이 상승되었다.
- 소득수준에 따른 인건비 상승: 국민소득의 증가로 개별인건비의 상승이 초래되며 물가 상승분과 함께 여행상품 가격변동
- 대량구매의 가격할인: 대형패키지 여행사는 항공료와 현지 지상비의 가격협상력이 뛰어나다.

② 서비스의 질과 브랜드화 강화

- 서비스 품질과 가격: 고객은 서비스 품질을 우선시하고 느끼는 가치를 측정하여 상품을 구매
- 여행상품의 브랜드 가치창출: 서비스 가치측정은 행사 후 결정되므로 여행사 선택 시 여행사의 규모와 브랜드를 보고 여행상품 선택(인터넷 구매는 특히 브랜드 구매가 중요하다.)
- 대형여행사 브랜드는 고객확보가 용이: 여행상품 구성요소 중 항공 및 호텔 등 모든 방면의 가격협상력을 가질 수 있다.

③ 광고와 홍보수단의 환경변화

- 오프라인 광고 수단인 신문 광고의 축소
- 온라인상의 인터넷 광고와 SNS, 유튜브, 트위터 등 새로운 광고 매체 등장
- 인터넷 광고의 키워드 광고를 통한 광고 비중 증대

4 여행업이 원하는 인재상

여행사는 인적의존도가 높은 산업이므로 많은 인재들을 채용하고 있는데 어떠한 인재들을 원할까? 여행사 취업을 위해서는 기본적인 서비스마인드와 어학능력뿐 아니라 자신의 적성과 각 직무에 맞는 능력을 키워나가야 한다.

① 기획능력의 확대는 판매의 확대와 동일

훌륭한 여행기획능력자는 여행상품 판매경쟁에서 승리할 수 있으며 무형의 상품을 유형화시키는 것은 여행기획능력, 기획서 작성능력, 발표능력이다.

② 경력직원 채용 선호

신입직원은 경험적인 요소를 획득하기 위하여 1년 정도의 시간이 소요되므로, 여행사에서는 실질적으로 채용 후 즉시 현장에 투입할 수 있는 경력직원을 선호한다.

③ 온라인 여행전문직원 확대

홈페이지 관리 및 인터넷 여행상품 판매에서 컴퓨터와 여행 관련 업무를 함께할 수 있는 전문가의 등장이 요구되고 있으며, 스마트기기의 확대로 인해 스토리텔링이나 스마트애플리케이션 등 ICT 융 · 복합 인재도 많이 선호한다.

④ 인솔자 등 분야별 전문화

국외여행 인솔자도 지역별 전문가의 등장으로 언어권별 전문가로 인적구성을 도모함으로서 고객의 만족도를 높이고자 한다.

Chapter 03

여행소재

Chapter

03

여행소재

여행상품은 항공, 숙박 등 다양한 여러 요소가 복합되어 성립되는데, 이들 요소들을 여행소재라고 한다. 여행을 구성하는 소재들은 한편으로는 하나 하나가 단일 상품으로서 판매되기도 한다.

여기서는 여행소재 중에서 대표적인 것들에 대해 설명하기로 한다.

1 숙박시설

숙박시설은 여행에서 중요한 요소이며 여행에서 가장 많은 시간을 보내므로 고객의 지대한 관심사라 할 수 있다.

패키지 투어로 여행을 하거나 금전적으로 여유가 있어서 고급호텔의 특실을 미리 예약하고 다니는 여행객들도 있는 반면, 저렴하고 여행객들과의 교류를 원하는 개별 배낭객에 이르기까지 숙박에 대한 수요는 다종다양하다.

주요 숙박시설을 몇 가지 소개하면 다음과 같다.

1) 숙박시설의 종류

(1) 호텔(Hotel)

- 시티호텔(City Hotel): 도시에 위치해 있으며, 연회장, 레스토랑 이외에 쇼핑센터가 같이 위치해 있는 경우도 있다.
- 리조트 호텔(Resort Hotel): 관광지에 있으며, 호텔 부지 내에 체제에 필요한 대부분의 것(레스토랑, 스포츠시설, SPA 등)이 갖춰져 있는 곳이 많다.

(2) 펜션(Pension)

프랑스에서 처음 발생해 유럽 각지에 보급되어 있는 간이숙박시설로서, 숙박과 조식이 포함되며, 기타 식사는 제공되지 않는다. 스위스나 독일에서는 Garni Hotel이라 부른다. 경제적 여유가 없는 손님이나 장기체류객에게 적당하다.

(3) 콘도미니엄(Condominium)

장기체류객이나 가족 · 단체손님에게 적당한 키친, 거실, 침실, 욕실 등이 갖춰진 숙박형태로 리조트 지역을 중심으로 증가하고 있다.

(4) 모텔(Motel)

미국에서 발생하여 세계 각국에 보급된 자동차를 이용하는 여행객용 숙박시설로서, 프런트나 로비 등이 생략되어 있다.

(5) B&B(Bed&Breakfast)

일반가정이 숙박과 아침식사를 제공하는 것으로 영국에서 볼 수 있다. 민박과 같은 숙박시설이다.

2) 호텔 객실 및 요금

(1) 등급

숙박시설은 등급을 설정하여 고객에게 공신력과 함께 투숙 전에 숙박에 대한 대략적인 가늠이 가능하도록 하고 있는데, 등급에 따른 숙박요금은 차이가 있다. 그러나 세계적으로 통일된 등급 기준은 없으며, 국가나 관광업체에서 등급을 설정하고 있다. 가령, 한국에서는 특1급부터 3급까지 5단계로 나누고 있으며, 프랑스에서는 6단계로 구분하고 있다.

여행사나 호텔에서도 독자적으로 등급을 부여하고 있지만, 명칭도 제각각이다. 관광업체에서 흔히 사용하는 등급은 Super Deluxe 〉 Deluxe 〉 Superior 〉 First 〉 Standard 〉 Economy로 구분하고 있다.

(2) 호텔 객실의 종류

① 객실 형태에 따른 분류

- 싱글룸(Single Room): 1인용 침대가 1개 있는 1인용 객실로서 유러피안 스타일의 호텔에서는 좁고 욕조가 없는 경우도 있다.
- 트윈룸(Twin Room): 1인용 침대가 2개 있는 2인용 객실로서 한국이나 일본에서는 표준적인 객실. 유럽에서는 비중이 적다.
- 더블룸(Double Room): 2인용 침대가 1개 있는 2인용 객실로서 유럽에 많은 형태의 객실. 한국인들은 그리 선호하지 않는다.
- 트리플룸(Triple Room): 같은 사이즈의 침대가 3개 있는 경우는 문제없으나, 트윈룸에 간이침대를 집어넣는 경우, 객실이 좁아지는 단점이 있다.

종류(TYPE)	투숙인원	침대 수
SINGLE (SGL)	1	1
TWIN (TWN)	2	2
DOUBLE (DBL)	2	1
TRIPLE (TRP)	3	3

- 스위트 룸: 침실과 거실이 분리되어 있는 객실
- 커넥팅 룸: 호텔의 객실과 객실 사이에 연결된 문이 있어서 열쇠없이 그 문을 통해 객실 내에서 드나들 수 있어 가족여행이나 단체여행객에게 편리한 객실이다.

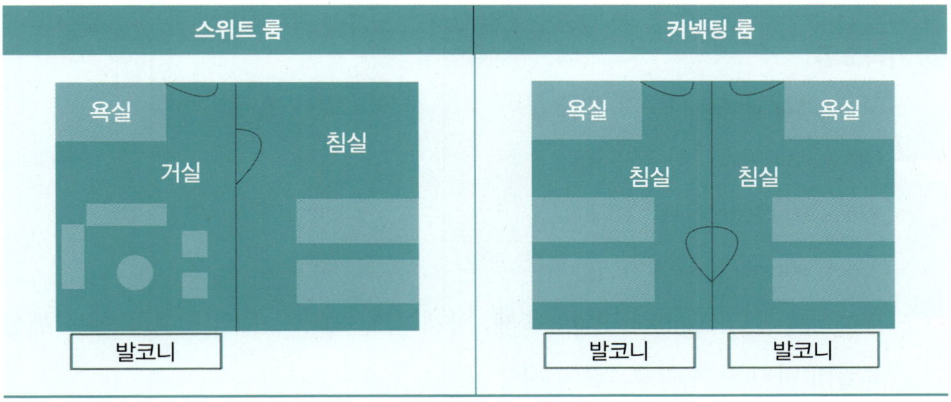

② 조망에 따른 분류

리조트 호텔의 경우 투숙객의 입장에서는 객실로부터의 조망이 중요하다. 예를 들어 하와이의 대부분의 호텔에서는 객실에서 바다를 조망할 수 있느냐에 따라 요금의 차이를 두고 있다.

Ocean view	객실에서 바다가 보이는 객실
Garden view	객실에서 정원이 보이는 객실
Mountain view	객실에서 산 또는 언덕이 보이는 객실
Lake view	객실에서 호수가 보이는 객실
Falls view	객실에서 폭포가 보이는 객실

(3) 호텔 요금

호텔 요금은 등급, 장소, 객실타입, 조망, 층수, 설비, 성수기/비수기, 식사유무 등 여러 가지 요인으로 결정된다.

① 공시요금(Rack Rate): 호텔이 제시한 공시요금, 정가

② 할인요금

- Corporate Rate: 특정 기업 등과 계약을 맺어 제시한 특별 할인요금
- Members Rate: 멤버십에 등록한 개인 손님에게 제시하는 특별 할인요금
- Agent Rate: 여행사 등과 계약하여 제시하는 특별 할인요금

③ 기타요금

- On season Rate: 성수기 요금
- Off season Rate: 비수기 요금
- Week day Rate: 주중 요금
- Week end Rate: 주말 요금
- Fair Rate / Convention Rate: 축제, 국제회의, 박람회 등의 기간 중에는 통상 요금이 아닌 특별 할증요금이 된다.

④ 식사에 의한 요금

식사 포함 여부에 따라 요금은 달라진다. 식사 포함, 불포함으로 요금을 설정하고 있는 호텔도 있지만, 아시아 지역은 대부분 조식포함의 컨티넨탈 플랜이다.

European Plan	객실 요금만, 식사 요금은 별도로 청구
Continental Plan	조식 포함한 객실 요금
Modified American plan	2식 포함한 객실 요금
Full American plan	3식 포함한 객실 요금

3) 객실 이외의 설비

(1) 객실 이외의 설비

한국인 여행객이 일반적으로 숙박하는 중급 이상의 호텔에서는 다음과 같은 설비를 갖추고 있다.

레스토랑(Restaurant)	대형 호텔에서는 여러 개의 레스토랑이 존재 – 주 레스토랑(Main Dining Room) – 커피숍(Coffee Shop, 식사도 제공)
연회장(Banquet Room)	조식 포함한 연회나 이벤트 개최에 이용됨
회의실(Convention Room)	회의를 진행할 수 있는 회의실
로비(Lobby)	현관을 들어서는 곳에 위치해 있으며 프런트 이외에 휴계용 공간이 있다. 커피 라운지와 기념품 숍도 설치
바(Bar)	로비나 최상층 등에 편안한 분위기의 Bar 설치
수영장(Pool)	대부분의 리조트 호텔에 존재

(2) 프런트 데스크

프런트 데스크는 크게 3가지 기능을 갖고 있다. 큰 호텔에서는 각각 담당자를 배치하고 있지만, 작은 호텔의 경우 몇 가지 업무를 같이하는 곳도 있다.

또한, 호텔에 따라서 리셉션 및 인포메이션 역할 기능이 다른 곳도 있으므로 호텔마다 확인해야 한다.

① Reception(Registration, Rooms)

체크인 업무와 함께 객실 배정, 객실 키 관리 등을 담당한다. 전체적인 숙박 관련 사항은 여기에 의뢰한다.

② Information(Concierge)

호텔 내부 및 관광 관련 정보나 티켓 예약 등의 수배업무를 담당한다. 유럽, 특히 프랑스에서는 컨시어지(Concierge)가 프런트에서 가장 높은 권위를 갖고, 객실의 키 관리, 포터 지시, 정보제공, 티켓이나 택시 수배 등 손님 편의와 관련한 모든 것을 담당했지만, 현재는 객실 키나 포터 지시 기능은 리셉션(Reception)으로 넘기고 컨시어지는 정보제공이나 티켓 수배 등 인포메이션을 전담하고 있는 호텔이 서서히 증가하고 있다.

③ Cashier

캐셔(Cashier)는 체크아웃할 때 정산을 담당하고, 환전업무와 귀중품 보관업무를 해왔지만 점차 고객들이 객실 안에 있는 개인 금고에 직접 귀중품을 보관하는 추세이다.

4) 호텔 상품 판매

체재형 상품에서는 다양한 호텔이 주된 소구 포인트가 되며, 이에 따라 고객이 호텔을 선택할 수 있는 상품이 증가하고 있다. 예를 들어 세부, 사이판, 괌, 하와이와 같이 체재형 상품의 경우 호텔마다 상세한 상품 설명이 되어 있고 여행요금도 제각각이다.

따라서 판매담당자는 손님의 목적, 구성, 연령, 예산 등에 맞춰서 적절한 조언 및 판매가 가능하도록 기재된 호텔의 각 특징을 파악해 두어야 한다.

(1) 호텔 판매 시 주의점

- 리조트 호텔에서는 특히 고객의 요망을 여쭤볼 필요가 있다(객실타입, 층수, 조망, 인접객실 등).
- 같은 호텔이라도 시즌에 따라 요금은 큰 폭으로 달라진다.
- 같은 호텔이라도 주말, 평일에 따라 요금은 큰 폭으로 달라진다.
- 유명 축제기간, 국제회의, 스포츠대회 등의 기간 중에는 개최지에 위치한 호텔 확보는 상당히 어렵고 또한 고가이다.
- 시즌에 따라 식사 포함이 아니면 수배가 불가능한 호텔도 있다.
- 장소도 고려해야 한다(치안, 자유행동 시 편리성 등).
- 유럽의 호텔들은 전통적 스타일의 호텔(European style)도 많이 있으므로 이에 따른 충분한 안내도 필요하다.

(2) 호텔 예약 및 지불방법

여행사는 호텔을 예약할 수 있는 다양한 창구를 가지고 있다. 현지여행업자를 통해 예약하는 경우와 한국 내에 있는 호텔의 한국 사무소를 통해 국내여행사가 예약하는 방법, 호텔 예약을 전문으로 하는 여러 회사들을 통해 예약하는 방법, 여행사가 자체적으로 현지 호텔에 연락하여 예약하는 방법, 마지막으로 토파스(TOPAS)나 아바쿠스(ABACUS)와 같은 항공예약 시스템상에서 예약하는 방법 등이 있다.

지상수배업자(land)	호텔 체인의 한국 사무소
호텔 예약회사(hotels.com, agoda, 호텔엔조이 등)	
여행사 자체 수배	항공사CRS(토파스 등)

(3) 호텔 요금 지불방법

① 사전에 여행사에 지불

여행객이 호텔 객실을 확보하고 있는 여행사에게 호텔 객실료를 미리 지불하면 여행사는 바우처(voucher)를 여행객에게 전달하는데, 바우처란 해당 손님이 여행사에게 미리 돈을 지불했으니 이 바우처를 소지한 사람에게 호텔 객실을 제공해 주라는 여행사와 호텔 간의 계약에 의한 일종의 확인서라 할 수 있다.

② 현지에서 직접 호텔에 지불

여행객에게 호텔 예약을 해 주고 예약확인서(Confirmation Slip)를 발급하여 현지 호텔에 가서 직접 호텔에 지불하는 방법도 있다.

호텔 관련 전문용어

- Deposit: 성수기에 객실 확보를 위해 호텔에 사전에 지불하는 예약금. 일반적으로 숙박하지 않는 경우에는 환불되지 않는다. 신용카드 번호를 알려주는 것으로 끝나는 경우도 있다.
- Confirmation Slip: 호텔 예약계나 여행사 등을 통해 예약한 숙박자가 지참하는 "예약확인증"을 말하며, 숙박요금은 현지호텔에서 직접 지불한다.
- Voucher: Confirmation slip과는 달리, 예약한 여행사 등에 사전에 호텔 예약과 숙박요금 지불이 완료됨을 증명하는 서류(쿠폰)이다.
- Guarantee: 예약되어 있어도, 객실이 확보되어 있는 것은 통상 오후 6시경까지이며, 그 이후 연락이 없는 경우 예약이 취소되는 경우가 있다. 객실의 확보를 보증받기 위해 하는 행위를 Guarantee라고 한다.
- No-show: 예약한 숙박객이 연락 없이 체크인하지 않은 것을 의미한다. 연락 없이 해약한 취소요금으로서 1박의 숙박료가 징수되는 것이 일반적이다.
- Early Check-in: 호텔의 체크인 시간은 일반적으로는 오후이지만, 이른 아침이나 오전부터 객실을 확

보하여 이용하는 것을 의미한다. 전날의 숙박요금을 지불하는 것으로 객실을 확보할 수 있는 경우가 많다.

- Late Check-out: 호텔의 체크아웃 시간은 일반적으로는 오전 중이지만, 오후에도 그 객실을 사용하는 것을 말한다. 통상적으로는 오후 6시까지라면 숙박요금의 반액, 더 연장할 경우는 1박분을 지불함으로서 객실을 확보할 수 있는 경우가 많다.
- Reception: 체크인이나 객실 배정을 하는 것이다. 또는 그 담당자를 의미한다. Front라고 하는 경우도 있다.
- Registration: 프런트에서 숙박등록카드에 필요사항을 기재하고, 체크인 수속을 하는 것이다.
- Cashier: 지불, 정산 및 환전이나 safety box 관리 등도 하는 경우가 많다.
- Safety Box: 귀중품 보관용 금고
- Concierge: 로비에 카운터를 두고, 각종 관광안내나 극장, 레스토랑의 예약, 우편물 등의 업무를 담당하는 호텔의 접객 담당자이다. 호텔에 따라서는 guest relations라고도 한다.
- Bell-man: 도착한 숙박객의 짐을 들고 객실로 안내해 주는 업무를 담당한다. 책임자는 벨캡틴이라고 한다.
- House Keeper: 객실의 청소, 정비와 비품 등을 담당 · 관리하는 업무를 하는 직원
- Room Service: 객실에 음료나 식사를 제공해 주는 직원, 또는 객실에서 먹는 음식을 의미한다.
- Baggage collection: 체크아웃을 위해 짐을 로비에 모아두는 것을 말한다.
- Paging: 호텔 내에서의 호출 서비스
- Extra Bed: 트윈룸을 3인용으로 이용할 때 객실에 추가로 설치하는 침대를 의미한다.
- Single Use: 트윈이나 더블룸 등의 객실을 혼자서 사용하는 것을 의미한다.
- Single Charge: 싱글유즈(single use)를 할 때의 추가요금을 의미하며 통상적으로는 한 사람분이 아니라 두 사람분(혹은 1개 객실 분)의 Room charge를 지불해야 한다.
- Incidental Charge: 기본요금에 포함되지 않는 개인이 지불해야 하는 요금(전화요금, 세탁요금 등)
- Mezzanine: Lobby 층과 1층 사이에 있는 층. 커피숍이나 바, 레스토랑이 위치한 경우가 많다.
- Foyer: 연회장이나 회의장에 인접한 휴게, 대기, 환담 등을 위한 공간
- Cottage: 리조트 등에서 흔히 볼 수 있는 각 객실이 단독으로 이루어져 있는 숙박시설이다. 프런트, 레스토랑 등은 별도의 건물에 위치해 있다.
- Villa: 리조트 등에서 흔히 볼 수 있으며, Cottage보다 크고 2개 이상의 침실이 있는 숙박시설이다.
- Lanai: 하와이에서 주로 사용하는 단어로, 경관을 즐길 수 있는 베란다, 테라스, 발코니 등을 말한다. 또는 바다, 호수, 강, 정원 등을 볼 수 있는 베란다나 테라스가 있는 객실을 의미한다.
- Maisonette: 상하층을 계단으로 이은 2층 형태의 객실이다. 1층은 리빙룸, 2층은 침실로 이용하는 경우가 많으며, 스위트룸의 일종이라 할 수 있다. 듀플렉스라고도 한다.

2 면세점

면세점은 소비를 목적으로 한국에 수입되는 외국산 상품에 부과되는 관세와 자국에서 생산되어 유통되고 있는 상품에 부과되는 여러 세금을 일정한 지역을 지정하여 자격을 갖춘 특정인, 즉 외국인 여행자들과 출국하는 내국인 여행자에게 면세로 판매하는 점포라고 정의를 할 수 있다.

면세점은 원래 중세기에 주요 항구를 중심으로 항해에 필요한 물건을 공급하는 항구의 상인들에게서 시작되었는데, 이는 정부로부터 항해를 하는 데 필요한 음식물과 비품 등을 지역의 세금이 면세된 가격으로 공급을 할 수 있도록 허용한 것이다.

이러한 것이 보편화되어 최근에는 항공기나 선박을 이용하는 여행자 모두 자기나라에 출 · 입국하는 여행자라면 면세점을 이용할 수 있도록 하고 있다.

면세점은 크게 공항면세점, 기내면세점, 시내면세점으로 구분할 수 있다.

공항면세점	국제공항/항만의 보세구역 내에 설치된 면세점
기내면세점	국제선 항공기 내에서 탑승고객에게 면세물품을 판매하는 면세점
시내면세점	시내에서 입국 외국인 및 출국 예정 내국인이 이용할 수 있는 면세점

(1) 공항면세점(Airport duty-free shop)

국제공항이나 항구의 보세구역, 즉 외국물품에 대해 세금부과를 보류하는 지역 안에 설치하여 출 · 입국하는 내 · 외국인이 해외여행할 때 이용하는 면세점으로 상품의 종류도 다양하고 지역의 특산품도 함께 구입할 수 있다.

(2) 기내면세점(In-flight duty-free shop)

국제선 항공기 안에서 탑승한 고객에게 면세물품을 판매하는 면세점으로서 공항면세점에서 시간이 부족하여 물품을 구입하지 못한 여행객에게 면세품을 구입할 기회를 제공한다. 단점으로는 상품이 다양하지 않다는 점이다.

(3) 시내면세점

시내에서도 면세점을 이용할 수 있다. 다양한 상품들을 판매하고 있는데, 구입과 동시에 면세품을 바로 가지고 올 수 있는 것이 아니라 출국 시점에 공항면세 구역에서 구입한 물건을 인도받게 된다.

(4) 사후면세점(tax-free)

사후면세점은 위에서 설명한 공항면세점, 기내면세점, 시내면세점과 약간 성격이 다르지만 관광객에게 인기가 많은 쇼핑장소이다.

사후면세점이란 외국인 관광객을 상대로 중저가 상품을 판매하는 비교적 소규모인 비과세 매장을 의미한다. 외국인 관광객이 사후면세점에서 구입한 물건에 대해 출국시 해당 물품을 국외로 반출한다는 확인을 받아 공항 등에 있는 환급카운터에서 청구하면 소정의 환급금을 돌려 받을 수 있다. 이를 부가세 환급(tax refund)제도라 하며 외국에서는 일반화되어 있으며, 한국에서도 2013년도부터 도입 · 운영하고 있다.

또한, 부가세 환급을 위해 외국인들이 공항에서 장시간 줄을 서서 세금을 돌려받는 불편한 점이 있어 2016년부터는 사후면세점에서 건당 20만 원 미만의 물품(총 한도 100만 원 미만)을 구입할 경우 그 즉시 부가가치세와 소비세를 환급받게 된다.

참고로, 사후면세점은 부가가치세와 개별소비세는 환급받을 수 있으나 관세는 환급받을 수 없다는 점에서 일반 시내면세점과는 다르다.

때문에 영어로 사후면세점은 '택스 프리(tax-Free), 시내면세점 등 사전면세점은 '듀티 프리(duty-Free)'라는 단어를 별도로 사용한다.

3 육상교통

1) 철도교통

개인여행 형태를 추구하는 여행객들이 증가하면서 외국의 철도에 대한 수요도 증가하고 있다.

패키지 상품에서도 여행의 다채로움을 주기 위해 철도를 많이 이용하고 있으며, 한국에서 예약이나 판매를 할 수 있는 구간 승차권이나 패스(Pass)도 많이 있으므로 여행사 담당자들은 철도에 대한 지식이나 수배방법의 습득이 필요하다.

(1) 유럽 철도의 특징

유럽 각국에는 국철 이외에도 많은 민간기업이 운영하는 철도도 있다.

이들 철도는 유럽의 국경을 초월하여 여러 나라들을 운행하고 있으며 편리함과 쾌적함이라는 장점으로 한국의 여행객들에게도 많이 알려져 패키지 여행에서도 포함되어 있는 경우도 많다.

오스트리아
벨기에
보스니아 헤르체고비나
불가리아
크로아티아
체코
덴마크
핀란드
프랑스
독일
그리스
헝가리
아일랜드
이탈리아
룩셈부르크
몬테네그로
네델란드
노르웨이
폴란드
포르투갈
루마니아
세르비아
슬로바키아
슬로베니아
스페인
스웨덴
스위스
터키

그림 3-1 유레일 가맹 철도 국가

(2) 유레일 패스(Eurail Pass)

유레일 패스는 유럽에 거주하지 않는 여행객을 위한 일종의 할인 승차권으로 정해진 기간 동안 횟수에 제한 없이 유럽 국유철도를 자유로이 몇 번이고 이용할 수 있으며, 일부 사설철도 · 버스 · 선박도 무료나 할인으로 탈 수 있는 승차권이다.

유럽에서는 각국이 독자적인 철도를 운영하고 있는데, 국토가 지리적으로 인접해 있어 상호 간에 열차를 갈아탈 수 있다.

유럽 각국의 국제적 철도조직을 유레일(Eurail)이라 부르고 대부분의 유럽국가들이 가맹되어 있다.

유레일에서는 유럽 이외의 국가에서도 외국인 여행객을 위한 개인 패스, 단체 패스를 판매하고 있으며, 한국에서도 열차 예약과 승차권, 패스를 구입할 수 있다.

① 유레일 패스의 특징

기본적으로 유레일 패스는 연속형과 선택형이 있다. 즉, 유효기간 안에 언제라도 연속해서 탈 수 있는 것이 연속형이라면 선택형은 날짜를 선택해서 선택한 날짜에만 승차해야 한다.

아래 그림은 선택형 유레일 패스 견본이다.

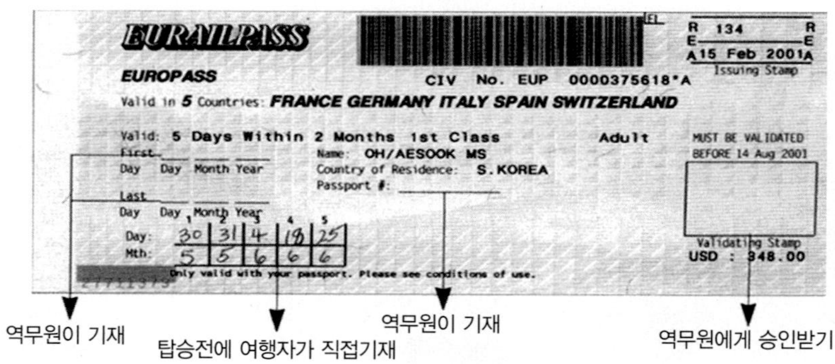

탑승 전에 여행자는 자기가 이용할 날짜를 적어 놓으면, 역무원이 여권번호와 함께 언제부터 유레일 패스를 이용하고 언제까지 이용하는지를 확인 · 기재하고 오른쪽에 있는 네모 칸에 도장을 찍어준다.

② 유레일 패스의 종류

유레일 패스는 자신이 유럽을 얼마동안, 어느 곳을 위주로 여행하느냐에 따라 여행객들이 선택할 수 있게 다양한 유형의 패스가 존재한다.

- 글로벌 패스(Global Pass): 유럽 28개국을 여행
- 셀렉트 패스(Select Pass): 인접 4개국을 여행

• 리저널 패스(Regional Pass): 인접 2개국을 여행
• 원컨트리 패스(One Country Pass): 한 국가만 집중적으로 여행

따라서 여행객들에게 유레일 패스를 판매할 때 담당자는 어느 나라를 여행할 것인지, 어떤 패스의 1등석인지 혹은 2등석인지, 유효기간이나 여행객의 연령, 동행인원 등 손님의 요망을 체크하여 고객이 선택하도록 해야 한다.

③ **패스 사용상 주의점**(글로벌 패스를 예로)

유레일 패스는 유럽 외 국가에서 6개월 이상 생활하고 있는 유럽 비거주민만 사용 가능하므로 이용객은 여권을 소지하고 있어야 한다. 또한, 유레일 패스를 발행한 날로부터 6개월 이내에 사용하지 않으면 무효가 되므로 주의해야 한다.

사용하기 전에 역에서 반드시 확인 스템프(validation stamp)를 받아야 하며, 사용개시일과 종료일을 기입해야 한다. 만약 스템프를 받지 않고 승차하면 벌금이 부과되므로 유의해야 하며, 기차 안에서 승무원이 검사하러 오면 패스와 여권을 제시하면 된다.

유레일 패스의 종료기한은 종료일의 24시까지이며, 사정상 사용하지 못한 유레일 패스의 환불과 관련해서는 확인 스템프가 찍힌 후의 패스는 환불되지 않는다는 점을 주지하고 있어야 하며, 확인스템프가 찍히기 전인 미사용 패스의 환불은 발권 후 1년 이내라면 가능하지만 수수료 15%를 제한 금액을 환불받게 된다.

(3) JR패스(Japan Rail Pass)

JR패스는 일본을 여행하는 외국인을 대상으로 판매하는 철도승차권으로 정해진 기간 내에 JR에서 운영하는 열차 · 버스 · 페리를 무제한 이용할 수 있다.

이용방법은 반드시 외국에서 구입해야 하며, 일본에 입국한 뒤 패스로 교환받아 사용할 수 있게 되는데, JR패스는 등급에 따라 그린샤(특실) 패스와 보통 패스 2가지가 있으며 6~11세의 어린이는 50% 할인된 어린이용 패스로 이용이 가능하다. 이용기간에 따라서는 7일용, 14일용, 21일용이 있으며, 해당 기간 동안 연속적으로 사용할 수 있다.

2) 장거리 버스

도로가 정비되고 버스의 노선망이 잘 발달되어 있는 미국, 캐나다, 유럽, 호주 등에서는 도시와 관광지를 잇는 장거리 노선의 버스가 여행수단으로 각광을 받고 있다.

(1) 미국

각 지역에 수많은 버스 회사가 있는데 미국 전역에 노선망을 갖고 있는 대표적인 회사는 그레이하운드(Greyhound Lines, Inc.)이다. 이 회사에서 발행하는 discovery pass는 7일, 15일, 30일, 60일 기한으로 그레이하운드와 그 제휴회사의 노선을 탑승할 수 있다.

(2) 유럽

Eurolines Pass가 가장 유명한 데, 15일, 30일 간 유럽 32개 버스회사로 이루어진 유로라인 그룹의 국제노선을 탑승할 수 있다.

(3) 호주

호주에서 가장 넓은 노선을 갖고 있는 것은 Greyhound Australia 회사이다.

- Explorer Pass: 미리 지정되어 있는 루트를 선택하여 일정기간 한 방향으로 몇 번이나 자유로이 승하차가 가능한 패스이다.
- Kilometre Pass: 여행거리 구간에 따라 돈을 지불하고 사용기간 이내에 목적지가 어느 방향이든 킬로미터로 계산해서 사용할 수 있는 패스로 미리 출발지와 목적지를 지정하여 예약을 해야 한다.

3) 렌터카

여행의 다양화와 나만의 여행을 추구하는 현상 속에서 해외에서 렌터카(Rent-a-car, rental car)를 이용하는 여행객들이 많아지고 있다.

렌터카란 사용료를 지불하고 자동차를 빌려 쓰는 제도로서 세계 3대 렌터카 회사인 허츠(Hertz)는 1918년, 아비스(Avis)는 1946년, 버젯(Burget)은 1947년에 사업을 시작하여 다국적 기업으로 자리잡았다. 이외에도 수많은 렌터카 회사가 있는데 한국 여행사와 계약을 맺고 있는 회사도 다수 있다.

렌터카 회사는 사전예약, 바우처 시스템을 통해 고객을 유치하는데 이러한 시스템을 통해 여행객은 특별히 할인된 요금 적용과 간편함을, 여행사는 수수료를 통한 이익과 저렴한 가격제공 등의 이점을 얻을 수 있다.

렌터카를 이용할 때 국가나 렌터카 회사 바우처 종류에 따라 고객에게 주지시켜야 할 점은 다음과 같다.

- 21세부터 적용되며, 25세 미만일 경우 추가요금이 필요하다.
- 이용하기 24시간 전까지 한국에서 예약하고 바우처를 발급받는다.
- 국제운전면허증 발급여부 확인

4 현지투어 및 입장권

1) 현지투어

주로 개인으로 가는 여행객(FIT)을 위해 해외 현지에서의 한국어 정기관광투어가 있는데 대부분은 반일 내지 하루 일정의 시내관광, 특정 도시에서 왕복하는 교외관광이다.

현지법인 여행사가 주최하는 것으로 이와 계약한 한국여행사에서 출국 전에 예약, 지불할 수 있다.

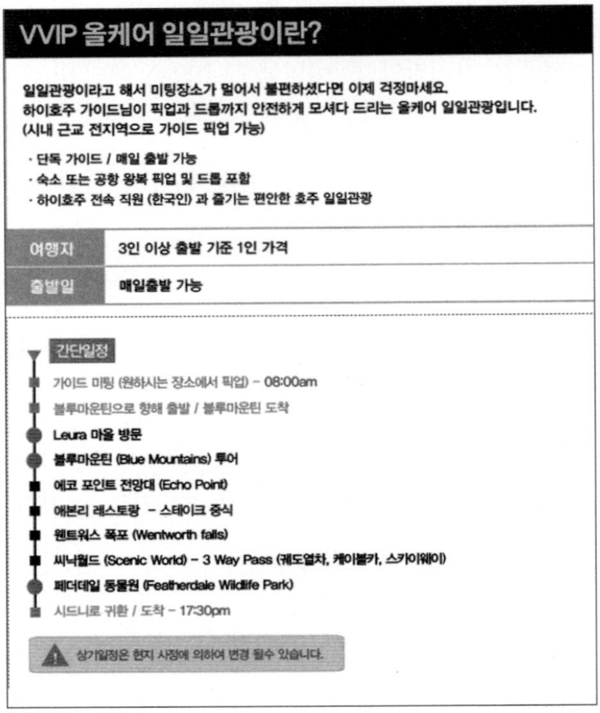

2) 입장권

오페라, 뮤지컬, 스포츠 등의 입장권도 한국에서 사전에 지상수배업자나 전문여행사 등을 통해 수배가 가능하다.

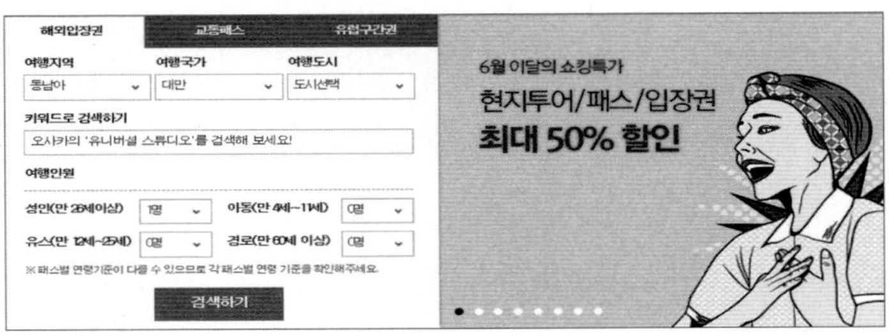

5 크루즈의 이해

여행객의 교통수단으로서의 선박은 속도면에서는 항공기에 현저히 뒤쳐진다는 점에서 일반적인 이동수단으로서의 가치를 거의 상실했다고 여기지만, 여유 있게 여행을 즐길 수 있다는 점이 오히려 가치 있다고 생각하는 사람들이 많으며 호화 크루즈선이 취항함으로서 이제는 고급여행의 대명사로 비춰지고 있다.

크루즈는 19세기 초 유럽과 미국 간 대서양을 횡단하는 대형 호화여객선에서 그 유래를 찾을 수 있다.

1936년에 8만 톤급 이상되는 편의시설과 오락시설을 갖춘 퀸 메리(Queen Mary)호가 등장하면서 호화 크루즈의 전성기로 접어들었으나, 제트여객기가 출현하면서 점차 그 인기는 시들해졌다.

그러다 80년대 이후 다양한 크루즈 상품이 출시되고 시설이나 서비스를 개선하면서 현재는 누구나 한번쯤은 해 보고 싶어하는 인기 높은 여행상품으로 각광을 받고 있다.

2013년 우리나라에 입항한 크루즈선은 총 414척으로 직접 소비 효과만 약 6천억 원 규모인데 이 가운데 절반을 제주가 차지하면서 우리나라의 크루즈선 관광산업의 허브로 급성장하고 있다.

세계적으로 대표적인 3대 크루즈를 소개하면 다음과 같다.

① Oasis of the seas

세계에서 가장 큰 초호화 여객선으로 선체의 길이는 360m, 높이 16층으로 크루즈선 중 사상 최대 규모로 선실은 모두 2,700개이고 승무원과 승객 총 9,400명을 수용할 수 있다.

아이스링크와 골프코스, 야외 체육관, 원형극장 등의 시설뿐 아니라 스쿠버 다이빙 레슨, 암벽등반 등 화려하고 다양한 편의 프로그램을 갖추고 있다.

② 미국 월트 디즈니사의 크루즈

현재 3대의 크루즈가 운행되고 있으며, 각각 디즈니 매직(Disney Magic), 디즈니 원

더(Disney Wonder), 디즈니 드림(Disney Dream)이라 불린다. 크루즈선 최초로 기발한 놀이시설과 워터슬라이드 시설을 갖추고 있는데, 워터슬라이드의 길이는 무려 233m에 이른다고 한다.

③ Queen Mary 2

퀸메리 2호는 세계에서 가장 큰 크루즈인 Oasis of the seas와 별 차이가 없는 엄청난 규모를 자랑하고 있다. 총수용인원이 2,600명인데 승무원만 1,200명에 달할 정도여서 승객 2명당 1명꼴로 고급 서비스를 제공하고 있고 20개의 식당과 쇼핑 공간, 1,100석 규모의 극장과 영화관, 미술관, 수영장, 체육관 등 다양한 시설들이 갖춰져 있다.

그림 3-2 Oasis of the seas

1) 크루즈 상품의 특징

① 여유 있는 여행

항공기가 이동수단이라면, 크루즈는 그 자체가 목적이다.

② 크루즈 선박의 다양성

1일 코스의 미니 크루즈부터 수십 일간의 장기 크루즈까지 많은 선택 폭이 있다.

③ 객실의 다양성

배의 갑판(Deck)별, 설비별 다양한 객실을 선택할 수 있다.

④ 선내에서의 이벤트 및 식사

수많은 이벤트 개최 및 다양한 식사를 즐길 수 있으며, 모든 요금은 크루즈 요금에 포함되어 있다.

2) 한국의 크루즈 상품

한국의 크루즈 상품의 유형은 크게 두 가지로 구분할 수 있다.

(1) 한국의 항구에서 승선

부산출발 크루즈 상품의 예를 들면, 부산에서 대만까지 가서 아침에 대만에서 선택관광을 하던지 배 안에서 자유일정으로 머물다가 그 날 5시쯤 대만을 출발하여 홍콩까지 이동을 하게 되며, 홍콩에서 1박을 한 뒤, 인천이나 부산으로 항공기를 이용하여 돌아오는 상품이다.

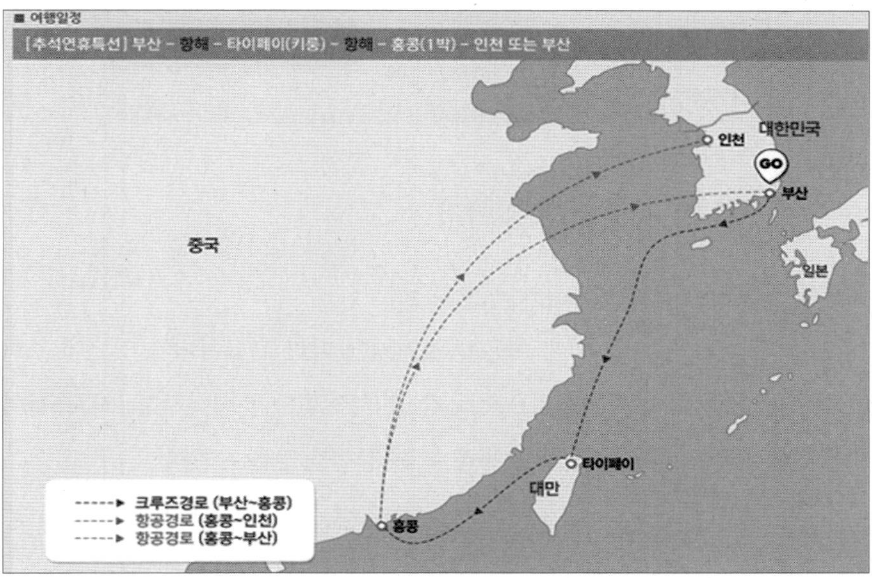

(2) 외국항구에서 승선(외국까지는 항공기 이용)

한국에서 출항하는 크루즈가 많이 없다보니 대부분 크루즈가 출발하는 외국까지 항공기로 이동하여 승선하는 형태의 크루즈 상품이 많다. 싱가폴, 말레이시아, 싱가폴을 거쳐 인천으로 돌아오는 상품을 예로 들어보면, 한국에서 싱가폴까지 항공으로 이동하고, 싱가폴에서 페낭, 랑카위 등 말레이시아 지역을 크루즈로 둘러보고 싱가폴로 돌아온 후 항공기로 다시 한국으로 돌아오는 상품이다.

3) 크루즈 상품 판매에 있어 유의점

① 선박, 일정에 따라 요금의 차이가 크다

어떤 선박을 이용하는지, 언제 이용할 것인지에 따라 요금차이가 있는데 호화 크루즈 선은 미리 일정이 정해져 있으므로 각 크루즈 회사 홈페이지나 크루즈를 취급하는 여행사 홈페이지, 팜플렛 등을 통해 관련 정보를 얻을 수 있다.

② 선실

크루즈 선에는 다양한 종류의 객실이 있으며, 상층부로 올라갈수록 등급은 높아지며 그에 따라 요금도 큰 폭으로 달라진다.

같은 층의 같은 면적이라도 바다 쪽에 면해 있는 Sea side 선실은 요금이 비싸고, 같은 sea side 선실 이라도 발코니의 유무나 창의 크기에 따라서도 요금의 차이가 있으며 휠체어 이용이 가능한지 1인용 객실인지 등도 요금에 차이를 주는 요소이다.

③ 요금

일반적으로 크루즈 요금은 비싸다는 인식이 강한데 평균적으로 크루즈 요금은 1박 2일에 30~50만 원 수준으로 호텔의 스위트룸 수준이다.

숙박비와 하루 세끼 식사가 포함되며, 파티, 쇼, 영화 등 다양한 프로그램과 풀장, 피트니스 센터 등 부대시설 이용요금이 모두 포함된 요금이므로 이동과 숙박에 드는 모든 비용이 포함된다는 것을 감안하면 아주 비싼 요금이라 할 수는 없다. 다만, 주류, 미용실, 마사지 등 개인적인 비용은 포함되어 있지 않다.

④ 코스선택

크루즈 여행상품에는 다양한 상품과 코스가 있으므로 출발부터 도착까지 전 일정 동안 크루즈만 이용할지, 항공기로 일단 외국에 가서 현지에서 크루즈를 이용할지, 혹은 모든 일정을 여행사가 기획한 패키지 투어로 할지, 고객에게 설명하고 고객의 니즈와 형편에 맞는 선택을 할 수 있도록 안내가 필요하다.

참고로 패키지투어에는 인솔자가 동행하는 코스가 많아서 번잡스러운 탑승수속과정을 도움받을 수 있다.

⑤ 드레스코드

숙박을 같이 하는 크루즈선에서는 저녁식사부터 그 날에 어울리는 복장을 규정하고 있는 크루즈도 있다. 이러한 복장 지정을 드레스 코드(dress code)라고 하는데 보통 캐쥬얼(casual), 인포멀(informal), 포멀(formal) 3가지로 구분된다.

〈표 3-1〉과 같이 드레스 코드는 턱시도에서 캐쥬얼까지 정해져 있으며, 언제 필요한지는 사전에 선내에 공지하고 있다.

표 3-1 드레스 코드

구분	내용
캐쥬얼	남성: 셔츠, 쟈켓 여성: 블라우스, 스커트 정도를 입으면 되고, 반바지나 티셔츠 등은 안됨
인포멀	남성: 넥타이 착용 쟈켓 여성: 원피스, 투피스 등을 입어야 함
포멀	남성: 턱시도, 넥타이 착용 여성: 이브닝드레스

크루즈 관련 용어

- Air/Sea(항공크루즈 연계요금): 크루즈 이용고객의 거주지에서 크루즈 선박 정박지(항구)까지의 항공 교통요금을 포함하는 크루즈 요금
- Afterward: 선미
- Forward: 선수
- Berth(버스): 계류할 수 있는, 즉 배를 묶어둘 수 있는 설비를 갖춘 정박수역(碇泊水域)을 의미. 혹은 크루즈 선실의 침대를 말하기도 함
- Captain: 선장. Commander라고도 함
- Deck: 갑판, 층. 만약 고객의 객실이 7 Deck 125라고 표시되어 있다면, 객실은 7층에 있는 125호 객실을 의미. 선박에 따라서 Deck에 숫자를 부여하지 않고 이름을 붙이는 경우도 많음. Sun Deck, Moon Deck, Flower Deck 등
- Boat Drill: 선박의 출항 첫날 선장이 주재하여 실시되는 구명보트 훈련
- Embark: 승선
- Disembark: 하선
- One Seating 모든 여객이 한번에 식사하는 것
- Two Seating: 2번에 걸쳐 나누어 식사 실시(일반적으로 대형 크루즈의 경우에는 Two Seating인 경우가 많음)
- Shore Excursion: 각 기항지(항구)에서의 선택관광
- Under Way: 닻이 올려지고 출항준비가 완료된 상태

6 항공의 이해

국내여행에서도 항공을 이용하는 빈도가 높지만, 국외여행에서는 압도적으로 항공 이용율이 높으며 여행요금 전체에서 차지하는 항공운임의 비중이 높다는 점에서 항공의 선택은 상당히 중요하다.

1) 도시 및 공항코드

(1) 도시와 공항

항공은 특정 지점에서 다른 어떤 지점까지의 이동수단으로 이용된다. 항공기는 A라는 공항에서 B라는 공항으로 운항을 하게 되며, 그 공항의 대부분은 도시 근처나 도시 안에 위치해 있다.

모든 공항에는 정식 명칭이 있다. 도시에 공항이 하나밖에 없는 경우에는 도시명으로 공항을 표기해도 지장이 없지만, 세계 대도시에는 복수의 공항이 존재하는 곳도 많이 있는데 이 경우에는 공항 명칭을 반드시 표기해야 한다. 예를 들어 마닐라 공항의 정식명칭은 니노이 아키노 국제공항(Ninoy Aguino International Airport)이지만 현장에서는 마닐라 공항이라 해도 상관없고 오히려 마닐라 공항이라 부르는 편이 알기 쉬울 것이다.

(2) 코드(Code)

세계의 항공편이 운항하는 도시나 공항은 모두 국제항공운송협회(International Air Transport Association: IATA)가 정한 로마자 3글자로 이루어진 고유의 코드를 사용한다.

앞서 말했듯이 일반적으로 도시코드와 공항코드를 같이 사용하는 경우도 많지만, 도시 내에 2개 이상 공항이 복수 존재하는 경우, 도시코드와는 별도로 공항마다 코드를 사용한다.

예) 도시코드: TYO

공항코드: 나리타 공항(NRT), 하네다 공항(HND)

공항이 복수 존재하는 경우 두 공항 중 하나의 공항 코드가 도시코드와 같은 경우도 있다.

예) 프랑크푸르트: FRA

공항코드: 프랑크푸르트 국제공항(FRA), 한 공항(HHN)

다음은 국가별 주요 도시의 코드이다.

표 3-2 국가별 주요 도시의 코드

〈아시아 지역〉

도시명	코드	도시명	코드	도시명	코드
홍콩	HKG	방콕	BKK	싱가포르	SIN
타이페이	TPE	마닐라	MNL	푸켓	HKT
뉴델리	DEL	호치민	SGN	자카르타	CGK
코타키나바루	BKI	쿠알라룸푸르	KUL	뭄바이	BOM
울란바토르	ULN	서울	SEL	제주	CJU

〈일본 지역〉

도시명	코드	도시명	코드	도시명	코드
도쿄	TYO	오오사카	OSA	나고야	NGO
후쿠오카	FUK	아오모리	AOJ	히로시마	HIJ
후쿠시마	FKS	가고시마	KOJ	코마츠	KMQ
마쓰야마	MYJ	니이가타	KIJ	오이타	OIT
오카야마	OKJ	삿포로	SPK	센다이	SDJ
타카마쓰	TAK	토야마	TOY		

〈중국 지역〉

도시명	코드	도시명	코드	도시명	코드
북경	BJS	장춘	CGQ	대련	DLC
광저우	CAN	하얼빈	HRB	청도	TAO
상해	SHA	심양	SHE	천진	TSN

〈미주 지역〉

도시명	코드	도시명	코드	도시명	코드
로스앤젤레스	LAX	뉴욕	NYC	벤쿠버	YVR
샌프란시스코	SFO	시카고	CHI	시애틀	SEA
호놀룰루	HNL	앵커리지	ANC	애틀랜타	ATL
보스턴	BOS	댈러스	DFW	덴버	DEN
라스베가스	LAS	올랜도	ORL	퀘벡	YQB
워싱턴	WAS	상파울루	GRU	토론토	YTO

〈대양주 지역〉

도시명	코드	도시명	코드	도시명	코드
오클랜드	AKL	브리즈번	BNE	크라이스처치	CHC
괌	GUM	사이판	SPN	시드니	SYD

〈유럽 지역〉

도시명	코드	도시명	코드	도시명	코드
암스텔담	AMS	프랑크푸르트	FRA	런던	LON
파리	PAR	로마	ROM	취리히	ZRH

한 도시에 두 곳 이상의 공항이 있을 경우에는 도시 코드 대신에 공항 코드를 표기하기도 한다.

표 3-3 국가별 주요 도시의 공항코드

국가	도시코드	공항코드	공항명
미국	NYC	JFK	JOHN F KENNEDY AIRPORT
		EWR	NEW WARK AIRPORT
		LGA	LA GUARDIA AIRPORT
	WAS	DCA	RONALD REAGAN AIRPORT
		IAD	DULLES INT'L AIRPORT
		BWI	BOLTIMORE WASHINGTON INT'L AIRPORT

국가	도시코드	공항코드	공항명
영국	LON	LHR	HEATHROW AIRPORT
		LGW	GATWICK AIRPORT
프랑스	PAR	CDG	CHARLES DE GAULLE AIRPORT
		ORY	ORLY AIRPORT

관련문제

〈표 3-2〉에서 표시된 세계 도시가 어디에 위치해 있는지 다음 세계지도에 코드로 표시해 보세요.

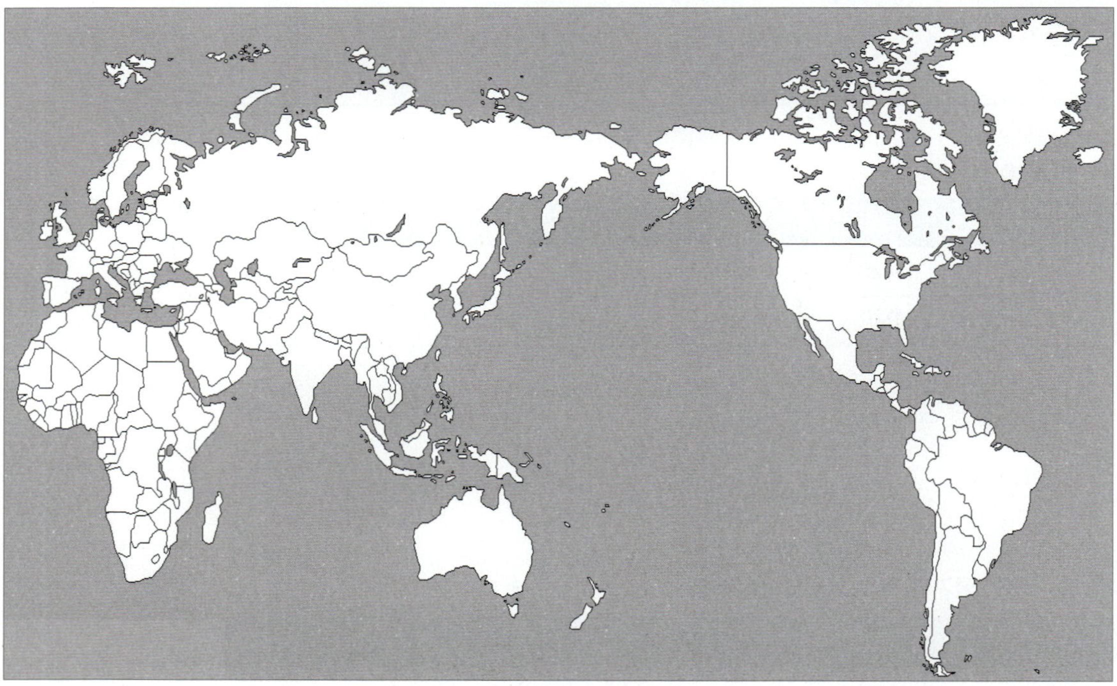

2) 직항, 경유, 환승

출발 공항에서 도착 공항으로 가기 위해서는 다음과 같이 직항, 경유, 환승의 방법이 있다.

① 직항편: 출발공항에서 도착공항까지 도중에 어느 공항에도 중도 기항하지 않는다.

② 경유편: 출발공항에서 도착공항 도중 다른 공항에서 기항하는 것을 말하는데 도중 기항하는 공항에서는 항공사의 지침에 따라 일단 항공기로부터 내려서 공항 터미널에서 탑승 시까지 대기하거나 아니면 그대로 기내에 머무는 경우도 있다.

③ 환승편: 출발공항에서 도착공항까지의 도중에 항공기를 갈아타는 것을 말하며, 환승하는 공항에서는 항공기에서 내려 공항 터미널에서 다음 항공편으로의 탑승수속을 진행하게 된다. 환승에 필요한 시간이 정해져 있고 이를 최소환승시간(Minimum Connecting Time: MCT)이라고 한다.

최소환승시간은 국제항공운송협회(IATA)에서 모든 공항으로부터 자료를 넘겨받아 일괄 정리하여 발표하고 있으며 OAG(Official Airlines Guide)라는 회사를 통해 모든 항공사의 컴퓨터에 연결되어 있어 항공 연결편 스케줄을 짤 때 MCT가 부족하면 "WARNING CHECK MINIMUM CONNECTION TIME"이라는 경고문이 나오면서 아예 항공권이 발행되지 않도록 입력되어 있다.

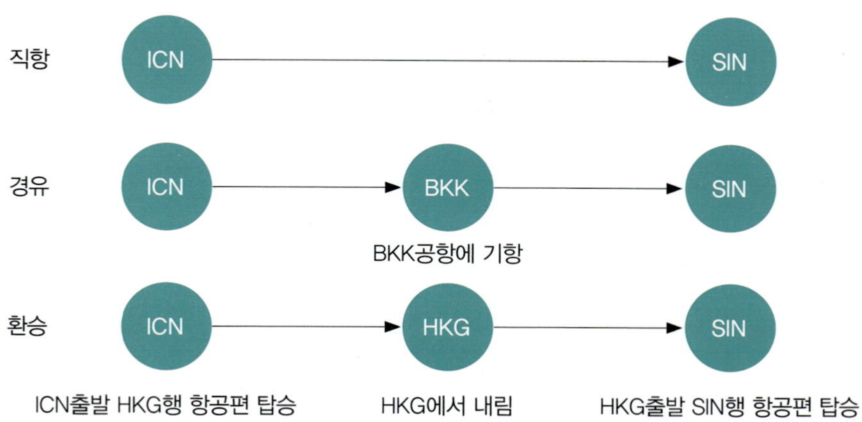

3) 항공사 코드

항공사에는 국제항공운송협회(International Air Transport Association: IATA)가 정한 로마자 대문자 2글자로 이루어진 고유 코드가 있는데, 모든 항공사가 로마자 코드로 이루어진 것은 아니며 숫자가 포함된 항공사 코드도 있다.

표 3-4 국가별 주요 항공사 코드

국적	항공사 코드	항공사 명
대한민국	KE	대한항공(Korean Air)
	OZ	아시아나항공(Asiana Airlines)
	7C	제주항공(Jejuair)
	LJ	진에어(Jin Air)
	ZE	이스타항공(EasterJet)
일본	JL	일본항공(Japan Airlines)
	NH	전 일본공수(All Nippon Airways)
	MM	피치항공(Peach Aviation)
	JW	에어아시아재팬(AirAsia Japan)
대만	CI	중화항공(China Airlines)
	AE	만다린항공(Mandarin Airlines)
	BR	에바항공(Eva Air)
중국	SC	산동항공(Shandong Airlines)
	FM	상하이항공(Shanghai Airlines)
	MF	중국 하문항공(Xiamen Airlines)
	ZH	심천항공(Shenzhen Airlines)
	CA	중국국제항공(Air China)
	CZ	중국남방항공(China Southern Airlines)
	MU	중국동방항공(China Eastern)
중국	3U	사천항공(SichuanAirlines)
	NX	에어마카오(Macau Air)

국적	항공사 코드	항공사 명
중국	CX	캐세이패시픽항공(Cathay Pacific Airways)
	UO	홍콩익스프레스항공(Hong Kong Express Airways)
태국	TG	타이항공(Thai Airways)
	8B	비즈니스 에어(Business Air)
	OX	오리엔트타이항공(Orient Thai Airlines)
	YL	U항공(U Airlines)
필리핀	PR	필리핀항공(Philippine Airlines)
	Z2	제스트항공(Zest Airways)
	5J	세부퍼시픽항공(Cebu Pacific Air)
몽골	OM	몽골항공(MIAT Mongolian Airlines)
베트남	VN	베트남항공(Vietnam Airlines)
캄보디아	K9	톤레삽항공(Tonlesap Air)
	ZA	스카이윙스 아시아항공(Skywings Asia Airlines)
말레이시아	MH	말레이시아항공(Malaysia Airlines)
	D7	에어아시아엑스(AirAsia)
인도네시아	GA	가루다인도네시아 항공(Garuda Indonesia)
싱가포르	SQ	싱가포르항공(Singapore Airlines)
아랍에미리트	EY	에티하드항공(Etihad Airways)
	EK	에미레이트항공(Emirates)
인도	AI	에어인디아(Air India)
몰디브	5M	메가몰디브항공(Mega Global Air Services)
카타르	QR	카타르항공(Qatar Airways)
카자흐스탄	KC	에어아스타나(Air Astana)
키르기즈스탄	KR	에어 비쉬켁(Air Bishkek)
러시아	SU	아에로플로트(Aeroflot-Russian Int. Airlines)
	XF	블라디보스톡 항공(Vladivostok Air)
우즈베키스탄	HY	우즈벡항공(Uzbekistan Airways)
터키	TK	터키항공(Turkish Airlines)

국적	항공사 코드	항공사 명
영국	BA	영국항공(British Airways)
뉴칼레도니아	SB	에어칼린(Aircalin)
네덜란드	KL	케이엘엠네덜란드항공(KLM Royal Dutch Airlines)
독일	LH	루프트한자(Lufthansa)
프랑스	AF	에어프랑스(Air France)
핀란드	AY	핀에어(Finnair)
캐나다	AC	에어 캐나다(Air Canada)
미국	DL	델타항공(Delta Air Lines)
	UA	유나이티드항공(United Airlines)
	AA	아메리칸항공(American Airlines)
	HA	하와이안항공(Hawaiian Airlines)

4) 항공사 동맹

항공사 동맹(Alliance)이란 항공사 간의 연합, 동맹을 의미하는데, 항공사 간에 공항 라운지나 사무실, 허브공항 등을 공유하고 항공노선의 공동운항(Code share) 촉진, 마일리지 프로그램의 연계, 신속한 환승 등을 통해 여행객의 편리성 향상 및 업무의 효율성 증대를 도모할 수 있다.

대표적인 항공사 동맹은 다음과 같다.

① 스타얼라이언스(Star Alliance)는 1997년 최초의 항공동맹으로 에어캐나다, 루프트한자, 타이항공, 유나이티드항공, 스칸디나비아항공이 주축이 되어 결성하였으며 우리나라의 아시아나항공이 가입되어 있는 세계 최대 규모의 항공사 동맹이다.

② 스카이팀(SkyTeam)은 2000년 6월 22일 설립된 항공 동맹으로 우리나라 항공사로는 대한항공이 있다. 항공연합 중에서는 가장 늦게 출발하였으나 현재 꾸준한 사업확장으로 원월드보다 훨씬 규모가 커졌다.

③ 원월드(Oneworld)는 1998년 아메리칸항공, 영국항공, 캐내디안항공, 캐세이퍼

시픽항공, 콴타스항공이 연합하여 발족하였다. 대한항공이 스카이팀에, 아시아나항공이 스타얼라이언스에 소속되어 있기 때문에 한국에서는 원월드가 다소 생소한 동맹 이름이기도 하지만 10개의 항공사가 연합한 세계 3대 항공동맹체 중 하나이다.

표 3-5 항공동맹체 현황(2010년)

	스타얼라이언스	스카이팀	원월드
회원사	OZ, AC, TG, CA, NZ, NH, OS, BD, MS, LO, LH, SK, FM, SQ, SA, JK, SR, TP, TK, UA, US	KE, NW, DL, AM, SU, AZ, AF, KL, CZ, OK, CO	JL, CX, JT, RJ, MA, AA, BA, IB, QF, AY
회원사수	21개	11개	10개
설립연도	1997년 5월	2000년 6월	1999년 2월
점유율 (2010년 기준)	25.1%	20.8%	14.9%

5) 저가 항공사

저가 항공사(Low Cost Carrier: LCC)는 기내 서비스가 적은 대신 적은 운임으로 운행하는 항공사로서 기존 대형 항공사(Full Service Carrier: FSC) 대비 20%에서 많게는 70%까지 할인된 요금을 제공하고 있는데, 이처럼 저렴한 요금을 확보하기 위해 항공기종을 단일화하고, 정비 비용을 단순화하여 운항비용을 단축시키는 데 총력을 기울이고 있다.

가령, 비행기 회전율을 극대화시킨다던지[예: 사우스웨스트의 경우 주기시간(공항에서 대기하는 시간) 20분 이내] 기내식을 폐지한다던지, 유가 상승을 대비한 항공유 비축분 확보 등의 노력이 대표적이다.

저가 항공사는 1971년 미국 사우스웨스트항공을 시작으로 현재 유럽에서는 항공시장의 30~40%를 저가항공사들이 차지할 정도로 보편화되어 있으며, 미국의 사우스웨스트항공은 대형 항공사들이 파산위기로까지 몰리는 상황에서도 창사 이래 한 번도 적자를 기록하지 않을 정도이다.

우리나라에는 2003년 처음 도입된 한성항공이 티웨이항공으로 바뀌어서 현재 운항 중이고, 이어서 제주도를 기점으로 하는 제주에어, 대한항공 자회사인 진에어, 이 밖에도 에어부산과 이스타 항공 등 5개의 저가항공사가 있다.

6) 공동 운항

공동 운항(Code Share)은 다른 항공사가 운항하는 편에 자기 항공사의 편명을 붙여 자기회사의 좌석을 판매하는 것을 말한다. 구체적으로는 어느 한쪽 항공사의 항공기와 승무원으로 운항하고, 편명은 각자의 회사명을 사용한다.

공동 운항은 미국의 규제완화 이후 미국 국내선에서부터 시작되었다. 이것은 여객수가 적은 노선에서 유효한 방안이며, 거점 공항 간을 대형 항공기로 운송을 하고 그 거점공항에서 환승하여 각각의 작은 목적지 공항으로 네트워크를 확장하기 위해 공동 운항전략을 흔히 사용한다.

공동 운항에서의 특징은 다음과 같다.

- 공동 운항편의 실제 운항 및 공항, 기내 서비스는 그 항공기를 제공하는 항공사가 담당
- 출국수속: 실제 운항하는 항공사 카운터에서 수속함.
- 예약: 각 항공사에서 진행됨.
- 운임: 예약한 항공사 운임이 적용됨.

따라서 여행사 담당자는 손님에게 예약 전 실제 운항회사와 서비스 내용(승무원), 예약회사에 따른 운임의 차이 등을 설명해야 하며, 출국수속은 실제 운항하는, 즉 항공기와 승무원을 제공하는 항공사의 카운터에서 체크인 수속을 하기 때문에 사전에 손님에게 체크인 장소를 알려야 한다.

7) 마일리지 프로그램

마일리지 프로그램(Frequent flyer Program)은 항공사를 이용해 이동을 할 때마다 비행거리(MILE)에 상당하는 포인트를 모아 포인트 수에 맞게 항공권을 발행하거나 기타 편의사항을 제공받는 데 사용할 수 있는 프로그램을 의미한다.

마일리지 서비스(mileage service), 마일리지 프로그램이라는 표현은 잘못된 표현이며, 정확한 표현은 Frequent flyer program이라 하는데, Frequent flyer, 즉 자주 탑승하는 단골승객을 위한 프로그램이라는 의미다.

항공사의 고객이 회원가입을 한 후, 항공권 구매에 따른 포인트를 적립한 뒤 이를 통해 보너스 항공권 및 제휴사의 서비스를 이용할 수 있는 제도로 포인트를 적립하여 좌석을 업그레이드해 주거나 라운지 서비스 이용 등의 혜택을 제공하고 있으며, 마일리지 프로그램으로 인해 특정 항공사를 선택하는 고객들도 많다.

미국의 아메리칸항공이 1981년 단골고객을 우대하기 위해서 마일리지 제도를 처음 도입한 이래 항공사의 중요한 마케팅 수단으로 인식되면서 세계 각국의 항공사들도 빠르게 채택했으며, 대한항공도 1984년도에 이 제도를 도입하였다.

한편, 항공사마다 독자적인 마일리지 프로그램 명칭이 있는데 대한항공은 스카이패스, 아시아나항공은 아시아나 클럽, 일본항공은 마일리지 뱅크, 캐세이패시픽항공은 마르코폴로 클럽이라는 마일리지 프로그램을 운영하고 있다.

또한 각 항공사마다 제휴를 맺은 항공사들이 있어 마일리지 카드 한 장으로 다른 제휴 항공사를 이용할 시에도 적립이 가능하다.

KOREAN AIR	ASIANA AIRLINES	JAPAN AIRLINES	CATHAY PACIFIC
스카이패스	아시아나 클럽	마일리지 뱅크	마르코폴로클럽

- 항공사마다 마일리지 규칙이 다름
- 같은 동맹에 속한 항공사 간에는 적립, 사용이 가능
- 제휴호텔, 제휴 렌터카 회사에서도 마일리지를 적립 사용할 수 있는 항공사도 존재
- 패키지 투어 이용시 에도 마일리지 적립이 가능한 경우도 있음
- 운임, 클래스, 회원 종류에 따라 마일리지 적립 기준이 다름

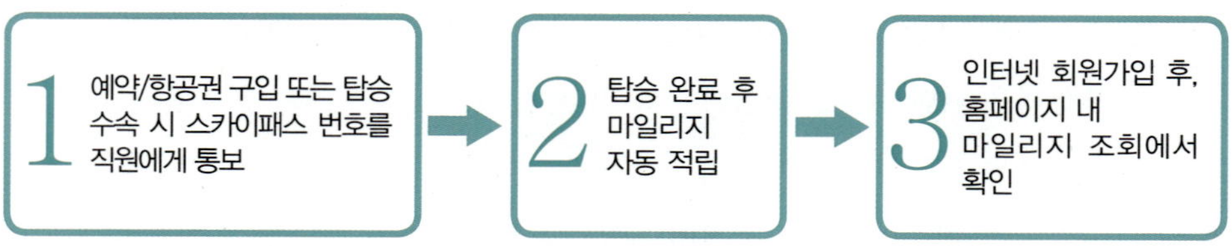

그림 3-3 마일리지 프로그램 이용방법(대한항공의 예)

표 3-6 마일리지 적립기준(대한항공의 예)

클래스	일등석	프레스티지석	일반석	일반(단체)
적립율	150%	125%	100%	80%

8) 객실 클래스와 기종

(1) 클래스

원래 항공기 운항 초기의 객실 구분은 퍼스트 클래스와 이코노미 클래스로 2종류였다. 그 후 그 중간 클래스를 만들게 되는데 당초 비즈니스 고객을 타겟으로 하였기 때문에 비즈니스 클래스라고 흔히들 얘기한다.

이 명칭은 일반적인 것이며, 항공사에 따라서 독자적인 명칭을 사용하는 경우도 있다.

또한, 요즘에는 이코노미 클래스와 비즈니스 클래스 사이에 프리미엄 이코노미 클래스를 신설하는 항공사들도 많이 생겨났는데, 할인이 없는 보통운임이나 할인율이 비교적 낮은 운임의 여행객에게는 할인율이 높은 패키지 단체 운임의 여행객이 이용하는 이코노미 클래스보다 좋은 좌석을 제공할 목적으로 만들어졌다.

모든 항공사에 4가지 클래스가 있는 것은 아니다. 또한 좌석의 폭이나 길이도 항공사마다 다른데, 클래스가 다르면 운임료도 달라진다.

일등석(First Class)

비지니스석(Businesss Class)

프리미엄 일반석(Premium Economy Class)

일반석(Economy Class)

비지니스 클래스 명칭

KE 프레스티지 클래스
OZ 비즈니스 클래스
BA 클럽 월드
TG 로얄 실크 클래스
DL 비즈니스 엘리트

그림 3-4 좌석 클래스 구분

(2) 항공기 좌석

- 좌석배치나 좌석 수는 항공기 기종에 따라 달라진다.
- 좌석번호는 숫자와 알파벳 대문자의 조합으로 이루어진다.
- 숫자: 비행기 앞에서부터 순서대로 부여
- 알파벳 대문자: 비행기 진행방향의 왼쪽부터 ABC순으로 부여

항공기의 좌석배치나 좌석 수는 기종에 따라 다르며 같은 기종이라도 항공사에 따라 달라질 수도 있다. 즉, 손님에게 조금 더 쾌적한 여행을 제공하기 위해 한 열에 9개의 좌석이 세팅되어 있는 것을 7개나 8개로 줄인 항공기들도 있으므로 여행사 직원이나 인솔자는 체크인할 때 좌석배치가 어떻게 되어 있는지 물어보는 편이 좋다.

일반적으로 좌석번호는 숫자와 알파벳 대문자 조합으로 이루어져 있다. 예를 들어 11A라고 하면 비행기 앞에서부터 11번째 열이고, 비행기 진행방향에서 가장 왼쪽에 있다는 의미이다.

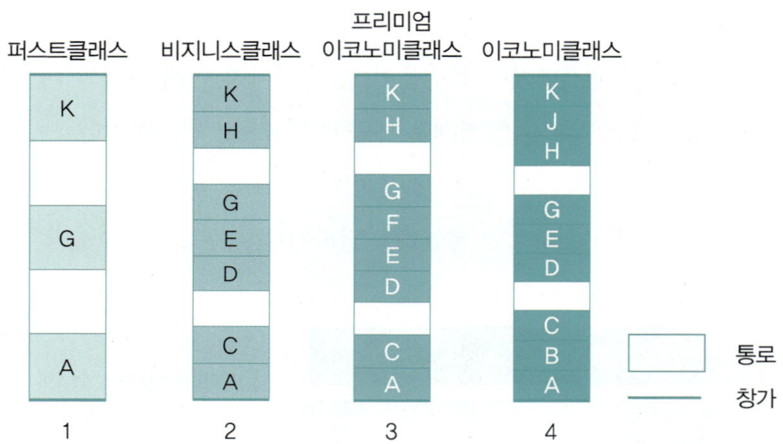

그림 3-5 좌석 클래스 위치

9) 항공권의 이해

항공권이란 운송의뢰인(여행자)과 운송인(항공사) 간에 성립된 운송계약의 세부사항을 표시하고 그에 정한 바에 따라 운송이 이루어지는 것임을 표시하는 비양도성 증거증권을 의미한다. 즉, 항공권을 구입(발권)한다는 것은 여객과 항공사 간에 계약이 체결된 것을 의미하며 이 계약은 항공사의 국제운송약관에 근거한다.

(1) 전자항공권(Electronic Ticket)

현재 항공권은 대부분 전자항공권(e-티켓)으로 교체되어 있으며, 한국의 경우 2006

년부터 대중화 되기 시작하여 2008년 6월 1일 부터는 전자항공권만 사용하고 있다. 예약 내용, 발권 내용은 항공사 컴퓨터 내에 보관 · 관리하고 있으며, 고객에게는 컴퓨터를 통해 예약 내역을 인쇄토록 하는 방식으로 되어 있다.

① 전자항공권의 장점

전자항공권은 기존 종이항공권에 비해 다음과 같은 장점을 가지고 있다.

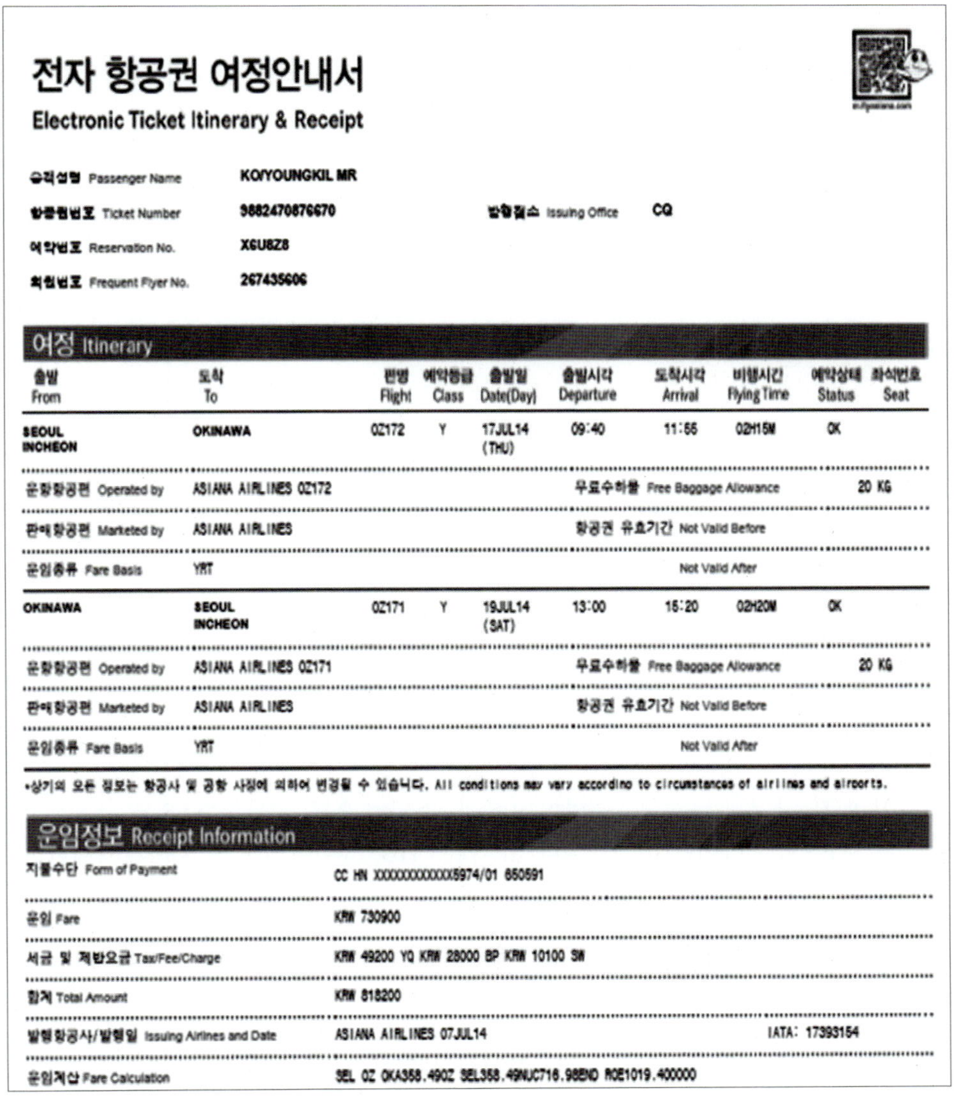

전자 항공권 여정안내서
Electronic Ticket Itinerary & Receipt

승객성명 Passenger Name KO/YOUNGKIL MR
항공권번호 Ticket Number 9882470876670 발행점소 Issuing Office CQ
예약번호 Reservation No. X6U8Z8
회원번호 Frequent Flyer No. 267435606

여정 Itinerary

출발 From	도착 To	편명 Flight	예약등급 Class	출발일 Date(Day)	출발시각 Departure	도착시각 Arrival	비행시간 Flying Time	예약상태 Status	좌석번호 Seat
SEOUL INCHEON	OKINAWA	OZ172	Y	17JUL14 (THU)	09:40	11:55	02H15M	OK	
운항항공편 Operated by	ASIANA AIRLINES OZ172				무료수하물 Free Baggage Allowance			20 KG	
판매항공편 Marketed by	ASIANA AIRLINES				항공권 유효기간 Not Valid Before				
운임종류 Fare Basis	YRT				Not Valid After				
OKINAWA	SEOUL INCHEON	OZ171	Y	19JUL14 (SAT)	13:00	15:20	02H20M	OK	
운항항공편 Operated by	ASIANA AIRLINES OZ171				무료수하물 Free Baggage Allowance			20 KG	
판매항공편 Marketed by	ASIANA AIRLINES				항공권 유효기간 Not Valid Before				
운임종류 Fare Basis	YRT				Not Valid After				

•상기의 모든 정보는 항공사 및 공항 사정에 의하여 변경될 수 있습니다. All conditions may vary accordino to circumstances of airlines and airports.

운임정보 Receipt Information

지불수단 Form of Payment	CC HN XXXXXXXXXXXX5974/01 650591
운임 Fare	KRW 730900
세금 및 제반요금 Tax/Fee/Charge	KRW 49200 YQ KRW 28000 BP KRW 10100 SW
합계 Total Amount	KRW 818200
발행항공사/발행일 Issuing Airlines and Date	ASIANA AIRLINES 07JUL14 IATA: 17393154
운임계산 Fare Calculation	SEL OZ OKA358.49OZ SEL358.49NUC716.98END ROE1019.400000

그림 3-6 전자 항공권

- 티켓분실에 대하여 걱정할 필요가 없음.
- 여정/운임안내서를 고객의 e-mail을 통하여 수신받아 인쇄하기 때문에 종이항공권 수령 시 발생할 수도 있는 부대비용이 (우편료/택배비 등) 발생하지 않음.
- 항공사마다 전자티켓에 대하여 특별 할인 요금을 운영하므로 종이항공권에 비하여 저렴.

② 탑승수속

여권과 함께 전자항공권을 탑승편이 출발하는 공항의 해당 항공사 카운터에 제시하면 탑승권(Boarding pass)을 수령할 수 있다.

③ 입국심사

국가에 따라 입국심사 시 출국 항공권 제시를 요구받을 수 있지만, 1장의 전자항공권으로 대체할 수 있다.

④ 전자항공권 양식

기본은 영어로 작성되며, 한국의 여행사나 항공사에서 발권하였을 때는 항목이 한국어로도 병기되어 있다.

[그림 3-6]의 전자 항공권 내용을 상세히 설명하면 다음과 같다.

- 발행일(Date of Issue): 전자항공권을 인쇄(발행)한 연월일
- 예약 번호(Reservation No): 예약 기록 번호. 통상적으로 6자리의 알파벳과 숫자 조합으로 이루어져 있다.
- 승객성명(Passenger Name): 승객 명 및 Title이 기재되어 있다. 승객 명의 경우 성과 이름 사이에 / 로 구분짓고, 다음에 성인 남성일 경우 MR, 성인 여성일 경우 MS등으로 타이틀이 기재된다. 소아는 CHD, 유아는 INF가 추가로 기재한다.
- 항공권 번호(Ticket Number): 총 13자리 번호로 되어 있는데, 처음 3개의 숫자는 발권 항공사의 번호(988은 아시아나 항공을 나타낸다), 나머지 10자리가 항공권 번호이다.
- 회원번호(Frequent Flyer no): 해당 항공사 회원가입 번호

- 발행점소(Issuing Office): 항공권 발권을 실시한 곳
- 출발/도착일시(from/to): 출발지/도착지
- 편명(flight)/예약 등급(class): 예약을 한 항공사의 코드와 편명/예약 클래스
- 출발일(date)/출발시간(departure)/도착시각(arrival)/비행시간(flying time): 일자는 기본적으로 일월년 순으로 적게되며, 출발시각과 도착시각은 현지시각으로 적혀 있다.
- 예약 상태(status): 예약한 항공편의 예약 상황을 코드로 나타내 준다.
    - OK: 예약 확약
    - RQ: 요청 중(request), 또는 대기 중인 경우
    - OP: 해당 구간에서는 예약을 하지 않은 경우(Open)
    - NS: 좌석을 차지하지 않는 유아의 경우(No Seat)
- 운임종류
    - YRT 일반왕복운임(Round Trip)
    - YOW 일반편도운임(One Way)
- 지불수단(Form of Payment): 현금의 경우는 cash, 신용카드 이용일 경우는 카드회사 코드 + 카드 번호가 기재됨.
- 운임(fare): 출발 국가의 통화단위의 운임(한국의 경우 KRW)
- 세금 및 제반 요금(Tax/Fee/Charge): 항공권 발권할 때 운임 이외에 징수되는 요금(YQ 유류할증료, BP 인천공항이용료, SW 일본 공항이용료)
- 합계: 운임과 세금 및 제반요금을 합산한 승객이 지불할 총금액
- 운임계산(Fare Calculation): NUC(중립 통화 단위, Neutral Unit of Construction)로 표시하는데 여기에 ROE(환산율, Rate of Exchange)를 곱해서 운임이 산출되었다는 것을 표시한다. 예를 들어 그림에 적혀 있는 대로 NUC716.98와 ROE1019.40000를 곱하면 운임인 730,900원이 나옴을 알 수 있다.

그림 3-7 탑승권

(2) Phonetic Alphabet

항공사와 여행사 간에 각종 영문정보를 주고받을 때, 예를 들어 항공사에 예약을 재확인할 때 폰네틱 알파벳을 사용한다.

예를 들어, 전화 예약을 할 때 잘못 알아들을 때가 있는 것처럼 착오를 방지하기 위해서 항공사나 여행사 간에 확인을 위한 통화 용어로서 각각의 알파벳을 다음과 같은 단어를 사용해서 의미전달을 정확히 하려는 것이다.

A	Alpha	B	Bravo	C	Charlie	D	Delta	E	Echo
F	Fox	G	Golf	H	Hotel	I	India	J	Juliet
K	Kilo	L	Lima	M	Mike	N	November	O	Oscar
P	Papa	Q	Quebec	R	Romio	S	Smile	T	Tango
U	Uniform	V	Victory	W	Whiskey	X	X-ray	Y	Yankee
Z	Zulu								

만약, ZQHDJE라는 예약 번호를 알려준다면, Zulu–Quebec–Hotel–Delta–Juliet–Echo라고 하면 된다.

GDS 3파전 본격화...새로운 전쟁의 시작

토파스(아마데우스): 시스템 호환 편리, 높은 시장 인지도
애바카스: 로컬라이징 능숙, 부가서비스 우수
갈릴레오: 개별항공권 강세, 높은 성장잠재력

한국 시장에서 GDS(Global Distribution Systems) 간 경쟁이 치열해지고 있다. 지난해부터 시스템과 점유율 차이가 급변하면서 역학구조가 바뀔 조짐을 보이고 있다. 바야흐로 여행시장의 최첨단을 걷고 있는 GDS들의 새로운 경쟁이 시작되고 있는 것이다.

GDS는 대형항공사의 자체 예약 시스템인 CRS(Central Reservation System)가 진화된 형태로 볼 수 있다. CRS의 경우 특정 항공사 기반으로 만들어진 예약 시스템으로 다중 항공사와의 시스템 호환이나 예약에는 한계가 있었다. 하지만 CRS가 GDS로 시스템을 강화하면서 여행사나 항공사들은 GDS만 이용하면 전 세계 대부분의 노선을 예약할 수 있게 됐다.

현재 전 세계적으로 주로 이용되고 있는 GDS시스템은 아마데우스(Amadeus), 애바카스(Abacus), 갈릴레오(Galileo), 세이버(Sabre), 월드스팬(Worldspan) 등이 있다.

한국 시장의 경우 지난 1999년 대한항공과 아마데우스가 공동출자로 설립한 토파스(TOPAS)와 1991년 아시아 주요 항공사들이 제휴 · 출자해 만든 아시아나 애바카스(Abacus)가 시장을 양분하고 있다. 후발주자로는 갈릴레오와 월드스팬이 있는데, 지난 2008년 갈릴레오가 월드스팬을 인수하면서 사실상 하나의 기업이 됐다. 모기업은 트래블포트(Travelport)다.

GDS사들의 가장 큰 수익모델은 항공사들로부터 받는 부킹피(Book ing Segment fee)다. GDS는 통합 시스템으로 여행사와 항공사의 예약을 연결해 주고, 항공사로부터 부킹피를 받는다. 항공사는 단거리 노선이나 장거리 노선에 관계없이 1seg 당 2.5~3.5달러의 부킹피를 GDS사에게 지급한다.

실례로 여행사에서 동남아 노선 20명을 GDS로 예약하면, 항공사는 20명×달러에 달하는 60달러를 GDS사에게 지급한다. GDS사들은 그 중 일부를 운영비용으로 충당하고, 여행사에게 인센티브 식으로 지급하고 있다. 여행사들의 경우 GDS를 이용하는 인원 ID당 월 3만원 정도의 사용료를 GDS사에 지불한다.

최근 한국을 비롯한 아태지역은 GDS사들의 지분인수와 M&A(인수합병), 시스템 통합 등으로 전에 없던 격변기를 겪고 있다. 지난해에는 한국시장에서 토파스가 아마데우스 플랫폼으로 변경되면서 항공사 커버리지가 확연히 넓어졌다.

애바카스의 경우 대주주인 세이버가 기존 지분을 35%에서 100% 완전 인수하기로 하면서 아시아지역에서 지배력을 확장하고 있다. 갈릴레오는 OTA들에 영업력을 확장하며 빠르게 점유율을 높이고 있다.

전 세계 지역별 점유율을 보면 북미는 세이버, 남미는 트래블포트, 유럽은 아마데우스로 특정 GDS의 강세가 뚜렷하지만, 아태지역에서는 GDS들의 점유율이 비슷해 앞으로도 시장 파이를 더 가져가기 위한 혈전이 예상된다.

2015년 현재 한국 시장에서 GDS사들의 점유율은 토파스(아마데우스)가 44%, 애바카스 43%, 갈릴레오(월드스팬)은 13% 정도를 차지하고 있다. 지난 2009년까지는 토파스가 시장 절반 이상을 점유하며 막강한 힘을 보였으나, 이후 애바카스가 점유율을 꾸준히 높여 토파스와 비슷한 위치까지 올라왔다.

갈릴레오(월드스팬)는 2010년 전에는 시장점유율이 5% 수준에 불과했으나 최근 12~13%까지 올라왔고 최근 더 가파른 성장세를 보이고 있다. 토파스의 경우 지난해 9월 아마데우스 플랫폼으로 전격 전향하면서 단기간 점유율이 하락했으나, 이용자들이 시스템에 익숙해지면서 점유율이 다시 올라오는 상태다.

주요 GDS 한국시장 점유율(2015년)

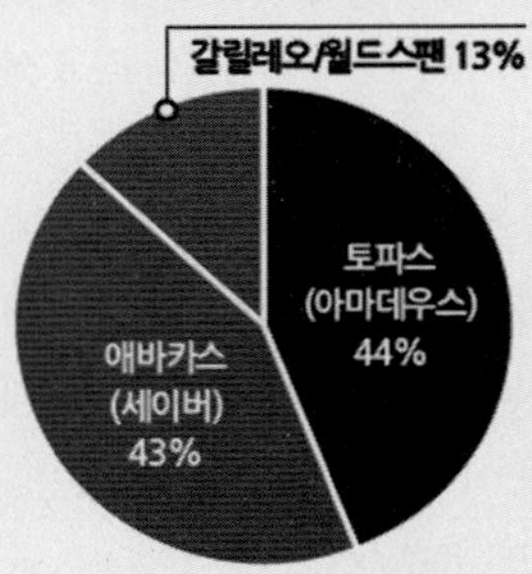

<각 업체들 자료조사 수치임>

각 GDS사들은 시장점유율과 매출을 높이기 위해 다양한 전략을 펴고 있다. 그 중 가장 중요한 매출처는 대형 고객사를 확보하는 것이다. 대형여행사들의 경우 다양한 플랫폼을 복수로 사용할 수 있지만 주요 GDS와 장기 계약 제휴를 통해 수수료 절감과 추가 서비스 등을 받고 있다.

토파스는 모두투어와 노랑풍선, 애바카스는 하나투어와 타이드스퀘어, 롯데관광, 투어2000, 갈릴레오는 인터파크투어, 클럽로뎀(와이페이모어), 웹투어, 행복한여행 등을 주요 고객사로 확보하고 있다.

최근 갈릴레오가 빠른 성장세를 구가하는 것도 주요 고객사 확보와 무관하지 않다. 갈릴레오는 토파스나 애바카스 대비 인지도가 부족하고 양 민항 중심의 타 GDS들보다 한국시장에 특화된 기능이 적어 시장 점유율은 낮은 편이다.

하지만 인터파크투어를 고객사로 확보해 오는 등 개별항공권 온라인 판매에서 강세를 보이는 대리점들의 규모 팽창으로 성장잠재력이 높게 평가받고 있는 상황이다. 샤프에서 GSA로 운영 중인 월드스팬은 미군부대나 상용시장에서 강점을 보유하고 있다.

토파스의 경우 시스템 호환과 시장 인지도에서 강점을 가지고 있다.

아마데우스의 경우 주요 항공사들의 호스트(자체관리시스템) 시장 인지도도 상당해, 주요 항공사들이 내부 호스트 시스템을 아마데우스 알테아(ALTEA)로 교체하는 추세다.

알테아 시스템은 초기 도입비용은 크나 운영비용을 대폭 축소할 수 있기 때문에 장기적인 측면에서 항공사들이 도입을 확대해 나가고 있다. 또 항공동맹체들이 주로 알테아를 호스트 표준시스템으로 선택하고 있어, GDS와의 호환에서 유리한 고지를 점하고 있다.

애바카스의 경우 아시아 주요 항공사들이 출자해 설립한 만큼 로컬라이징(현지화)에 강한 면모를 보이고 있다. 최근에는 항공 예약뿐만 아니라 크루즈, 보험, 여행콘텐츠 분야의 부가 서비스 판매에도 우수한 성적을 내고 있다.

GDS사들이 자사의 특성을 살려 시장 영향력을 확대하고 있으나, 앞으로 GDS 시장은 온탕과 냉탕을 오가며 각사의 경쟁력을 시험할 것으로 보인다.

여전히 GDS로 인한 항공권 발권이 90%를 넘어가고 있으나, LCC를 중심으로 직판에 대한 욕구가 커지고 있다.

특히 FIT 영향으로 직판 판매가 조금씩 증가되는 상황에서 GDS에게 지불하는 수수료에 대해 항공사나 여행사들이 불만을 가질 소지가 커졌다.

이런 상황에서 여행사와의 계약을 유지하기 위해 GDS 간 과도한 인센티브 싸움을 할 경우 장기적으로 수익구조가 망가지는 상황이 초래될 수도 있다. 또한 LCC들의 경우 한국시장 특성상 직판의 한계성을 인지하고 GDS 가입을 선택하는 경우가 많아 향후 어떤 LCC와 협업을 강화하느냐도 매출에 영향을 끼칠 것으로 보인다.

GDS 관계자는 "사실 플랫폼의 기능상 차이는 거의 비슷하다고 본다. 향후 GDS의 라이벌은 새로운 GDS가 아니라, OTA나 대형여행사들의 자체시스템이 될 것이다. 여행사들이 거대해지면서 IT개발 투자에 적극 나서고 있어 향후 GDS 비용절감에 나설 확률도 크기 때문이다"라고 전했다.

또 다른 GDS 관계자는 "여행사에 대한 지나친 인센티브 경쟁은 장기적으로 GDS 시장에 공멸을 가져올 수 있다는 것을 알아야 한다. 앞으로 항공사들의 다양한 상품을 콘텐츠로 바꾸고 채널을 다양화해 새로운 매출창구를 만드는 것이 중요하다고 생각한다. 이미 GDS 산업은 국경이 무너졌다. 다양한 업무제휴를 통해 시장지배력을 확장하는 것이 살길이다"라고 전했다.

출처: 세계여행신문(2015.08.24.).

항공용어

- Add-on: 전 세계 모든 도시들의 항공운임을 표시하기에는 너무나 많기 때문에 소규모 도시일 경우에는 대도시까지의 운임에 추가로 +얼마라고 기재를 하게 되는데, +얼마로 기재되는 운임을 Add-on이라고 한다. 일반적으로 국내선이 여기에 해당하는데 뉴욕에서 청주까지 가려는 사람이 있다고 하면, 이때 뉴욕에서 청주까지는 직항이 없으므로 인천국제공항까지 가서 거기서 국내선으로 청주로 가야 하므로 뉴욕에서 인천까지는 정규 요금표대로, 그리고 인천에서 청주까지의 국내선 구간은 에드온으로 추가로 기재된다. 참고로 보통 소규모 도시까지 갈 경우에 에드온으로 구입하는 것이 저렴하다. 뉴욕-청주를 예로 들면, 뉴욕-인천 간, 그리고 인천-청주 간을 따로따로 구입하는 것보다는 국제선과 연결해서 에드온으로 구입하는 것이 좀 더 저렴하다.
- Endorsement: 항공권에는 탑승구간과 그 구간을 어떤 항공사로 이용하는지가 적혀 있다. 따라서 그 항공사가 아닌 다른 항공사로 변경되는 경우 원래 항공사의 양해가 필요하다. 이것을 Endorsement라고 한다. 예를 들어 만약 탑승할 항공기가 사정으로 운항을 못하게 되어 다른 항공사가 그 구간을 운항한다면, Endorsement를 운항 못하는 항공사에 요청하여 다른 항공사를 이용할 수 있게 되는 것이다. 참고로 항공권에 NON-Endorsement라고 적혀 있으면 해당 항공권은 다른 항공사로 여정을 바꿀 수 없는 제한을 둔 항공권이므로 사전에 확인을 해야 한다.
- Open Ticket: 귀국 항공편을 예약하지 않은 항공권으로 할인된 항공권에서는 허락되지 않고 일반 보통 운임으로 발행된다.
- Go Show: 예약을 하지 않고 공항에서 탑승하려는 승객을 의미하는데 현재 모든 좌석이 예약 완료되어 더 이상 예약할 수 없는 승객이 혹시 자리가 생길 것을 기대하고 공항에서 기다리는 것.
- No Show: 예약한 여행객이 공항에 나타나지 않는 것.
- Status: 예약상황을 의미한다.
  - OK: 예약이 확정
  - RQ: 대기자 명단
  - OP: 해당 구간에 예약이 되어 있지 않음. 즉, 오픈 티켓이라는 의미
  - NS: No Seat, 좌석을 사용하지 않는 유아의 경우에 표시
- Through Check-in: 어느 곳을 경유해서 갈 때, 중간 목적지에서 다시 체크인하지 않고 한번에 탑승수속을 하는 것. 가령 인천에서 홍콩을 거쳐 방콕을 간다고 했을 때, 인천-홍콩, 홍콩-방콕 구간에서 탑승수속을 두 번 해야 하지만, 인천공항에서 탑승수속을 할 때 홍콩-방콕을 가는 탑승수속까지 일괄적으로 체크인을 하는 것을 의미한다.
- Charter: 항공기를 전세 내는 것. 즉, 성수기를 대비하여 여행사 등에서 항공편을 전세 내어 단체로 이용하게 하는 항공편.
- Booking: 예약(Reservation과 같은 의미)
- Boarding pass: 항공사 카운터에서 체크인을 마치고 받는 탑승권을 의미한다.
- Take off: 항공기 이륙
- Landing: 항공기 도착
- Destination: 목적지, 행선지
- Bond: 공항에서는 입국할 때 반입할 필요가 없는 것을 공항 창고에 출국할 때까지 맡겨 두는 것.

:: 관련문제

1. 다음 표를 완성하시오. (지역은 동남아, 일본, 중국, 미주, 유럽, 남태평양으로 구분)

지역	공항/도시명	코드	항공사명	코드
예) 유럽	예) 런던 히드로공항	LHR	예) 콴타스 항공	QF
		PRG		LH
		YVR		AY
		KIX		7C
		SYD		CA
		HKT		PR

2. VN415편(실제운항)과 KE5689편이 공동운항(CODE SHARE)하게 되어 있는데 여행사에서 KE5689편으로 예약한 고객의 다음과 같은 질문에 답변해 보시오.

고객: 운임은 어느 항공사 운임이 적용되나요?

답변:

고객: 출국수속은 어느 카운터에서 하나요?

답변:

고객: 대한항공 마일리지 이용이 가능한가요?

답변:

고객: 대한항공 기내식인 비빔밥을 먹을 수 있나요?

답변:

7 식당

(1) 호텔 내 식당

- main dining room
- grill room
- coffee shop

(2) 호텔 이외의 식당

- 미국: restaurant, cafeteria, coffee shop, fast food restaurant
- 프랑스: restaurant, bistro, brasserie, cafe
- 이탈리아: ristorante, trattoria, osteria, rosticceria, tavola calda, pizzeria, bar

(3) 식사

- table d'hote: 코스요리
- a la carte: 일품 요리
- buffet: 뷔페

(4) 풀코스 요리

- appetizers: 전채요리
- soup: 스프
- salads: 샐러드
- vegetables: 야채
- entrees: 주요리
- desserts: 디저트
- beverage: 음료(커피, 차)

(5) 음료

- 식전주: Sherry, 샴페인, 각종 칵테일 등 식욕을 돋우기 위한 주류
- 식간주: 일반적인 와인(red, white, rose 등)
- 식후주: digestifs라고 함. 포르토(Porto), 코냑, 리큐르 등 식후 소화를 촉진하는 것.

(6) 명물요리

- 스페인: 해물 빠에야(Paella: 샤프란 향을 첨가하여 쌀과 고기, 해산물, 야채를 같이 조리한 스페인식 볶음밥)
- 터키: 케밥(Kebab: 고기를 얇게 썰어 양념한 후 꼬치로 만들어 불에 구워가며 먹는 야채와 같이 먹음)
- 이탈리아: 마짱꼴레(mazzancolle: 해물코스요리)
- 스위스: 미트퐁뒤(Meat Fondue): 끓는 기름에 소고기조각을 꼬치에 찍어 넣어 익혀먹는 요리
- 벨기에: 믈(Moule: 홍합요리)
- 독일: 슈바인학세(Schweinehaxe: 독일식 족발)
- 그리스: 수블라키 전식(Souvlaki: 그리스 전통 꼬치구이)
- 체코: 스비치코바(svickova: 소고기 안심과 크네들키 빵을 생크림과 라즈베리 소스와 곁들여 먹음)
- 오스트리아: 호이리게 정식(Heuriger: 두 종류의 돼지고기와 소시지, 감자, 샐러드를 함께 곁들여 먹음)
- 헝가리: 굴라쉬스프(gulasch: 쇠고기와 야채, 파프리카를 넣고 끓인 헝가리 대표적인 수프요리)
- 폴란드: 플라츠키(placki: 감자를 갈아서 만든 감자전 요리로 고기와 함께 소스를 곁들여 먹음)
- 중국: 베이징덕(Beijing Duck: 슬라이스된 구운 오리를 밀전병에 파, 오이, 쌈장과 함께 싸서 먹음)
- 일본: 가이세키 요리(일본 코스요리)

- 태국: 톰양쿵(tom yam kung: 새우를 주재료로 만든 태국식 매운 스프)

(7) 세계의 진미

캐비어, 푸아그라, 트뤼프(truffe: 송로버섯)를 3대 진미라 부른다.

- 캐비어(cavir): 철갑상어 알. 주산지는 카스피해
- 푸아그라(Foie Gras): 거위나 오리의 비대하게 만든 간. 주산지는 프랑스 남부
- 트뤼프(truffe): 버섯류의 일종인 송로버섯. 주산지는 프랑스, 이탈리아

기타 명물요리로는 다음과 같은 음식이 있다.

- 에스카르고(escargots: 식용 달팽이): 원래는 프랑스의 서민적 요리
- 훈제연어
- 안쵸피(anchovy): 멸치를 소금이나 기름에 절인 것

(8) 조식 종류

- Continental breakfast: 빵, 커피 또는 홍차, 잼 등으로 이루어진 간단한 조식. 유럽 대륙에서 일반적이다.
- American breakfast: 빵, 커피, 홍차, 잼 이외에 프레시 주스, 계란 요리, 햄, 베이컨, 과일, 야채 등이 나오며, 뷔페스타일이 일반적이다.
- English breakfast: 영국식 아메리칸 블랙퍼스트. 미국식에 더해 콘프레이크, 오트밀 등 시리얼 류와 완두콩, 감자요리 등도 나오며 양이 많다.

Chapter 04

여행상품의 이해

Chapter

04

여행상품의 이해

1 여행상품의 개념

전통적으로 상품이라는 개념은 상거래의 대상물로서의 유형재로 상업환경 하에 놓여 있는 것으로 인식되어 왔다. 이처럼 산업사회 이전의 여행 등 서비스는 경제적 가치를 인정받지 못하였으나 후기 산업사회 들어 서비스와 같은 무형재도 하나의 상품이 될 수 있다고 교환이론의 관점에서 주장되기 시작하였고(Kotler, 1969), 오늘날에는 유형의 재화와 구분되는 별도의 경제적인 재(財)로서 자리를 잡고 있다.

결국, 현대사회에서의 상품은 생산, 가공되어 형체를 갖추고 가격을 측정할 수 있는 유형의 상품과 형태가 없고 가격이 측정되지 않는 무형의 상품이 있을 수 있는데, 여행이라는 상품은 무형의 특성을 지닌 서비스 재화라 할 수 있다.

여행상품을 "여행목적지, 숙박, 교통수단, 보조서비스와 관광매력을 결합시킨 것"이라고 세계관광기구(UNWTO)에서 정의하고 있는 바와 같이 일반적으로 여행상품이란, 여행 시 필요한 정보나 이용시설 및 여행활동과 관련한 일체의 서비스를 제공받는 여행객이 구매하는 모든 거래의 대상을 의미한다.

관광학에서는 여행상품에 대한 광의의 정의로 "관광업계가 생산하는 일체의 재화와 서비스"로 표현하고 있으며, 협의의 정의는 "여행객이 목적지나 일정 장소에서 관광을 즐길 수 있도록 여행 관련 업체가 만드는 일정과 그에 따른 여행코스"라고 하고 있다.

본서에서는 여행상품을 여행을 필요로 하는 소비자를 위해 여행사가 여행에 필요한 교통, 장소, 시설이용 및 서비스를 각각의 관광사업체로부터 구매하여 조합하여 종합상품(package tour)이나 부분상품(semi-package tour), 또는 단일상품(철도권, 숙박권, 항공권 등)으로 유통시키는 상품으로 정의한다.

2 여행상품의 특성

1) 무형성(intangibility)

여행상품은 구체적인 형태가 없기 때문에 사전에 체험해 볼 수 없다는 점에서 객관적 평가 없이 구입할 수 밖에 없다. 따라서 여행상품을 가시화하려는 노력, 예를 들어 여행욕구가 드는 광고나 정확한 정보제공이 중요하다.

2) 모방의 용이성

여행사는 여행상품을 여행소재 제공업자로부터 제공받아 상품을 조합하여 유통하므로 특허나 지적재산권 보호가 불가능하다. 이 때문에 유사한 내용의 상품들이 난립하고 저가상품 경쟁의 원인이 되기도 한다.

따라서 차별화된 서비스와 정보제공 그리고 이를 지원하는 여행소재 제공업자와의 독자적인 협력체계 구축이 필요하다.

3) 소멸성

여행상품은 저장할 수 없고 그 시기가 지나면 상품으로서의 가치가 소멸되므로 각종 할인정책이나 사전 예약 제도의 활용이 요구된다.

4) 동시성

여행상품은 상품이 제공되는 그 장소에 여행객이 참여할 때 비로소 생산과 소비가 동시에 일어나게 되는 특성이 있으므로 고객 서비스 접점에서 서비스 제공수준의 질을 높이는 것이 중요하다.

5) 계절성

여행상품은 계절과 요일에 따른 가격의 변동 폭이 크다는 특성도 있다. 주말, 연휴, 방학 시즌에는 여행수요가 많고 평일에는 수요가 그리 많지 않다는 점인데, 비수기 타개책으로 가격할인, 각종 이벤트 개최 등의 노력을 기울여야 한다.

6) 주관성

같은 여행상품이라도 참가한 사람들은 만족도가 다를 수 있어 여행상품의 가치를 객관화시키기에는 한계가 있다. 따라서 일정 수준 이상의 품질관리를 위해서는 서비스 접점에 있는 직원들의 교육과 서비스 마인드가 중요하다.

3 여행상품의 구성요소

여행상품을 구성하고 있는 요소로서는 교통, 숙박, 식음료시설, 관광대상물, 쇼핑, 인솔자 및 가이드, 보험 등을 들 수 있다.

교통수단	– 항공, 육상교통, 해상교통 등 다양한 교통시설이 존재 – 전체 여행경비의 절반가량 차지
숙박시설	– 여행경비 중 항공료와 함께 큰 비중을 차지 – 숙박기간, 위치, 등급, 부대시설 유무에 따라 다양한 요금
식음료시설	– 현지의 음식문화를 접할 수 있는 매력요소 – 패키지 여행상품의 경우 호텔식, 현지식, 한식으로 구성

관광지	– 여행객이 여행하는 근본적인 대상물 – 다양한 관광자원 및 이용시설을 포함하는 개념
쇼핑	– 여행에서 또 하나의 즐거움을 제공 – 다양한 품목의 상품을 접해 볼 수 있도록 배려
인솔자 및 가이드	– 여행기간 중 여행사를 대표하여 여행객을 인솔, 현지 해설 및 안내 – 이들의 서비스에 따라 여행상품의 가치가 좌우됨.
해외여행자 보험	– 패키지 상품의 경우 일반적으로 1억 원 상품 가입

4 여행상품 선택속성

여행객들이 여행사에서 여행상품을 선택하고 구입할 때 고려하는 요소는 어떤 것일까?

김옥제(2001)는 해외여행상품의 선택요소가 개인관광객의 사회, 문화, 환경적 요인 등 특성에 따라 다르다고 하였는데, 해외여행상품은 숙박(호텔의 가격, 서비스, 관리상태, 편리성, 식사의 적절성, 식사의 환경성), 가이드(가격 적절성, 안전성, 시간성, 정보성, 경제성), 교통(가격의 적절성, 안전성, 서비스), 쇼핑 및 식사(식사의 편의성, 쇼핑의 유명도, 쇼핑의 접근성, 쇼핑의 품질), 관광지(매력성) 5가지로 여행상품의 속성을 구분하였다.

최준호 · 신용원(2001)은 여행자의 일반적인 특성에 따른 국외여행상품 선택요인으로 여행사(신뢰성, 확신성, 유형성, 공감성), 여행상품(안전성, 경제성, 정보성, 시간성), 쇼핑 및 식사(식사의 편의성, 쇼핑의 유명도, 접근성, 쇼핑품질), 관광지(매력성)의 다섯가지로 분류하였다.

김상회(1997)는 노령층의 국외관광 여행상품의 선택기준을 실용주의 측면에서 관심이 많고, 여행의 목적지, 식사 및 음료시설, 관광지 접근의 용이성을 중시한다고 하였다.

김광근 외(2007)는 한국을 방문하는 중국인 여행객의 여행상품 선택속성과 만족에 관한 연구에서 관광목적지, 숙박시설, 여행사, 관광 및 쇼핑, 식사 등으로 여행상품 선택속성을 나누어 조사하였는데, 정보습득의 원천, 소득수준, 교육수준, 연령이나 직업별로 관심의 차이가 다름을 알 수 있었고, 단체 및 개인여행에 따라서도 다르다는 것을 파악하였다.

결국, 여행상품을 기획하고 판매할 때 선택속성이 다르므로 이러한 다른 특성을 분석하여 유형별로 신중한 마케팅 접근이 필요하다.

5 여행상품의 분류

여행객의 요망, 참가형태, 연령, 목적, 여행경험, 예산 등을 고려하여 여행사 담당 직원은 고객에게 가장 적합한 상품을 선택할 수 있도록 추천할 수 있어야 한다. 여행상품을 분류해 보면 다음과 같다.

1) Full Package Type과 Skeleton Type

① Full Package Type: 교통, 숙박뿐 아니라 관광, 식사 등 모든 것이 포함된 상품

② Skeleton Type: 교통, 숙박과 간단한 관광 정도로 구성된 상품으로 여행객이 현지에서 자유로이 관광과 식사를 할 수 있는 상품

2) 주유형과 체재형

① 주유형: 복수의 도시, 지역을 둘러보는 상품

② 체재형: 특정 도시나 지역 한 곳에 체재하는 투어로서 자유일정이 많으므로 여행사는 옵션투어를 다수 준비하여 고객이 선택할 수 있도록 하는 상품

3) 인솔자 동행 여부

① 인솔자 동행 상품: 인솔자란 여행일정에 동행하면서 여정을 관리하고, 여행객들의 서포트를 담당하는 사람으로서 대형 패키지 여행사에서는 경험이 많은

인솔자를 채용하고 있다. 특히 여러 국가나 지역을 둘러보는 상품이나 특수 지역 상품에는 인솔자 동행을 많이 실시하여 여행객들이 안심하고 여행할 수 있도록 하고 있다. 여행요금에는 인솔자 경비도 포함되어 있기 때문에 인솔자가 없는 상품보다는 약간 비싸다.

② 인솔자 미동행 상품: 인솔자는 동행하지 않고, 출발 시 여행사 전담 직원이 탑승수속을 도와주며, 현지에서는 현지 여행사 직원이나 현지 가이드가 도움을 준다.

4) 참가형태에 따른 분류

① 단체조직형 여행상품: 기업이나 각종 단체 등의 구성원으로 조직된 여행상품이다. 여행사는 Organizer(단체를 조직하는 중심이 되는 기관이나 사람)과 접촉하여 상품판매 활동을 한다.

② 개인참가형 여행상품: 개인이나 적은 인원으로 참가하는 단체여행상품이다.

③ FIT형 여행상품: 개인이나 소수의 여행객을 대상으로 여행을 기획하고, 현지에서의 행동도 개별단위로 이루어지는 여행상품이다.

현재는 단체조직형에서 개인참가형으로, 그리고 FIT형의 상품으로 옮겨가고 있는 추세이다.

5) 여행주체에 따른 분류

① 주최여행상품(Ready made): 여행사 자체적으로 기획하여 만든 여행상품(=패키지 상품, 기획여행)

– 자사 주최여행상품: 직접 상품기획개발, 자체판매

– 타사 주최여행상품: 타사 기획개발상품 대리판매(retailer)

② 수배여행상품(Order made): 여행객의 요청에 의해 주문생산된 여행상품

이전에는 단체요금 적용이 저렴하고 간편하다는 점, 그리고 안심할 수 있고 안전하다는 장점들로 인해 단체여행 형태의 패키지상품을 이용하였다. 그러나 최근에는 단체여행과 개별여행 간의 요금차이가 축소되고, 여행경험이 축적되면서 자기만의 여행을 하고 싶다는 욕구와 인터넷의 발달로 여행정보를 쉽게 얻게 되면서 개인여행이 증가하고 있다. 이에 따라 여행사는 항공, 숙박, 철도, 관광 등의 여행재료들을 고객이 자유롭게 골라 구입할 수 있도록 하는 상품들도 많이 출시하고 있으며, 여행 최소인원 수의 축소 등 시장의 변화에 민감하게 반응하고 있다. 그러나 단체여행만의 장점도 분명 존재하므로 단체여행을 선호하는 관광객도 적지 않다는 것을 인지하고 있어야 한다.

6 여행사의 대표적 여행상품(기획 여행상품)

여행상품을 상담, 판매하기 위해서는 담당자는 항상 상품의 내용을 파악하고 있어야 한다.

(1) 상품의 특징 파악

다양해지는 고객의 니즈에 부응하기 위해서는 판매담당자 자신이 상품의 특징을 꿰뚫고 있어야 하며, 고객의 요망에 맞는 상품을 바로 제시할 수 있도록 해야 한다. 즉, 호텔 등급, 장소, 일정 중 관광 포인트, 식사 플랜 등을 미리 조사하여 바로 안내할 수 있어야 한다.

(2) 구성의 확인

홈페이지나 팸플릿, 신문광고 등에 실려 있는 여행상품들은 각각 특징이 있는데, 무엇이 어디에 기재되어 있는지 바로 확인할 수 있어야 한다.

- 출발, 귀국 항공편이나 호텔 명칭은 일정표에 명시 여부
- 여행요금의 표시

- 일정에 포함된 식사의 구체적인 내용
- 취소 등 여행조건

(3) 기본 여행요금 확인

여행요금에는 무엇이 포함되어 있고, 무엇이 포함되어 있지 않은지 판별하는 것이 가장 중요하다. 다음과 같은 조건에서 여행요금은 달라진다.

- 출발일
- 항공, 숙박, 식사, 관광
- 인원수
- 항공 등급
- 유류세, 공항세 등 유무

한편, 참가인원 수, 인원구성, 연령 및 추가 요금 여부를 확인하는 것도 중요하다.

- 싱글차지(single charge) 요금, 3인실 요금, 연박 추가요금 등
- 조기 신청 특별 할인
- 유아, 소아요금
- 주중, 주말요금

1) 방콕 파타야

대표적인 해외여행상품이다. 여행과 휴양이 조화를 이루고 있으며, 해외여행이 처음인 여행객들에게 부담 없이 추천할 만한 상품이다. 최근 지방 거주자의 편리성 강화를 위해 지방에서 출발도 가능해졌다. 다양한 연계상품(방콕-푸켓, 방콕-싱가폴, 방콕-코사무이, 방콕-홍콩-싱가폴, 방콕-캄보디아 등)으로 풍부한 관광이 가능하고 고객 특성에 따른 다양한 상품추천이 가능(패키지여행, 개별여행, 혼합여행, 허니문, 골프 등)하다.

- **항공스케줄**

항공	운항 횟수
KE	매일
OZ	주6회 이상
OX	주5회 이상
기타	하계/동계 시간변경

– 시차: 한국보다 2시간 늦음
– 화폐: 바트

- **상품일정(5일 상품의 예)**

1일: 인천→방콕(5시간 30분)→공항 도착 후 호텔 투숙
2일: 파타야 이동(3시간) 후 주변 관광→(호랑이공원, 미니시암 등)
3일: 산호섬 이동 후 자유 시간→(해양스포츠 선택관광)→중식 후 농눅빌리지 등 관광
4일: 방콕으로 이동(3시간)→왕궁 관광, 에메랄드 사원, 수상가옥, 새벽사원
5일:방콕→인천(5시간)

- 유의사항
  - 왕궁 입장 시 뒤 끈 없는 신발, 민소매 옷, 미니스커트, 반바지 입장 불가(왕궁입구에서 USD 1의 바틱 대여 가능)
  - 수영복 지참
  - 면세 허용범위: 담배1보루(200개피), 주류1리터
  - 전압은 220V로 우리나라와 동일(별도 어댑터 없이 사용 가능)
  - 미화/유로/엔화 등 거의 모든 통화가 통용되며 관광지에서는 원화도 사용 가능

- 옵션상품
  - 로열드래곤 USD 35(2시간)
  - 발마사지 USD 35(2시간)
  - 타이전통지압마사지 USD 35(2시간)

- 스노클링 USD 35(2시간)
- 제트스키 USD 35(2시간)
- 바나나보트 USD 35(2시간)
- 스킨스쿠버 USD 35(2시간)
- 씨워킹 USD 35(2시간)
- 코끼리트레킹 USD 35(2시간)
- 티파니쇼 또는 알카자쇼 USD 35(2시간)

• 참고사항
- 티파니쇼: 세계3대 쇼의 하나이며 파타야를 대표할 수 있는 믿을 수 없는 비밀을 갖고 있는 세계적인 쇼이다.
- 로열드래곤: 식사와 동시에 민속쇼를 관람할 수 있고, 종업원들이 롤러스케이트를 타면서 서빙하는 것이 인상적이다.

2) 홍콩

쇼핑과 음식문화가 발달한 홍콩은 젊은 여성들에게 특히 인기 있는 여행지이다.

좁은 면적을 효율적으로 활용한 홍콩은 세계에서 가장 편하게 관광할 수 있는 지역의 한 곳이며 2N3D일정으로 짧은 기간을 이용하여 여행을 원하는 여행객에게 적합하다.

디즈니랜드 포함 시 미국/일본의 디즈니랜드와 비교하여 다소 협소함을 느낄 수 있으나 동서양의 문화가 적절하게 융합된 홍콩의 매혹적인 쇼핑센터와 아름다운 야경 감상이 유명하다.

• 항공스케줄

항공	운항 횟수
KE	매일
OZ	매일
CX	주6회 이상
TG	주3회 이상

– 시차: 한국보다 1시간 늦음
– 화폐: 홍콩달러

• 상품일정(3일 상품의 예)

1일: 인천→홍콩(약 3시간 50분)→해양공원, 리펄스 베이 등 관광
2일: 웡타이신 사원 및 쇼핑 등
3일: 홍콩→인천

- 유의사항
  - 3개월 이내 체류는 무비자 가능
  - 220V / 화폐는 홍콩달러가 통용
  - 현지 도착 후 A GATE 미팅
  - 개별적인 활동을 원하는 분들은 개별여행상품으로 예약
  - 출입국신고서는 붙어 있기 때문에 홍콩 입국 시 한 번만 작성
  - 홍콩/심천 상품은 심천 도착비자가 가능하지만, 심천/홍콩 상품은 중국비자를 사전에 발급받아야 한다.
  - 관용여권은 개인비자 필요

- 옵션상품
  - 스타페리+야시장투어 USD 25
  - 피크트램 USD 10
  - 점보레스토랑 USD 50
  - 중국심천투어 USD 100
  - 마카오 투어 USD 130

3) 싱가폴 · 바탐 · 조호바루

[관광+휴양] 싱가폴에서의 관광과 바탐에서의 휴양을 동시에 만족할 수 있는 여행지로 풍부한 볼거리와 먹거리, 센토사섬의 즐거운 테마여행 일정이 유명하다.

도시 전체가 정원을 걷는 듯한 기분으로, 깔끔하면서도 편안한 분위기를 느낄 수 있어 가족단체 등에 적합하다. 또한 일정 간 이동시간이 짧아 지루함 없이 관광할 수 있다.

• **항공스케줄**

항공	운항 횟수
KE	매일
OZ	매일
SQ	매일

– 시차: 한국보다 1시간 늦음
– 화폐: 달러

• **상품일정(5일 상품의 예)**

1일: 인천→싱가폴(6시간 10분)
2일: 싱가폴→바탐(페리이동: 50분 소요)→싱가폴 주롱새공원, 바탐 시내관광, 원주민마을관광
3일: 바탐→싱가폴(페리이동: 50분 소요)→국립식물원, 차이나타운
4일: 싱가폴→조호바루→싱가폴→회교사원, 센토사섬
5일: 싱가폴→인천(약 6시간)

• 유의사항
  – 싱가폴/말레이시아/인도네시아 전압 220V
  – 인도네시아 도착비자 1인 USD 10
  – 바탐에서 수영장 이용 시 수영복 지참
  – 여권유효기간 6개월 이상 필수
  – 싱가폴 입국 시 담배, 껌 등에 대한 엄격한 규정 확인

- 옵션상품
  - 트라이쇼+리버보트 USD 50
  - 디너 크루즈 USD 60
  - 나이트 사파리 USD 50(45분)

4) 베트남

천혜의 자연을 느끼면서 하롱베이 유람선 탑승(대한항공 베트남 지역 CF 촬영지)이 가능하다.

40~50대의 여행을 몇 차례 경험해 본 여행객 선호하는 여행지로 타 지역에 비해 비교적 여유로운 관광일정이 가능하다.

그러나 현대적인 감각, 뛰어난 리조트 등을 원하는 분에게는 비추천 여행지이며 일반적인 동남아 지역보다 낮은 평균기온을 가지고 있다.

천 년의 역사를 자랑하는 하노이의 문화유산 체험과 다양한 음식과 문화를 체험할 수 있다.

- **항공스케줄**

항공	운항 횟수
KE	매일
OZ	매일
VN	매일

– 시차: 한국보다 2시간 늦음
– 화폐: 동(VND)

- **상품일정(5일 상품의 예)**

1일: 인천→하노이→하롱베이(비행 약 4시간 30분+차량 2시간 30분)
2일: 하롱베이 유람선 탑승→석회동굴
3일: 하롱베이→옌터→하노이(차량 1시간 30분+차량 1시간 30분) 시내관광
4일: 하노이 호치민의 집, 문학사원, 호안키엠 호수,→시내관광, 민족 박물관 관광
5일: 하노이→인천(약 4시간 30분)

- 유의사항
  - 세면도구 개별준비
  - 환전 시 USD로 준비
  - 자유일정 포함 상품 시 수영복 준비
  - 관광목적 입국 시 15일간 무비자 가능

- 옵션상품
  - 씨클로 USD 20(1시간)
  - 발 마사지 USD 20(1시간)
  - 전신 마사지 USD 40
  - 야간시티 투어 USD 30
  - 다금바리(1kg 기준) USD 30(한국 1kg 15만)
  - 분수쇼 USD 20(30분)
  - 물개쇼 USD 15(30분)

5) 세부

신혼여행 상품 베스트셀러 10 안에 드는 지역으로 관광보다는 휴양을 즐기기에 적합하다.

자유일정 상품으로 지역별 특성도 중요하지만 리조트별 특성 파악이 중요하며 세부상품은 대부분 중/석식 불포함이므로 사전에 선택유무를 확인해야 한다.

샹그릴라/힐튼/플랜테이션 베이상품은 식사에 따라 다양한 등급(실버/골드)으로 구성되어 있으며 특급호텔 이용 시 부대시설 사용이 가능(세부지역은 리조트, 부대시설이 뛰어남)하다.

시시각각 변하는 일곱 빛깔 바다와 야자수의 어울림 만끽할 수 있는 곳으로 다양하고 편리한 직항스케줄이 존재한다.

- **항공스케줄**

항공	운항 횟수
KE	주4회 이상
OZ	주4회 이상
5J	주4회 이상
PR	주4회 이상
기타	

– 시차: 한국보다 1시간 늦음
– 화폐: 페소

- **상품일정(5일 상품의 예)**

1일: 인천→세부(비행 약 4시간 30분)
2일: 세부 자유 시간
3일: 세부 자유 시간
4일: 세부 자유 시간
5일 : 세부→인천(약 4시간 30분)

- 유의사항
  - 해양스포츠 시 안전사고 유의
  - KE의 경우 전세기 마스터티켓으로 개별 보딩 불가
  - 부모 동반 없이 입국하는 만 15세 미만 아동은 출발 전 공증서류 등 추가서류 준비 및 약 USD 60의 별도비용 발생
  - 아버지 없이 어머니와 입국하는 만 15세 미만 아동은 영문 주민등록등본 준비
  - 필리핀 공항 도착 시 수하물표 각각 대조하므로 짐을 찾을 때까지 각자 수하물표 보관
  - 여권 유효기간은 반드시 6개월 이상 필요

- 옵션상품
  - 아일랜드 호핑투어 USD 80(5시간)
  - 나이트투어 USD 60(3~4시간)
  - 발마사지 USD 40(1시간)
  - 스쿠버다이빙 USD 110(3시간)

– 경비행기 USD 160/220(1~1.5시간)

– 보홀투어 USD 160(3~4시간)

– 어메이징 쇼 USD 60(1~1.5시간)

6) 타이완

관광>휴양 일정으로 동남아 여행을 원하는 분들 중에서 짧은 일정을 원하시는 분들에게 추천하는 곳이다.

대만 속 또는 다른 중국문화를 느껴볼 수 있으며, 세계 4대 박물관의 하나인 국립고궁박물관을 관람할 수 있다.

아시아 지역의 한류열풍을 직접 체험할 수 있고 까오슝 지역의 하나투어 전세기 취항으로 타이페이–까오슝 연계상품 등 다양한 일정 가능하다.

연중 온난한 지역으로 겨울철 따뜻한 관광지를 원하는 분들에게 추천한다.

항공좌석이 여유로워 스케줄 잡기에 편리하여 물가가 높은 지역으로 타지역과 비교하여 등급대비 호텔시설이 떨어질 수 있다.

• **항공스케줄**

항공	운항 횟수
KE	매일
OZ	주5회 이상
CI	주5회 이상
기타	

– 시차: 한국보다 1시간 늦음
– 화폐: 달러(TWD)

• **상품일정(4일 상품의 예)**

1일: 인천→타이페이(비행 약 2시간 30분)→공자사당, 용산사
2일: 타이페이→야류→타이페이(차량 약 40분) 중정기념당, 국립야류 해양공원, 양명산
3일: 타이페이→화련→타이페이(기차 편도 2시간 50분) 자유 시간
4일: 타이페이→인천(약 2시간 30분)→(국립고궁박물관)

- 유의사항
  - 비가 많이 오는 지역은 미리 우산을 준비해야 한다.

- 옵션상품
  - 발마사지 USD 30
  - 소인국 USD 50
  - 101 타워야경 USD 30

7) 캄보디아 앙코르왓

공급좌석 확대로 다양한 접근이 가능(앙코르왓 직항, 방콕/캄보디아 연계, 베트남/캄보디아 연계 등 다양한 판매가능)하고 아이를 동반한 가족여행 등에도 적합한 여행지이다.

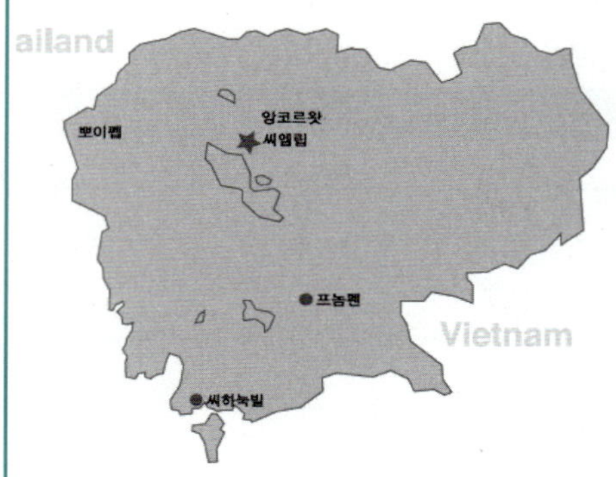

- **항공스케줄**

항공	운항 횟수
EF	주2회 이상
U4	주4회 이상
KE	주2회 이상
기타	하계, 동계 스케줄 변경

– 시차: 한국보다 2시간 늦음
– 화폐: 리엘

- **상품일정(5일 상품의 예)**

1일: 인천→씨엠립(약 5시간)
2일: 씨엠립
3일: 씨엠립(앙코르툼, 크레앙, 바푸욘, 코끼리테라스, 타트롬 사원)
4일: 씨엠립(톤레삽 호수)
5일: 씨엠립→인천(약 5시간)

- 유의사항
  - 캄보디아 도착비자 발급으로 도착 시 사진 1장+USD 20 소요
- 옵션상품
  - 평양랭면 USD 30(1시간 30분)
  - 전통지압 마사지 USD30 (2시간)
  - 발마사지 USD 20(1시간)
  - 야간 시티투어 USD 30(1시간)
  - 열기구탑승 앙코르관광 USD 20(20분)

8) 중국 북경 지역

중국지역 여행상품 베스트셀러이다. 매일 출발이 가능해 고객의 스케줄에 맞춰 일정을 조절(주 40회 이상)할 수 있다. 또한 고객 특성에 따른 다양한 상품 추천이 가능(패키지여행, 개별여행, 혼합여행, 허니문, 골프 등)하며 부모님의 효도관광이나 아이들과의 교육적인 가족여행에 특히 적합하다.

중국 전문 가이드의 안내로 중국의 역사/문화/사회/경제 등에 관한 해박한 설명을 들을 수 있고 다양한 연계상품의 판매상담이 가능(북경-장가계, 북경-백두산, 북경-상해, 서안-북경 등)하며 한국인의 입맛을 고려한 현지음식을 준비한 상품이 많다.

참고로 걷는 일정이 많기 때문에 반드시 편안한 복장을 준비해야 한다.

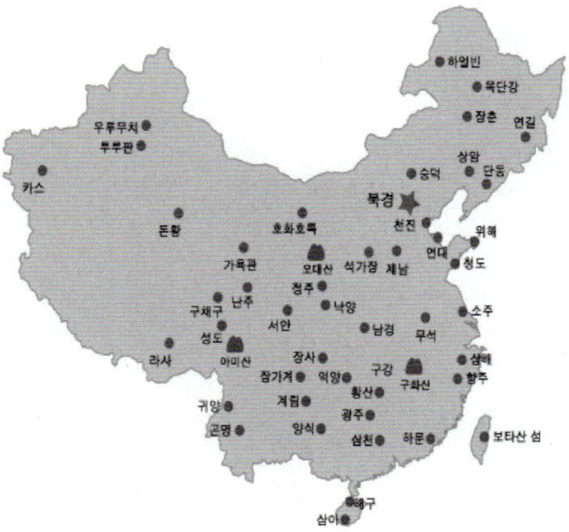

- **항공스케줄**

항공	운항 횟수
KE	주20회 이상
OZ	주7회 이상
CA	주3회 이상
CZ	주10회 이상
MU	주7회 이상

– 시차: 한국보다 1시간 늦음
– 화폐: 위엔

- **상품일정(5일 상품의 예)**

1일: 인천→북경 또는 천진(약 2시간) 공항 도착 후 왕부정 관광
2일: 북경 관광(명13릉, 만리장성, 용경협)
3일: 북경 관광(이화문, 천안문, 자금성)
4일: 북경 또는 천진→인천(약 1시간 50분)

- 유의사항
  - 중국민항상품 7일 전 항공 선발권 주의(환불주의)
  - 중국단체비자 일주일전 접수(21,000원)
  - 개인비자(3N4D 40,000원, 1N2D 65,000원)
  - 쇼핑환불은 한 달 이내만 가능(영수증 반드시 첨부, 환불시 10%의 수수료부과)

- 옵션상품
  - 만리장성 케이블카 USD 20
  - 발마사지 USD 20(1시간)
  - 전신마사지 USD 30(1시간 30분)
  - 용경협 USD 25(40분)
  - 인력거투어 USD 20(1시간 30분)
  - 북경디너쇼 USD 50(2시간)

9) 일본

(1) 큐슈

온 가족이 함께하는 가족여행, 부모님의 효도여행, 부부의 건강여행으로 적합하며 효도여행, 단풍여행, 하우스텐보스 상품 등 여행목적에 맞는 상품 구성으로 기호에 따른 선택이 가능하다.

온천+일본의 자연경관 관광이 주를 이루며 온천여행 상품은 일반패키지 상품보다 높은 연령층으로 구성된다.

1시간 30분 이내의 비행시간으로 해외여행이라는 부담이 없고 후쿠오카 IN/OUT, 오이타 IN 후쿠오카 OUT 등 상품에 따른 IN/OUT이 다르므로 상품별 확인이 필요하다.

- **항공스케줄**

항공	운항 횟수
KE	매일
기타	하계/동계 시간변경

– 시차 : 한국과 동일
– 화폐 : 엔

- **상품일정(4일 상품의 예)**

1일: 인천→후쿠오카(1시간 20분) (후쿠오카 후루사토관)
2일: 후쿠오카→벳부(아사히 맥주공장, 다자이후 텐만구, 벳부, 지옥온천순례)
3일: 벳부→유후인→아소→쿠마모토(유후인 전통마을 관광, 아소산, 아소팜랜드)
4일: 쿠마모토→후쿠오카→인천(약 1시간 25분), (쿠마모토성)

- 유의사항
  – 환전은 엔화 필수(달러 불필요)
  – 온천욕 시 수영복 불필요(우산준비), 전압 110V 사용

- 아소산 분화구의 경우 기상이변, 유황가스분출 등에 따라 사루마와시관광(원숭이쇼)으로 대체될 수 있음.
- 트리플룸은 트윈베드+엑스트라베드 조건

(2) 도쿄

패키지일정과 자유일정을 동시에 즐길 수 있는 상품으로 짧은 일정 내에 집중적인 관광이 가능하다.

친지방문 등 1일 자유일정 내 개별 활동이 가능하며 가족여행, 효도여행, 회사원, 학생 등 모든 연령층에 인기가 있다.

현대적인 모습과 문화 그리고 자연과 온천을 체험할 수 있고 IN/OUT 이 상품마다 다르므로 예약 시 반드시 체크(예: 나리타 IN 니가타 OUT, 후쿠시마 IN 센다이 OUT, 나리타 IN/OUT 등)해야 한다.

- 상품일정(4일 상품의 예)

1일: 인천→나리타공항→도쿄 (약 2시간 10분), (나리타산 신승사, 아사쿠사)

2일: 도쿄(하코네, 아시호수, 오와다쿠니 계곡, 모리노유 온천, 메이지신궁, 황거, 긴자, 요코하마, 야마시타 공원, 차이나타운, 랜드마크 타워, 도쿄 디즈니랜드, 오다이바)

3일: 도쿄→닛코→후쿠시마(차량 약 2시간 30분), (닛코, 쥬젠지 호수, 동조궁, 케곤 폭포)

4일: 후쿠시마→인천(약 2시간 40분)

- 옵션상품
  - 하코네 관광+모리노유 온천 15,000엔(전일)
  - 도쿄도 내 관광+요코하마 15,000엔(전일)
  - 도쿄 디즈니랜드+오다이바 15,000엔(전일)

10) 남태평양 지역

(1) 괌 PIC 5일

- 4시간 거리의 깨끗한 청정지역! 활력 넘치고 다이내믹한 휴가의 새로운 개념!
- 워터파크 등 다양한 놀이시설, 키드 클럽 운영으로 유아, 아동 동반 시에 특히 적합
- 전용비치 보유, 40여 가지의 스포츠 시설을 무료로 이용 가능
- 워터파크/스노쿨링/스쿠버다이빙/윈드서핑/키즈풀/비치발리볼/테니스 등
- 실버/골드/플래티넘 등 필요에 따른 다양한 선택 가능
- 리조트 이용 한국인의 비중이 다소 높으며 활동적이고 다양한 액티비티와 시설을 이용하시길 원하시는 고객에게 매우 적합
- 위치: 차량으로 공항 10분, 시내 5분

- **항공스케줄**

항공	운항 횟수
KE	매일
기타	증편기 수시 운항

– 시차: 한국보다 1시간 빠름
– 화폐: USD

- **상품일정(5일 상품의 예)**

1일: 인천→괌 (약 4시간 30분)
2일: 괌(사랑의 절벽, 스페인광장, 라테스톤 공원)
3일: 괌(자유 시간)
4일: 괌(자유 시간)
5일: 괌→인천(약 4시간 30분)

- 유의사항
  - 한국인 비중이 다소 높으며 부대시설 대비 다소 낮은 객실수준
  - 미국령으로 무비자입국 15일간 체류가능(단, 미국비자 발급거절 유경험자 입국거절)

- 옵션상품
  - 샌드 캐슬 USD 95(2시간)
  - 종합 해양스포츠 USD 95(4시간)
  - 이팜비치 정글투어 USD 95(4시간)
  - 원주민 민속 디너쇼 USD 95(3시간)
  - 선상 디너쇼 USD 95(2시간 30분)
  - 스쿠버다이빙 USD 95(4시간)

(2) 호주 뉴질랜드

머리와 마음까지 깨끗해지는 순수 100%의 자연을 만끽할 수 있는 상품이다.

계절이 한국과 반대라서 여름에 겨울의 기분을 느끼고 싶어 하시는 분, 겨울에 여름의 기분을 느끼고 싶어 하시는 분에게 적합하다.

이국적인 분위기를 맛보고 싶어 하시는 분들께 적합하며 엄선된 호텔을 사용하며 현지식과 한식의 적절한 조화로 높은 만족도를 준다.

뉴질랜드 고유의 문화를 느낄 수 있는 북섬과 웅장한 대자연을 만끽할 수 있는 남섬으로 구분되 남/북섬 간 장시간 이동으로 다소 피로감 느낄 수 있다.

옵션이 거의 없는 알찬 일정으로 전 연령층에게 인기이며 노팁, 노옵션과 특전이 추가된 '효도여행' 상품이 특히 부모님들께 인기이다.

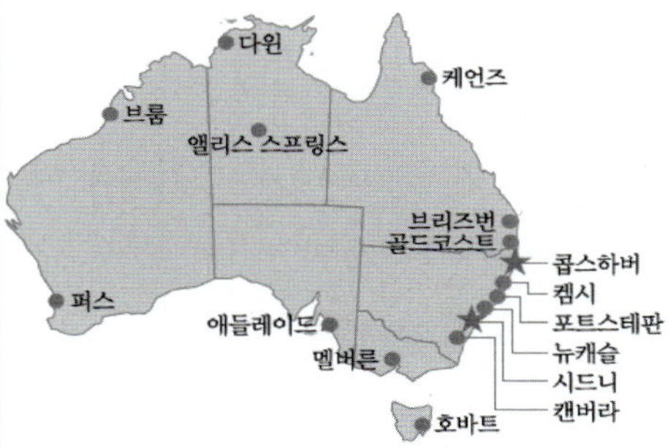

- **항공스케줄**

항공	운항 횟수
KE	주4회 이상
OZ	주3회 이상
QF	주1회 이상
기타	

– 시차
  호주: 한국보다 2시간 빠름
  뉴질랜드: 한국보다 4시간 빠름
– 화폐: 호주달러(AUD), 뉴질랜드 달러(NZD)

- **상품일정(8일 상품의 예)**

1일: 인천→오클랜드(약 10시간 30분)
2일: 오클랜드→타우포(차량 약 4시간 30분), (타우포, 와이라케이 지열발전소, 후카폭포)
3일: 타우포→로토루아(차량 약 2시간 30분), (와이오타푸 지열지대, 타조농장, 마오이 민속쇼)
4일: 로토루아→오클랜드(차량 약 3시간), (스카이라인 곤돌라, 레드우드 수목원, 로토루아 호수)
5일: 오클랜드→시드니→포트스테판→시드니(비행 약 3시간 30분 + 차량 편도 약 3시간 30분), (포트스테판, 오스트랄리안 파충류 공원, 스탁톤비치)
6일: 시드니→블루마운틴→시드니(차량 편도 약 1시간 30분), (블루마운틴 국립공원, 엣지 시네마, 에코포인트 세자매봉, 궤도열차)
7일: 시드니 더들리 페이지, 갭팍, 본다이비치, 오페라하우스(내부가이드 투어), 하버 브릿지, 미시즈 매쿼리스 포인트, 하드락카페
8일: 시드니→인천(약 10시간 30분)

- 유의사항
  - 수영복 준비
  - 호주전산비자(예약 시 여권사본 반드시 확인)
  - 호주 입국 시 엄격한 식품 검역(과일, 곡물 등은 신고를 해도 반입 불가)
  - 중간 항공스케줄에 따른 일정 변동 가능
  - 일교차가 크고 기후변화가 심하며, 지역 특성상 호텔 난방시설이 잘되어 있

지 않으므로 옷차림에 각별한 주의

- 출발 일에 따른 IN/OUT 변경 가능(예: 시드니 IN 오클랜드 OUT, 오클랜드 IN 시드니 OUT 등)
- 환전은 USD: 호주달러 = 약 5:5 정도
- 서머타임제 기간 시차 변경 확인

• 옵션상품
  - 시드니 야경투어 USD 45(3시간)

(3) 사이판 PIC

해변에 맞닿아있는 새로운 개념의 리조트가 많으며 리조트 내 PIC 하나투어 데스크 운영으로 신속한 처리가 가능하다.

각종 스포츠 시설 완비로 가족들과 함께 즐길 수 있는 최상의 리조트이며 렌터카로 완전일주 가능하여 자유일정 시 개별여행에도 적합(제주도 면적의 약 1/9)하다.

실버/골드 등 필요에 따른 등급별 선택이 가능하고 워터파크 등 40여 가지의 다양한 부대시설을 이용할 수 있다.

4시간 거리의 깨끗한 청정지역으로 마나가하섬 포함 일정 선택 가능하다.

• **항공스케줄**

항공	운항 횟수
OZ	매일
기타	증편기 수시 운항

- 시차: 한국보다 1시간 빠름
- 화폐: USD

• **상품일정(5일 상품의 예)**

1일: 인천→사이판(약 4시간)
2일: 사이판(일본군 최후 사령부, 한국인 위령탑, 만세절벽, 새섬)
3일: 사이판(마나가하 섬)
4일: 사이판
5일: 사이판→인천(약 4시간)

- 유의사항
  - USD로 환전준비
  - 선글라스, 선블럭크림, 모자, 얇은 긴팔 준비

- 옵션상품
  - 정글투어 + 식물원 USD 60(3시간)
  - 해양스포츠 USD 80(2시간)
  - 체험 다이빙 USD 100(1시간)
  - 원주민 문화체험 USD 80(3시간)
  - 선상 일몰관광 USD 60(2시간)
  - 티니안섬 관광 USD 172(6시간)
  - 씨워커 USD 75(2시간)

11) 유럽

(1) 베니스 융프라우 4개국

일정이 빡빡하여 편안한 여행을 원하는 분에게는 다소 부적합하다. 하지만 유럽 3대 박물관 관람으로 다양한 문화체험 가능하고 정통 등급 이상의 상품구성으로 고객만족도가 높다.

또한 예정호텔과 거의 차이가 없는 확정호텔을 보장하며 상품별 IN/OUT이 다르므로 예약 시 확인해야 한다.

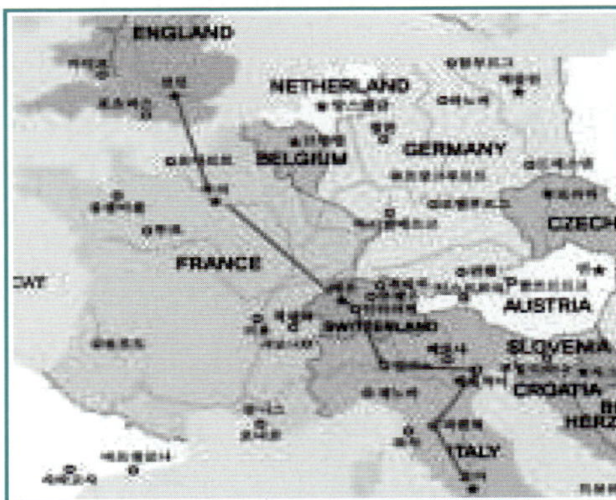

- **항공스케줄**

항공	운항 횟수
KE	주3회 이상
기타	

– 시차: 스위스/프랑스/영국/이탈리아 한국보다 8시간 느림
– 화폐: 유로

- **상품일정(9일 상품의 예)**

1일: 인천→런던(약 12시간, 기내식 2회)
2일: 런던→파리(유로스타 약 3시간 30분)
(대영박물관, 국회의사당, 빅벤)
3일: 파리(베르사유 궁전, 에펠탑, 개선문, 세느강)
4일: 파리→로잔→인터라겐(파리-로잔 구간 고속열차 TGV 약 3시간 50분), (루브르박물관, 인터라겐)
5일: 인터라겐→융프라우→밀라노(약 4시간)
(융프라우, 두오모성당)
6일: 밀라노→베니스(약 4시간)
(탄식의 거리, 산마르코광장)
7일: 베니스→피렌체→로마(약 3시간 30분 + 약 4시간)
(시노리아 광장, 미켈란젤로 광장)
8일: 로마
(바티칸박물관, 시스티나 예배당, 성베드로 대성당, 베드로광장, 트레비분수, 콜로세움 외곽)
9일: 로마→인천(약 11시간 15분, 기내식 2회)

- 유의사항
  - 리턴 변경 시 사전 확인
  - 환전은 유로
  - 우산/응급약(밴드, 감기약 등) 준비
  - TGV 스위스 도착역은 로잔베른으로 변동 가능성 있음
  - EU국가 입국 시 액체형 물품 기내반입 금지
  - APIS 미입력 시 수속지연, 탑승거부 등 발생가능

- 옵션상품
  - 벤츠관광 50~70 EURO(3시간)

– 베니스 곤돌라 50~60 EURO(1시간)

– 에펠탑 전망대+세느강 유람선 100EURO

– 파리 리도쇼 180~200 EURO(2시간)

12) 캐나다

아름다운 정원과 야경의 도시 빅토리아, 세계 4대 미항 밴쿠버, 캐나다 록키의 진수를 느낄 수 있는 밴프, 세계 3대 폭포 중 하나인 나이아가라 폭포 등 캐나다 주요 관광지와 도시를 항공을 이용하여 편리하게 체험할 수 있다.

밴쿠버/캘거리/토론토를 각 이틀씩 관광하며 다양한 이색체험의 기회를 제공(설파산 곤돌라/유황온천/레이크루이스 스키장 관광/토론토 CN타워/나이아가라 시닉터널 관광 등)한다.

AC항공은 스타얼라이언스 제휴사로 아시아나 마일리지적립이 가능(출발 전 아시아나 마일리지 카드 보유자에 한해 적립가능)하고 전 구간 현지 랜드조인이 가능하다.

- **항공스케줄**

항공	운항 횟수
AC	주3회 이상
기타	

– 시차: 한국 정오=밴쿠버 오후 7시, 캘거리 오후 8시, 토론토 밤 10시

– 화폐: 달러(CAD)

- **상품일정(8일 상품의 예)**

1일: 인천→밴쿠버→빅토리아(비행 약 10시간 10분+훼리 1시간 40분), (스탠리 공원, BC 주의사당, 임프레스 호텔)
2일: 빅토리아→밴쿠버(그랜빌 아일랜드, 차이나타운, 캐나다 플레이스)
3일: 밴쿠버→캘거리→밴프→캔모어(비행 약1시간20분), (밴프 국립공원, 설파산 곤돌라 탑승)
4일: 밴프→레이크루이즈→캘거리(존스톤 캐년, 레이크루이즈)
5일: 캘거리→토론토→나이아가라(비행 약 3시간 45분+차량이동), (주의사당, 토론토대학, 스카이돔, CN타워)
6일: 나이아가라→토론토(나이아가라 폭포)
7일: 토론토→밴쿠버→인천(비행 약 5시간+11시간 40분)
8일: 인천 도착

- 유의사항
  - 엄격한 입국심사(만 18세 미만 아동의 경우 동반 또는 동반하지 않는 부모의 영문호적등본 준비)
  - 본인사유에 의한 캐나다 입국거절 시 환불금액 없음

- 옵션상품
  - 밀랍인형 박물관 USD 20(1시간)
  - 밴쿠버 스토리움 USD 50(1시간 30분)
  - 카필라노 서스펜션 브리지 USD 30(1시간)
  - 그라우스마운틴 곤돌라 탑승 USD 35(30분)
  - 밴쿠버 리무진 야경관광 USD 40(1시간 30분)
  - 나이아가라 경비행기 USD 120(25분)
  - 설파산 곤돌라탑승 USD 40(1시간)
  - 나이아가라 야경 USD 40
  - CN타워 USD 30(1시간 30분)
  - 보우계곡 승마 USD 50(1시간)
  - 레드 랍스터 USD 60
  - 야외온천욕 USD 20(1시간)
  - 제트보트 USD 120

- 시닉터널 USD 20(30분)
- 보우강 래프팅 USD 40(2시간)
- 꽃마차 탑승 USD 25(50분)

실습

다음은 베트남 북부의 하롱베이 상품의 내용입니다. 내용을 숙지한 후 두 명씩 역할을 나누어 실습예시와 같이 고객에게 상담을 통해 판매를 권유해 봅시다.

서비스의 특징	고객의 이점
– 검증된 호텔 및 식사 제공 – 다양한 상품구성(가격, 등급, 일정 등) – 타사 대비 높은 서비스 수준 – 공항세 등 TAX 및 가이드, 인솔자의 팁 포함 – 고객만족부 운영 해피콜 진행	– 고객의 취향, 여건, 눈높이에 맞는 상품 구성 가능 – 정해진 쇼핑센터 방문으로 시간 및 경비 절감 – 불필요한 추가 비용 방지 – 고객의 불만 사항 반영으로 만족도 향상
판매 포인트	
– 깟바섬 포함 일정의 생성으로 기존의 관광일정 뿐만 아니라 휴양형 일정 선택 가능 – 천혜의 자연을 느끼면서 하롱베이 유람선 탑승 (대한항공 베트남 지역 CF 촬영지) – 4~50대의 여행을 몇 차례 경험해 본 사람들에게 추천하면 더욱 좋다. – 타 지역대비 비교적 여유로운 관광일정 – 현대적인 감각, 뛰어난 리조트 등을 원하는 분에게는 비추천 – 천 년의 역사를 자랑하는 하노이의 문화유산 체험 – 일반적인 동남아 지역보다 낮은 평균기온 – 다양한 음식과 문화를 체험	

• **종류별 상품특성**

종류	가격	상품구성	특전
품격 ★★★★★	₩649,000~ ₩1,299,000	– 기본일정 + 특전 4~8개 – 아울락리조트/하노이대우호텔 등	– 씨클로 탑승 – 발마사지 1시간 – 베트남 민족박물관 – 베트남 전통 해선식 – 베트남 정통음식 맛 체험 – 하롱베이의 명물 로열파크 관람 – 하롱베이 유람선 – VIP 전용유람선
정통 ★★★★☆	₩649,000~ ₩849,000	– 기본일정 + 특전 3~6개 – 하롱플라자/포추나호텔 등	
실속 ★★★(★)	₩499,000~ ₩699,000	– 기본일정+특전 1~4개 – 선라이트/스포트하노이 호텔 등	

• **항공스케줄**

항공	운항 횟수
KE	매일
OZ	매일
VN	매일

– 시차: 한국보다 2시간 늦음
– 화폐: 동(VND)

• **상품일정(5일 상품의 예)**

1일: 인천→하노이→하롱베이(비행 약 4시간 30분 +차량 2시간 30분)
2일: 하롱베이 유람선 탑승, 석회동굴
3일: 하롱베이→옌터→하노이(차량 1시간 30분 + 차량 1시간 30분) 시내관광
4일: 하노이 호치민의 집, 문학사원, 호안키엠 호수, 시내관광, 민족 박물관 관광
5일: 하노이→인천(약 4시간 30분)

• 유의사항
  – 세면도구 개별준비
  – 환전 시 USD로 준비
  – 자유일정 포함 상품 시 수영복 준비
  – 관광목적 입국 시 15일간 무비자 가능

• 옵션상품
  – 씨클로 USD 20(1시간)
  – 발마사지 USD 20(1시간)
  – 전신마사지 USD 40
  – 야간시티 투어 USD 30
  – 다금바리(1kg 기준) USD 30(한국 1kg 15만)
  – 분수쇼 USD 20(30분)
  – 물개쇼 USD 15(30분)

실습 예시

담당자 : 전화 주셔서 감사합니다. 백석여행사 동남아팀 고영길입니다. 무엇을 도와드릴까요?

고 객 : 7월 말에 저희 부모님 동남아 여행을 보내드리려 하는데 어디가 좋을까요?

담당자 : 연세가 어떻게 되세요?

고 객 : 50대 초반이세요.

담당자 : 7월에는 동남아 지역이 많이 덥습니다. 따라서 많이 움직이시는 것보다는 휴양형으로 고르시는 것이 좋을 듯합니다. 제가 추천해 드린다면 베트남 지역은 어떠세요? 다른 지역보다 일정이 여유롭고 문화유산체험이나 다양한 음식을 드셔보실 수 있으세요.

고 객 : 가격은 어떻게 되나요?

담당자 : 4박 5일 기본일정으로 저렴한 것은 50만 원 정도부터 130만 원까지 다양한 상품들이 있습니다. 예산은 어느 정도 생각하시나요?

고 객 : 1인당 70만 원 정도 생각합니다.

담당자 : 1인당 70만원 정도라면 정통 상품을 추천해 드리고 싶은데요. 기본일정에 발마사지, 베트남 전통 해선식을 맛보시고 하롱베이 유람선도 즐기실 수 있는 특전이 포함되어 있습니다. 본 상품은 각종 세금이나 가이드 팁도 요금 안에 포함되어 있어 불필요한 추가비용이 들어가지 않고, 정해진 쇼핑센터만 방문하기 때문에 시간이나 경비도 절감되는 장점이 있습니다.

고 객 : 베트남은 비자가 필요하나요?

담당자 : 아니요. 관광목적 입국 시에는 15일간은 비자가 필요 없습니다.

고 객 : 알겠습니다. 부모님과 상의한 다음에 다시 연락드리겠습니다.

담당자 : 네, 그럼 고객님의 이메일 주소나 팩스번호를 알려주시면 자세한 사항을 비교해 보실 수 있는 일정표를 발송해 드리겠습니다. 성함과 이메일주소, 연락처를 알려주시겠습니까?

고 객 : 이름은 OOO이고요, 이메일은 123@naver.com, 휴대폰번호는 010-123-4567 입니다.

담당자 : 예, 10분 내로 발송해 드리겠습니다. 언제든지 궁금하신 점 있으시면 연락 주십시오. 저는 동남아팀 고영길이었습니다. 전화 주셔서 감사합니다.

7 여행사의 대표적 여행상품(기타 여행상품)

1) 허니문(honeymoon) 여행상품

허니문 여행상품은 사랑하는 사람과 서로 가장 좋은 시기에 단 둘이 떠나는 희소가치가 있는 특별한 여행이라는 점에서 허니문 여행객들은 목적지 선택에 민감하며, 일반여행객들과는 달리 경제적인 면에 큰 비중을 갖지 않는다. 또한 허니문 상품은 출발시간의 집중성을 보인다는 특성을 갖고 있다. 따라서 허니문 여행사들은 신뢰할만한 기업의 이미지를 형성하여 평생에 한 번뿐인 허니문 여행상품을 믿고 구입하도록 고객들의 기대에 부합하는 합리적인 가격대의 상품제공, 지불방식의 다양성을 제공하는 등의 편의 제공, 여행사 직원의 친절도 및 서비스 요인이 필요하다.

유형별로 허니문 상품을 구분하면 다음과 같다.

- 관광휴양형: 허니문 고객이 가장 많이 찾는 여행패턴으로 관광과 휴양이 적절히 조화된 이상적인 허니문 패턴
- 체험관광형: 휴양지에서 가만히 있는 것을 싫어하는 고객을 위해 그 지역에서 즐길 수 있는 다양한 볼거리와 체험(레저)활동을 포함하는 허니문 패턴
- 체험휴양형: 지상레포츠와 해양스포츠를 만끽하면서 멋진 리조트에서의 휴식도 동시에 즐길 수 있는 허니문 패턴

- 빌라휴양형: 둘만의 오붓하고 비밀스런 로맨틱을 연출할 수 있는 빌라(풀빌라)에서 즐기는 럭셔리허니문 패턴. 다소 비쌈.
- 맞춤형: 다양한 볼거리와 즐길 거리를 고객이 직접 선택하는 패턴으로 자유여행과 패키지의 장 · 단점을 보완한 상품
- 웰빙허니문: 웰빙의 대명사인 스파와 몸에 좋은 음식 위주의 럭셔리 휴양형

2) 골프(golf) 여행상품

여가활동에 대한 수요의 폭증과 건강에 대한 중요성 인식, 스포츠에 대한 다양한 수요 확대로 사람들의 일상적인 생활패턴에 큰 변화를 가져와 골프여행의 활성화에 직접적인 영향을 주게 되어 이제는 비즈니스 목적뿐 아니라 일상 생활권을 벗어나 골프와 관광을 함께 즐기려는 여행객들이 많아지고 있다.

아웃바운드에서의 골프상품은 저렴한 가격과 가까운 거리에 강점을 갖고 있는 중국과 동남아 지역이 인기를 끌고 있다.

골프여행을 선택하는 여행객들의 선택 속성으로서는 호텔의 위치, 이미지, 규모, 항공사의 이미지, 편의성, 기내 서비스 등도 같이 고려하지만, 무엇보다도 상품 선택 시 여행사의 전문성을 가장 중시하고 있으며, 전문성 중에서도 정확한 예약과 수배, 안내, 인솔자의 전문성, 언어능력과 관광시간의 마련 등이 골프 여행상품의 선택할 때 중요한 속성으로 나타나고 있다.

지역별 골프여행상품의 특이사항은 다음과 같다.

- 동남아지역 골프상품
  - 2인 라운딩은 기본적으로는 불가능(현지 골프장 부킹 상황에 따라서 가능할 수도 있음)
  - 태국지역의 경우 라운딩 시 캐디 필수
  - 말레이시아의 경우 캐디 수배 어려움(카트가 페어웨이 내로 진입가능)

- 중국지역 골프상품
  - 접근성 용이한 지역(주말 골프에 적합함) : 평균 항공 소요시간 2~3시간
  - 타 지역에 비하여 호텔에서 골프장까지 이동 소요시간이 적음
  - 저렴한 골프비용
  - 추가 라운딩이 거의 불가능함(특히 주말골프의 추가 라운딩)

- 일본지역 골프상품
  - 항공 이동 소요시간 적게 들어 주말이용 가능
  - FIT 출발 상품: 공항↔호텔↔골프장 셔틀버스 운행

- 남태평양지역 골프상품
  - 2인 이상 무조건 출발(단독행사 가능)

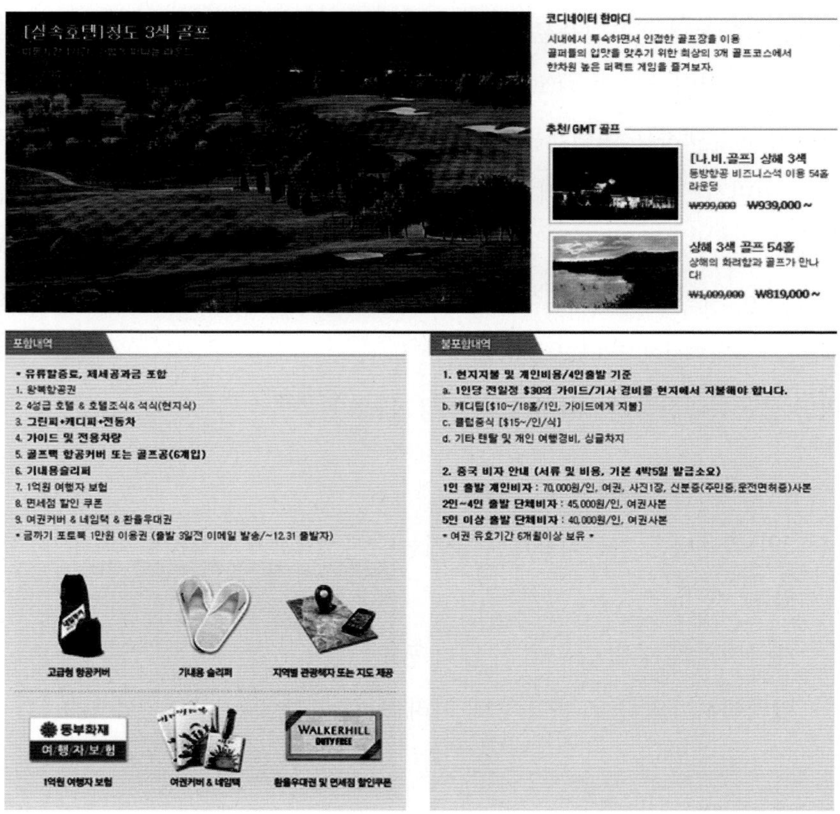

- 캐디가 없고 전동카트 비용이 그린피에 포함
- 가족단위 여행 중 골프라운딩 추가가 많은 지역(가족휴양 PIC, 월드, 니꼬 등)
- 괌(홀리데이인 리조트), 사이판(월드 리조트, 피에스타, 마리아나 리조트), 무제한 골프 가능

골프여행상품 상담요령

골프여행 문의가 꾸준히 많지만 골프에 대한 상식이 부족하여 상담 시 어려움을 겪는다. 고객의 니즈를 파악하지 못하여 예약과 멀어지는 경우를 대비해 기본정보를 습득하도록 한다.

상담 시 고객의 요청사항을 파악하고 체크리스트를 작성하여 정확한 인포메이션을 드려야 한다.

- 캐디피와 캐디팁은 어떻게 다른가요?
  "캐디피가 캐디 사용여부에 따라 지불하는 일당 개념의 요금이라면, 캐디팁은 수고에 따른 팁입니다."
- 전동차 사용비(카트피)는 어느 정도인가요?
  "지역에 따라 차이는 있지만 동남아는 18홀 2인승 기준으로 $15~20정도, 중국 및 일본의 경우는 $25 정도입니다. 남태평양의 경우 캐디가 필요 없고, 상품가에 카트피 포함되어 있습니다."
- 무제한 라운딩이란 무엇인가요?
  "골프상품은 1일 18홀 라운딩하는 것을 기준으로 구성되어 있으며, 무제한 라운딩이란 18홀의 그린피만 지불하고 36홀까지도 라운딩할 수 있는 상품을 의미합니다."
- 클럽하우스와 클럽은 무엇인가요?
  "클럽하우스는 골프장 사용의 수속절차를 밟고 식사 및 휴식 등을 하는 곳, 클럽은 골프공을 치기 위한 골프채를 의미합니다."
- 골프클럽(G.C)과 컨트리클럽(C.C)의 차이는 무엇인가요?
  "골프클럽은 공식 골프경기를 할 수 있도록 조성된 정식 골프장이며, 컨트리클럽은 골프코스 외 여러 가지 레저 부대시설이 갖추어진 회원위주 골프장을 말합니다."
- 클럽은 반드시 가져가야 하나요?
  "클럽의 경우 현지에서 렌탈이 가능합니다만, 보통 골퍼들은 자신이 평소에 쓰던 골프채를 사용하려 합니다. 클럽 렌탈을 원하시면 체크해드리겠습니다."
- 최소 출발인원은 어떻게 되나요?
  "골프상품의 경우 보통 4인 이상 출발이 기준입니다. 2명~3명인 경우에 가능한 지역도 있습니다."

- 중식은 불포함인데 왜 그런가요?
  "TEE-OFF 시간이 각기 달라 18홀이 끝나는 시간을 정하기 어렵고, 메뉴의 선호도 또한 다양하므로 골퍼의 선택 폭을 고려한 것입니다."

- 추가 라운딩 비용은 얼마인가요?
  18홀 추가에 대개 $50 정도 합니다. 상품마다 다르므로 정확히 확인하여 알려드리겠습니다."

- 골프상품에 가족여행으로 관광(옵션)을 할 수 있나요?
  "기본적으로 골프상품에 관광(옵션)을 할 경우 18홀 라운딩이 끝나고 행사가 진행됩니다.
  최근 들어 골프와 가족여행을 선호하는 경향이 있습니다.
  반대로 패키지로 가시는데 골프를 옵션하고자 하시면 골프옵션 비용은 골프상품 요금보다 좀 더 비싸집니다. 골프상품도 원하시는 골프 + 관광 상품을 만들어 드릴 수 있습니다."

3) 크루즈(cruise) 여행상품

크루즈 여행상품은 운송보다는 순수 관광을 목적으로 한 선박여행으로 숙박, 음식, 위락 등 관광객을 위한 시설을 갖추고 수준 높은 여행상품을 제공하면서 수려한 관광지를 안전하게 순항하는 여행을 말하는데, 관광 목적의 여행객들에게 만족도를

줄 수 있는 완성도 높은 여행상품이면서 비교적 고가의 경비를 요하므로 여행사의 수익에도 기여하는 상품이다.

아직까지는 한국에서 출발하는 크루즈 상품이 적어 대부분 외국의 기항지까지 항공편으로 이동한 후 크루즈 관광을 실시하는 상품이 대부분이다.

4) 트레킹(trekking) 여행상품

모험심 강한 여행객들이 즐기는 체험관광이다. 건강과 레저에 대한 사회적 저변이 확대되면서 자연을 여행하며 그 나라 문화의 참 맛을 즐기고 현대사회에서 쌓인 스트레스를 풀기 위해 트레킹을 하는 사람들이 많아지고 있다.

현재 트레킹 전문 여행사는 전국적으로 10여 개 정도에 불구하며, 전문여행사에게 모든 업무를 총괄하도록 하고 여행을 하는 형태이다.

트레킹은 교통이 불편하고 낙후된 지역을 걸어서 여행하는 힘든 곳들이 많아 모험

뉴질랜드 남섬 핵심일주 트레킹 7박8일

상품특징

■ 뉴질랜드 남섬의 핵심만을 뽑아 트레킹 및 관광을 합니다.
■ 적기 : 11월중순~다음해 3월초순까지 [봄-여름-가을]

항공편

대한항공 (KE129)
뉴질랜드항공 (NZ641)

인솔자

10명이상시, 인솔자동행

여행경비

출발일	여행요금	최소 출발 조건
11/21(토)	4,400,000원	현9명 / 잔여2석
12/19(토)	4,700,000원	[16명 모객중]
2016년 02/06(토-구정연휴)	4,800,000원	현3명 / 잔여13석

포함사항

■ 왕복 국제선 항공료 + TAX + 유류할증료
■ 왕복 국내선 항공료 + 현지공항세
■ 일정상의 호텔비(2인1실)이나 캐빈 혹은 헛Hut(다인실)
■ 전용차량[12/15/19 인승]
■ 관광지 입장료, 현지 한국어 가이드
■ 여행자 보험료 (최고 1억)
■ 식사 : [조식] 호텔식, (캠핑장-토스트,잼,커피,시리얼 등)
[중식] 식당, (등산시-개별식)
[석식] 일정표 식단 혹은 양고기,소고기 바비큐
■ 기사/가이드 팁

불포함사항

■ 일정 중 4회 식사 [조식 2회, 중식 2회]
- 개별 자유식(햇반, 라면, 밑반찬 등 준비하여 각자 해결)
■ 생수
■ 개인경비 (물/ 음료/ 과일 등등)

쇼핑 & 옵션

■ 쇼핑 : 없음

난이도

☐상 ☑중 ☐하

시차

한국시간 +4시간
썸머타임 기간
(9월 마지막주 일요일
~4월 첫째주 일요일까지)

심이 강한 여행객들이 주된 대상이 된다.

5) 종교문화탐방 여행상품

기독교, 천주교, 불교 성지순례 등이 있다. 일반적으로 성지순례 여행으로 불리는 종교문화탐방 여행상품은 규모가 크며, 종교마다의 큰 행사기간에는 대단히 많은 여행수요가 발생한다. 또한 타겟시장이 확실하고 연간 행사가 정기적으로 정해져 있으므로 여기에 맞춘 상품기획 제안이나 단체 수주가 어느 정도 전망할 수 있다는 점이 특징이다.

이 상품을 취급할 때는 해당 종교에 대한 정확한 지식과 이해를 하고 두터운 신뢰감을 형성하는 것이 중요하다.

6) 배낭여행상품(back pack)

대학생을 중심으로 발전한 배낭여행상품은 시간적 여유가 있는 여행자가 비교적 긴 기간 동안 최소한의 비용으로 여행자 스스로 여정을 관리해 가는 여행이라 할 수 있는데, 배낭여행자들은 저렴한 숙박을 이용해서 비교적 긴 일정으로 유명 관광지들을 자신이 스스로 일정을 계획해서 여행하며 여행일정을 유동적으로 조율이 가능하게 계획하여 타 지역, 다른 문화권의 사람들과 만나서 문화를 교류하고 레크리에이션에도 직접 참여하면서 경험하기를 선호한다는 특징이 있다.

Tour Operating Practice

Chapter 05

여행상품 기획 및 판매업무

Chapter

05

여행상품 기획 및 판매업무

1 여행상품 기획

경험이 적은 여행상품 기획담당자가 빠지기 쉬운 착각이 "나는 구입하지 않지만, 누군가 살지 모른다"는 것이다. 자기 가족끼리 가는 여행을 기획하는 것은 취미도 성격도 이미 알고 있으므로 여행일정을 계획하면 만족할 수밖에 없다. 그러나 한 사람 한 사람의 성격이나 속성을 모르는 대중 시장을 타깃으로 여행상품을 만드는 것은 다르다. 표적 시장의 주요 기호, 취미, 가치 기준 등 공통성과 특성을 분석, 추출, 통찰할 필요가 있다.

1) 시장조사

기획담당자에게 요구되는 중요한 자질은 상상력과 분석력, 통찰력, 문제해결 능력이다. 이러한 역량을 강화하고 양성하기 위해서는 여러 사회현상과 각종 데이터를 분석할 필요가 있다.

분석을 위한 데이터나 정보를 대외, 대내로 구분하여 제시하면 다음과 같다.

표 5-1 상품기획을 위해 참조해야 할 각종 정보

구분	내용
대외 정보	– 신문, TV 등 매스컴 정보 – 정부관광국, 관청의 발표 데이터 – 관광관련 간행물 – 항공사나 호텔로부터의 정보 – 여행박람회 등
대내 정보	– 인원, 판매액, 수익률(월별, 분기별, 코스별, 방면별 등) – 참가형태(월별, 분기별, 코스별, 방면별 등) – 항공사별, 호텔별(등급별 등), 여행기간 별, 출발요일별 등 – 성수기 및 연휴 판매 동향 – 유통채널 별, 판매회사 별, 판매 지역별, 공항별 – 신청시기 – 자사의 시장비중(목적지별, 호텔별, 항공사별) – 고객 만족도, 인솔자 출장 보고서

회사 내 자료 정보를 통해 분석하는 목적은 왜 팔리지 않는지, 왜 판매율이 떨어지고 있는지 등 네거티브한 원인을 찾기 위해서이다. 이 원인이 정확히 규명되지 않은 채 상품전략을 세우거나 상품개발을 한다면 상품기획의 모든 프로세스가 다른 방향으로 향하게 된다.

이러한 단점, 과제, 고객들로부터의 컴플레인 등은 지적받은 곳을 개선하면 쉽게 상품에 대한 고객의 인식을 우호적으로 바꿀 수 있다는 점에서 상당히 유효하고 효율적인 방법이라 할 수 있다.

또한, 아무리 대단한 매력과 기회가 있는 관광목적지라도 상품화하기 전에는 몇 가지 체크해야 할 필요가 있다.

표 5-2 기획 체크 포인트

항목	체크 포인트
안전	치안, 사회, 종교, 법률, 관습(생활 전반, 음주, 흡연), 정치, 선거, 화장실, 반한감정, 위생, 식수 등
기후, 자연	습도, 강우량, 최고 · 최저 기온, 온도차, 태풍, 스콜, 독충, 지진, 일출, 일몰, 야경
호텔	객실 수, 예약률, 등급, 입지, 객실형태, 호텔 직원, 레스토랑, 국제회의, 이벤트
항공기	운항빈도, 좌석 수, 예약률, 공항설비
버스	보험가입, 좌석, 안전벨트, 청결도, 운행 라이선스
가이드	한국인 가이드, 라이선스 여부, 가이드 능력
식사	레스토랑, 수용능력, 명물요리

2) 인프라 정비와 수용능력 파악

안전이나 기후 등은 기본적인 여행 인프라이므로 이것이 담보되지 않는다면 상품으로 기획하기는 어렵다. 또한 모처럼 기획하더라도 호텔이나 항공기의 수용능력이 적어 상품화할 수 없는 경우도 있다. 아무리 훌륭한 호텔이라도 객실 수가 10실 정도라면 상품화는 힘들다. 40인승 국내선 항공기밖에 운항을 못하는 곳도 불합격이다.

3) 여행기획 내용 설정

대상 고객층, 여행목적지와 일정, 서비스내용, 여행상품의 가격대(고가격 혹은 저가격), 여행상품의 특징 등이 포함된다.

- 어디서? 무엇을?: 여행자의 목적, 맛있는 것을 먹으러 간다든가, 세계유산을 보러 간다든가 하는 주 테마에 맞는 관광자원을 엮어서 상품의 매력을 증가시킨다.
- 어떻게?: 몇 군데 관광지를 둘러보는 "주유형", 한 지역에서 체재하는 "체재형", "식사포함 · 식사불포함" 등 여행목적을 존중하여 여행형태를 제작한다.
- 누구에게?: 개인여행, 단체여행, 시니어층, 가족층 등 타깃(target)을 정한다.

타깃은 성별, 연령별뿐 아니라 여행객들이 지향하는 요소, 누구와 같이 여행할지를 상정하여 결정한다면 보다 완성도 있는 상품기획이 가능하다. 그리고 가능하면 타깃은 세분화시킬 필요가 있다. 이를 통해 매력적인 서비스를 설계하기 쉬워지고, 홍보 매체를 특정할 수 있는 효과도 얻을 수 있다.

4) 여행소재 확보

패키지 투어의 판매에서 가장 중요한 것이 '즉답성'이다. 전국 각지에서 언제 예약을 해 올지 모르는 상황에서 예약 시스템을 항상 판매 가능한 상황으로 해 놓기 위한 소재의 확보는 여행사의 생명줄과 같은 것이다.

예약을 해도 항공기나 호텔 등 재고 부족으로 바로 응답할 수 없는 상품이라면 결함이 있는 상품이라 할 수 있다.

여행일정표는 여행내용을 소비자와 약속을 한다는 중요한 계약서면이기도 하다는 점에서 여행을 실시할 때 일정표에 기재된 대로 항공기나 호텔을 이용할 수 있도록 하기 위해서는 사전에 그러한 소재들을 확보해 놓을 필요가 있다. 항공기나 호텔 이외에도 예약이 곤란한 식당, 입장규제가 있는 미술관 등도 사전 확보가 필수이다.

또한, 여행요금은 타사 상품과의 비교에서 가격 우위성이 항상 요구된다. 각각의 여행소재를 얼마의 가격으로 확보할 수 있는지, 여행요금이 결정되었을 때 가격경쟁력이 있는지를 생각하면서 소재 제공업자와 교섭할 필요가 있다.

이처럼 재고와 원가 쌍방의 확보를 사전에 확실히 해 놓는 것을 수배라고 하며, 상품기획 중에서도 가장 중요한 업무이다.

항공수배는 한국 국내의 각 항공사와 호텔을 비롯한 각종 지상수배는 주로 랜드사와 하게 되는데, 호텔의 경우에는 직접 호텔과 교섭하는 경우도 있다.

(1) 항공확보

항공사와의 좌석확보는 6개월 또는 3개월마다 각각의 항공노선에서 이루어진다. 보통, 기간 내의 판매목표를 일정 인원수로 정해 놓고 인원마다의 항공원가를 얼마로 할지를 계약하게 되는데, 최근에는 같은 이코노미 클래스라도 예약 클래스마다의 항공원가가 세분화되어 있기 때문에 인원수가 아닌 판매액으로 바꾸는 항공사도 늘고 있다.

(2) 호텔 객실 등 지상소재 확보

항공좌석 확보는 각 여행사가 항공사와 직접 계약을 하지만, 호텔객실의 경우에는 지상수배업자를 경유한 확보가 많다. 지상수배업자는 호텔뿐만 아니라 버스, 가이드, 식당 등 현지에서 이루어지는 전반적인 서비스 일체를 여행사의 의뢰에 따라 교섭, 수배하는 전문업체이다. 대형 여행사는 자사의 해외법인 네트워크를 갖고 있어 이를 통해 현지 지상수배를 하고 있지만, 호텔객실의 대량 확보를 위해 지상수배업자를 병용하는 경우도 있다.

5) 여행요금 결정

여행요금은 여행사 경영자가 최종결정하는 사안이다. 경영자 입장에서 여행요금은 판매도 잘되면서 일정 수준 이상의 수익이 확보되는 선에서 결정하게 된다.

한편, 소비자의 입장에서 이 상품이라면 이 정도는 지불할 수 있다고 생각하는 적당한 가격대여야 한다. 상품의 가치가 가격에 비해 비슷하거나 조금 더 크게 느껴질 때 적당하다고 고객들은 생각하게 된다.

결국, 경영자의 입장에서도 일정 수익을 기대할 수 있고, 소비자들도 대부분 수긍할 수 있는 가격에서 요금이 결정되어야 한다.

여행요금 결정까지의 프로세스는 다음과 같다.

(1) 항공원가는 항공사, 지상비는 랜드사와 각각의 교섭결과를 통해 필요한 경비를 합산하고 여기에 정해진 이익률을 더해서 여행요금을 산정한다.

(2) 전년도의 자사 요금과 경쟁사 상품의 전략 예측, 소비자들이 적절히 생각하는 요금대 등을 고려하고, 필요에 따라서는 항공사나 랜드사와 2차교섭을 한다. 상품이 전년도보다 보완된 것을 소비자가 어디까지 만족할지, 불필요한 원가는 없는지, 다시 한 번 상품내용을 점검한다. 전년도까지 포함되어 있던 서비스도 처음부터 재점검한다.

(3) 예상인원을 몇 명으로 할지도 감안해야 한다. 인원수가 많을수록 1인당 지상비는 저렴해진다. 인원수를 많이 상정하면 여행요금을 저렴하게 책정할 수 있지만, 실제 집객인원이 그보다 적어진다면 투어는 적자가 된다. 또한 적자를 피하기 위해 예상인원을 적게 해서 견적을 내면 여행요금이 비싸져 판매가 어려울 수 있다. 따라서 전년도 상품의 견적 인원수와 실적과의 괴리를 분석하여 수정한다.

이와 함께 전년도의 계절성에 따른 여행요금의 전략이 적정했는지 분석을 실시하여 괴리가 있으면 수정한다.

6) 일정표 작성

개발된 상품의 일정에 따라 상품을 유형화시키는 작업은 일정표에 의해 구체화된다.

일정표란 전체 여행일정을 나타내는 스케줄표로 항공일정 및 여행계약 사항 외에 호텔정보, 관광지정보, 식사정보 등 여행일정 전반을 한눈에 볼 수 있도록 정리해 놓은 표이다. 일정표는 여행상품의 무형성을 유형화시키는 도구로서 상품을 구체화 시켜 여행요금과 상품선택의 자료가 되는 중요한 자료이다. 최근에는 일정 변경으로 고객과 분쟁 시 법적 자료로 사용되는 경우가 많아 중요성이 더해지고 있다.

7) 현지 답사

소비자의 클레임으로 판매를 중지할 수 밖에 없는 신규개발상품이 있는데 대부분의 경우, 기획담당자가 현지를 최종적으로 체크하지 않은 채 상품화된 케이스이다.

기획담당자는 현지 투어 오퍼레이터와 동행하면서 상품화 전에 자신의 눈으로 실제 여행루트를 체크해야 한다. 여정상 다니기 어려운 곳은 없는지, 아니면 너무 심심하게 진행되는 부분은 없는지, 식사의 맛 · 양 · 전체 여정의 식사 메뉴 조정 등 모든 것을 실제상황으로 가정하고 체크해야 한다. 화장실과 휴게소 장소, 사진촬영 장소, 음료를 팔고 있지 않은 지역에서는 미리 버스에 물을 실어 놓는다든지 결정해야 한다.

아직 한국인이 많이 가지 않은 관광지는 유럽이나 미주여행자의 취향을 전제로 하고 있기 때문에 여정이 평탄한 인상을 준다던지 식사나 휴식에 몇 시간을 허비하는 경우도 있다. 물론 지역 문화를 존중해야 하는 것은 맞지만 한국인의 정서에 맞는 일정으로 각색하는 것도 중요하다.

주유형 상품의 현지 답사에서 중요한 목적은 여정을 통한 연출이다. 일정 자체의 스토리나 식사장소, 고객만족도를 높이기 위한 기획능력이 묘미라 할 수 있다. 새하야 테이블크로스나 테이블에 장식된 꽃 한송이를 시골의 식당에 의뢰하는 등 세심한 배려도 중요하다.

8) 상품출시 및 광고

경영진의 승인을 받아 상품을 완성한 뒤 출판될 브로셔와 인터넷 상품구성, 유통채널에 배포할 전단지도 제작하고 각종 매체 등을 통해 광고를 하게 된다. 다양한 광고채널 중 신문광고와 인터넷 검색광고는 많은 여행사에서 투자되는 광고의 형태이다. 「관광진흥법」에 따라 기획여행을 실시하는 여행사가 광고를 하려면 여행업의 등록번호, 상호, 소재지 및 등록 관청, 기획여행명, 여행일정 및 주요 여행지, 여행경비, 교통 · 숙박 및 식사 등 여행자가 제공받을 서비스의 내용, 최저 여행인원이 반드시 포함되어야 한다.

2 상담 · 예약 및 판매업무

고객은 여행사의 카운터를 찾아가서 담당자에게 자기의 희망을 말하고 이에 맞는 여행상품을 구매하거나 또는 일정을 짜는 과정에서 구체적인 여행스케줄을 완성하게 된다.

여행사로 고객이 접근하여 상담 · 예약을 통해 판매하고 여행이 완료되어 고객관리까지의 업무 흐름은 다음과 같다.

1) 고객 접근

여행사의 고객은 온라인을 통해 구매하는 고객도 있으며, 또는 여행사 직원이 외부로 나가서 판매하는 경우도 있다.

그렇지만 전통적으로는 여행사 사무실을 직접 찾아 상품을 구매하는 고객도 상당

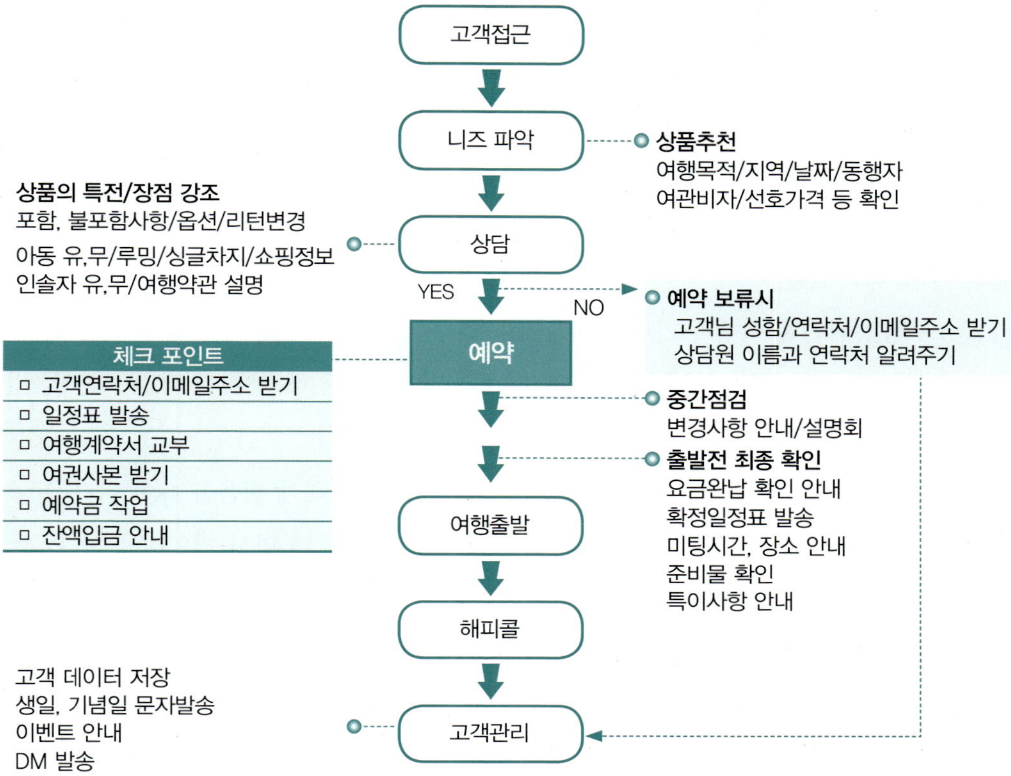

그림 5-1 상담 · 예약 및 판매의 흐름

히 많으므로 여행사의 입지는 처음 찾는 고객도 찾아오기 쉬운 편리한 장소에 위치해 있어야 하며 고객을 맞이하기 적당한 시설을 갖추고 있어야 한다.

고객이 전화나 방문을 하였을 때 최대한 밝은 목소리와 제스처로 고객을 맞이한다.

> "안녕하십니까? **투어 동남아팀 홍길동입니다."
>
> "안녕하십니까? 잠시만 기다려 주시면 전화통화가 끝나는 대로 바로 처리해드리겠습니다."

2) 니즈 파악

(1) 질문을 통한 고객의 니즈 파악

여행사를 방문하는 사람들 중에는 단순히 여행정보나 팸플릿 등을 얻기 위해 찾는 일종의 잠재고객도 있으며, 실제 여행상품을 구입하기 위해 상담을 하고자 하는 실질고객도 있다.

또한, 막연히 여행을 가려고 마음먹고 있는 고객도 있는 반면 여행시기나 목적지도 정해져 있지만 여러 여행사들의 가격을 비교하기 위해 찾은 고객, 이미 상품을 결정하고 구입하러 온 고객 등 다양하다.

이처럼 다양한 고객의 상담 및 요청에 신속하고 정확하게 반응을 해야 한다. 단순히 듣는 것이 아니라 판매 담당자가 필요한 사항을 질문하면서 리드해야 한다. 즉, 목적지는 어느 지역이고 언제 몇 박 며칠로 가는지? 인원은? 여권 및 비자 소지여부, 선호 가격, 여행형태는 패키지로 가는지? 개별여행으로 갈지 등등을 물어봐야 하는데, 이때 고객의 의견에 적절한 칭찬과 관심을 갖고 상담에 응해야 한다.

고 객 : 여행문의하려고 하는데요. 7월 휴가에 동남아 지역으로 가려고 합니다.

담당자 : 네, 고객님. 휴가계획을 세우시는군요. 휴양을 하시다 오시는 상품과 관광 위주의 스케줄에 적절한 휴양이 섞여 있는 상품이 있습니다. 혹시 원하시는 스타일과 생각하셨던 지역이 있으신가요?

고 객 : 휴양 위주가 좋겠어요. 편하게 쉴 수 있는 곳이요.

담당자 : 동행하시는 분이 있으시다면 연령대나 관계가 어떻게 되시는지요?

고 객 : 가족입니다. 아내와 초등학생 아이가 한 명 있습니다.

담당자 : 가족분들이 너무나 좋아하시겠네요. 멋진 아빠이신데요? 7월 언제쯤이 좋으신가요? 제가 적절한 상품의 좌석을 확인해 보겠습니다. 상품을 검색하는 동안 잠시만 기다려 주시겠습니까?

(2) 상품 추천

같은 목적지에 간다고 해도 항공기와 숙박만 여행사에 의뢰를 하고 나머지는 현지에서 고객이 직접 수배하는 형태부터 항공, 숙박, 관광, 식사가 전부 포함된 패키지까지 여행상품은 상당히 다양하다.

따라서 고객이 해외여행에 익숙하지 않거나 목적지나 여행상품 선택에 고민하고 있는 경우 판매담당자는 상담을 통해 가장 적절한 상품을 선택할 수 있도록 상담을 통해 제안할 수 있어야 한다.

또한 고객과의 상담 시 반드시 메모를 하고, 고객의 말을 경청하며 신뢰감을 높이도록 한다.

너무 빠르거나 느리지 않은 밝은 목소리로 적당한 맞장구나 쿠션어를 사용하고, 여러 가지 질문을 통하여 고객의 니즈를 파악하고 적절한 상품을 추천한다.

기존 추천한 상품을 이용하신 고객의 만족도나 상담원의 체험을 말씀드리고 상품의 특징을 고객이 받는 특전으로 바꾸어 설명하도록 한다.

그리고 시각적, 청각적인 표현을 사용하여 상상할 수 있게 만드는 것이 좋다.

고 객 : 7월 25일~27일 정도 출발하는 상품이 있나요?

담당자 : 가족여행에게 적합하고 편하게 쉴 수 있는 곳으로는 말레이시아 코타키나바루를 추천해 드리고 싶습니다. 5성급 호텔을 사용하며 전 일정 식사가 포함되어 있고, 편안히 여유로운 휴가를 즐기실 수 있는 상품이 있습니다.

담당자 : 서울 출발이시죠? 고객님의 가족 모두 출발일 기준으로 유효기간 6개월 이상 남은 여권을 소지하고 계십니까?

고 객 : 네, 여권은 모두 있습니다. 그런데, 거기 좋은가요?

담당자 : 다녀오신 분들이 모두 만족해 하셨고, 저도 예전에 가족과 함께 그곳을 다녀왔는데 일정도 여유롭고 깔끔한 호텔에서의 휴식이 참 좋았습니다. 바다색이 너무나 아름다운 섬에 가셔서 바비큐로 식사도 하시고, 형형색색의 물고기와 함께 수영을 하실 수도 있는 기회도 있어 가족여행에 제격입니다.

담당자 :	혹시 가격대는 어느 정도 생각하시는지요?
고 객 :	100만 원에서 120만 원 정도로 생각합니다.
담당자 :	7월 마지막 주에 출발하는 상품들 모두 예약 가능합니다. 국적기를 이용하시는 상품이며, 4개의 특급호텔 중에 선택하실 수 있습니다. 전 일정 호텔에서 자유롭게 식사를 하실 수 있는 골드상품이 어떠신가요? 끼니때마다 걱정하실 필요가 없어 편리하실 겁니다. 가격은 아무래도 성수기여서 항공요금 인상 등으로 예상하신 금액보다는 다소 초과가 됩니다만 여러 가지 상품 특전이 포함되어 있습니다. 성인 1,290,000원이고 동반아동은 899,000원 정도 예상하시면 됩니다.

(3) 상담

① 상품 상담하기

상품을 설명할 때 고객이 받는 혜택과 자사 상품만의 특성을 부각시켜 상품의 장점 위주로 상담한다. 즉, 상품의 포함 불포함 사항, 옵션, 리턴변경 가능 여부, 아동 유무, 루밍(rooming), 싱글차지(single charge), 쇼핑 정보, 인솔자 동행 유무, 여행약관 등을 설명하게 되는데, 부정적인 면보다는 긍정적인 부분을 말씀 드려 좋은 이미지를 심어주고, 정확한 날짜와 가격, 루밍 등의 설명은 필수이므로 빠트리지 않도록 한다.

예약을 서두를 것을 알려주되 결정은 고객이 할 수 있도록 한다.

고 객 :	아! 그래요? 괜찮을 것 같습니다. 호텔은 어떤 곳이 좋은가요? 전 시내에 나갈 일은 거의 없고 아동이 놀기 좋은 곳이면서 그 중에 저렴한 곳이었으면 좋겠네요.
담당자 :	코타키나바루의 호텔 중 시내가 가까운 곳은 슈트라하버, 탄중아루 호텔이 있으나 시내에 나가실 일이 거의 없으시다면 다소 저렴하지만 다른 호텔과 비교하여 전혀 손색이 없는 넥서스 리조트를 추천해 드리고 싶습니다. 객실도 넓고 수영장에 작은 슬라이드도 마련되어 있으며 리조트 전용 해변도 보유하고 있어 가족여행에 적합합니다. 전 일정 NO-TIP(인솔자, 가이드, 드라이버) 행사이며, 리조트 내 Daily Activity Program 이용 가능하고, 오션뷰 룸을 이용하시게 됩니다. 마지막 날에 LATE CHECK-OUT이 가능하여 늦은 시간까지 편안히 휴식이 가능하며, 저희 회사 안내 데스크를 운영하기 때문에 언어소통 문제나 비상시에 신속한 처리가 가능합니다.

고 객 :	아! 그래요? 정확히 요금이 얼마인가요?
담당자 :	7월 26일 화요일에 아시아나항공을 이용하여 저녁 6시50분에 출발하고, 7월 31일 도착하는 6일짜리 상품이 다른 날짜의 같은 상품에 비해 조금 저렴하게 나왔습니다. 성인 1,190,000원, 아동은 790,000원입니다.
고 객 :	괜찮은데요? 언제까지 예약하면 될까요?
담당자 :	현재 좌석이 많이 남지 않았으니 예약을 서둘러 주시는 것이 좋겠습니다. 예약을 도와드릴까요?

② 예약 보류 시

아무리 완벽한 상담이라도 고객이 바로 결정을 하는 경우는 많지 않다. 이럴 경우 예약으로 이뤄지지 않은 배신감에 불친절한 마무리가 되면 안 되며, 내가 상담한 고객을 영원히 나의 고객으로 만들겠다는 적극적인 자세가 필요하다. 꼭 고객의 이름과 연락처를 받고, 상담원의 이름과 연락처를 알려 주도록 한다. 언젠가는 고객이 메모를 보고 분명히 나를 찾을 것이다.

고 객 :	우선 생각을 조금 더 해보고 연락 다시 드리겠습니다.
담당자 :	우선 출발일이 한 달 정도 남았으니 예약하시어 좌석을 확보하신 후 내일까지 결정하시는 것은 어떨까요?
고 객 :	아니요, 아내와 상의를 해보는 것이 좋겠습니다.
담당자 :	네, 그럼 고객님의 이메일 주소나 팩스번호를 알려주시면 자세한 사항을 비교해 보실 수 있는 일정표를 발송해 드리겠습니다. 성함과 이메일주소, 연락처를 알려주시겠습니까?
고 객 :	이름은 OOO이고요, 이메일은 123@naver.com, 휴대폰번호는 010-123-4567 입니다.
담당자 :	감사합니다. 10분 내로 발송해 드리겠습니다. 고객님, 혹시 메모가 가능하시면 상담원 이름과 직통번호를 안내해 드리겠습니다.
고 객 :	말씀하세요.
담당자 :	제 이름은 홍길동이고, 직통번호는 02-123-4567입니다. 언제든지 궁금하신 점 있으시면 연락 주십시오. 상담 도와드리겠습니다. 전화 주셔서 감사합니다.

(4) 예약

예약에 성공하면 감사함을 표시하며 최선을 다할 것을 말씀드리고, 예약 시 필수 입력사항을 위해 조심스레 고객정보를 물어 보고, 입력 후 다시 한 번 고객정보를 확인하도록 한다.

APIS(Advance Passenger Information System: 사전 승객정보 시스템)은 꼭 여권사본을 직접 확인하여 입력하여야 한다. 예약보다 관리가 더 중요하므로 체크포인트를 기억하여 철저한 예약관리를 하도록 한다.

① 예약 성공 후 상담 시 체크

고 객 : 예약하겠습니다.

담당자 : 감사합니다. 좋은 결정하셨습니다. 여행요금은 2인 1실 기준이므로 동반아동은 부모님과 함께 룸을 사용하셔야 합니다. 예약을 도와드리기 위해서는 성함과 주민번호, 연락처가 필요합니다. 성함을 우선 알려주시겠습니까? 휴대폰번호는 어떻게 되나요? 자택이나 회사 전화번호 중 하나만 더 알려주시겠습니까?

……

네, OOO고객님의 주민번호를 알려주시기 바랍니다. 주민번호는 여행자보험 가입 시 꼭 필요한 부분입니다.

……

이메일 사용하시면 예약하신 상품의 일정표와 여행계약서를 보내드리도록 하겠습니다.

……

자택이나 회사주소를 알려주시면 매달 저희 여행사 브로셔나 유익한 자료를 보내드리겠습니다.

……

담당자 : 고객님의 소중한 정보 감사합니다. 예약 확인 해드리겠습니다. 혹시 메모 가능하십니까?

고 객 : 네, 가능합니다. 말씀하시죠.

담당자 : 7월 26일 화요일 코타키나바루 넥서스리조트 6일 골드상품으로 성인 2명, 아동 1명, 총 3명 예약을 도와드렸습니다. 아시아나항공으로 저녁 6시 50분에 출발하며 7월 31일(일) 아침 6시 20분에 도착하는 상품입니다. 성인 1,190,000원, 아동은 790,000원이며,

총여행요금은 3,170,000원입니다. 그리고, 예약번호는 RP123456입니다. 예약번호는 예약 확인이나 카드결제 시 꼭 필요하오니 잘 메모해 두시기 바랍니다.

고 객 : 네 그럼 예약된 건가요? 만약 취소하게 되면 어떻게 하나요?

담당자 : 여행출발 15일 전까지는 예약금을 돌려받을 수 있습니다. 성수기에 이렇게 좋은 가격으로 가시기 쉽지 않습니다. 좋은 곳에서 가족끼리 멋진 휴가 보내실 수 있을 겁니다. 조만간 예약 마감될 것 같으니 빨리 결정하시는 것이 좋을 겁니다. 예약하신 상품은 오늘부터 3일 이내에 예약금을 10% 정도 보내주셔야 예약이 확정됩니다. 317,000원 입금부탁 드리겠습니다.

고 객 : 카드결제, 무통장 입금 다 가능한가요?

담당자 : 네, 카드결제를 원하신다면 1577-0015 ARS 안심카드결제를 이용하시고, 무통장 입금은 거래하시는 편리한 은행의 계좌번호를 알려드리겠습니다.

고 객 : 카드로 하겠습니다.

담당자 : 네, 예약금 입금확인 되면 연락을 드리도록 하겠습니다. 정확한 항공예약을 위하여 고객님의 여권사본을 받아 영문이름과 여권번호를 확인해야 합니다. 번거로우시더라도 꼭 부탁드립니다. 언제쯤 가능하십니까?

고 객 : 내일 팩스로 보내드리죠. 번호가 어떻게 됩니까?

담당자 : 메모 가능하십니까? 팩스번호는 02-765-4321, 직통번호는 02-123-4567이며, 제 이름은 홍길동입니다. 예약하신 상품의 예정일정표와 여행계약서를 고객님의 이메일 123@naver.com으로 보내드리겠습니다. 5분 후쯤 확인해 보시고 여행계약서 읽어보신 후 계약서에 동의해주시기 바랍니다.

고 객 : 네, 그럼 다 됐죠?

담당자 : 네, 제가 고객님의 예약금과 여권사본을 받고 연락드리도록 하겠습니다. 언제든지 궁금하신 점 있으시면 연락 주시기 바랍니다. 예약해 주셔서 감사합니다.

② 중간 변경사항 및 출발 전 안내

여권은 외국으로 나갈 때 필수적인 것이므로 이에 대한 안내를 해야만 한다. 여권 기한이나 여권상의 영문이름 등 여권 정보에 대해 체크를 해야 하며 비자가 필요한 나라를 갈 경우, 비자수속도 같이 진행을 해야 한다.

그리고 고객의 인원수나 출발일이 변경되었다던지, 입원 등의 사유로 취소되는 등 여러 변경, 취소, 추가 사유가 발생할 수 있기 때문에 이에 대한 여행요금의 변경, 재계약, 요금 환불 등 여러 업무가 새롭게 발생할 수 있다.

설령, 새로운 사유가 없다 하더라도 예약을 하고 난 후 중간 연락을 전혀 하지 않아서 고객불만의 원인이 되는 경우가 종종 있으므로 e-mail이나 문자로 고객이 예약한 상황에 대해 담당자가 신경을 쓰고 있다는 것을 표현하는 것이 좋다. 일정표상의 호텔이나 항공시간 변경 시에는 예정일정표와 확정일정표의 차이를 설명하여 양해를 구하고, 여권사본 수신, 중간 입금확인 등과 관련한 사항을 문자전송이나 전화 연락을 드려 고객의 예약이 잘 관리되고 있음을 알려 안심시킨다.

담당자 : 안녕하십니까? OO여행사 홍길동입니다. 전화통화 가능하십니까?

고 객 : 네 가능합니다.

담당자 : 고객님께서 보내주신 여행상품의 예약금 입금이 확인되어 이렇게 전화 드렸습니다. 여권사본도 잘 받아 보았습니다. 궁금하신 점 있으시면 언제든지 연락 주십시오. 감사합니다. 7월 20일까지 잔액 2,853,000원 입금 부탁드리겠습니다. 여행에 차질 없도록 최선을 다하겠습니다. 즐거운 하루 되십시오.

(5) 여행출발

고객은 여행 출발 오래 전부터 설레기 시작하며 궁금한 것이 많아진다.

출발 일이 다가오는데도 연락이 없으면 불안해질 수 있으므로 꼭 늦어도 하루나 이틀 전에 고객에게 유선상으로 연락을 드려 최종 안내를 하도록 한다.

정확한 준비물과 특이사항, 미팅 시 약속시간, 장소 등을 확실히 안내하여 다시 한 번 신뢰감을 주고, 편안한 여행이 될 수 있도록 한다.

담당자 : 여행준비는 다 하셨습니까? 2일 뒤에 출발하는 상품의 최종 안내를 해드리려고 전화 드렸습니다. 통화 가능하십니까?

고 객 : 아! 그렇지 않아도 전화 기다렸습니다. 말씀하세요.

담당자 : 그러셨어요? 제가 일찍 전화를 드렸어야 했는데, 자주 연락드리지 못한 점 죄송합니다. 여행요금 잔액 완납 받고 7월 18일 확인 문자 보내드렸는데, 받아보셨습니까?

고 객 : 네, 받았어요.

담당자 : 방금 전에 고객님 이메일로 확정일정표와 설명회 자료를 보내드렸습니다. 읽어보시고 동의해 주셔야 나중에 불이익을 당하지 않으십니다. 꼭 확인 부탁드립니다.

……

7월 26일 화요일 인천 국제공항 3층 출국장 여행사 카운터 G와 F 카운터 사이 중앙 엘리베이터 옆에 저희 여행사 미팅테이블이 설치되어 있는데 그곳으로 16시 45분까지 도착하시면 저희 직원의 안내를 받으실 수 있습니다. 여권 꼭 지참하시고 늦지 않게 도착하시기 바랍니다.

……

공항 직원의 성함과 연락처를 알려 드리겠습니다. 비상시 연락 주시기 바랍니다.

……

간단한 준비물은 이메일로 안내해 드렸으니 꼭 챙겨 가시기 바랍니다. 햇볕이 따가우니 선크림, 모자를 준비하시고 수영복, 슬리퍼, 우산 등 챙겨 가십시오. 실내에는 에어컨이 나오니 얇은 긴팔 옷을 준비하시는 것도 좋을 겁니다.

……

고 객 : 아, 감사합니다. 짐 싸다가 궁금한 점 있으면 연락드리겠습니다.

담당자 : 네, 고객님. 즐거운 휴가 보내시기 바랍니다. 다음 여행도 저에게 연락 주시면 더 정성껏 모시겠습니다. 여행 잘 다녀오십시오.

(6) 여행 후 고객에게 안부전화

여행객들의 일정이 종료되었다고 해서 모든 것이 끝나는 것은 아니라 고객을 '한 번 고객이 아닌 영원한 고객'으로 만들기 위해, 그리고 여행상품에 대해 미처 체크하지 못한 점들을 고객을 통해 보완할 수 있다는 점에서 사후관리는 매우 중요하다 하겠다.

담당자 : 안녕하십니까? 고객님의 가족여행 잘 다녀오셨는지 궁금해서 연락 드렸습니다. 불편하신 점은 없으셨는지요?
고 객 : 네, 잘 다녀왔습니다. 하지만 호텔식으로 해결을 하다 보니 마지막 날에는 다소 지루한 면이 있었습니다.
담당자 : 아, 그러셨습니까? 일부러 나가서 드시기 불편 하실 것 같아서 호텔에서 편하게 식사하시는 상품으로 추천해 드렸던 건데, 죄송합니다.
고 객 : 아니요, 괜찮습니다. 다른 부분은 다 좋았습니다.
담당자 : 만족하셨다니 저도 기분이 좋습니다. 다음 휴가 때는 고객님의 의견 참고하여 더 만족하실 수 있는 여행을 만들어 드리겠습니다.
고 객 : 네, 다음에도 이곳으로 연락드리죠.
담당자 : 감사합니다. 더욱 좋은 상품과 서비스로 찾아뵙겠습니다.

3) 판매부서의 업무요건

여행상품을 판매하기 위해서는 여행사 직원은 항상 상품 내용을 파악하고 있어야 하는데 판매담당자로서의 업무 요건에 대해 살펴보기로 한다.

(1) 상품의 특징 파악

다양화되는 고객의 니즈에 부응하기 위해서는 판매 담당자 자신이 상품의 특징을 꿰뚫고 있어야 하며, 고객의 요망에 맞는 상품을 바로 제시할 수 있도록 해야 한다.

즉, 호텔 등급, 장소, 일정 중 관광 포인트, 식사 플랜 등을 미리 조사해 놓아 바로 안내할 수 있어야 한다.

(2) 구성의 확인

홈페이지나 팸플릿, 신문광고 등에 실려 있는 여행상품들은 각각 특징이 있는데, 무엇이 어디에 기재되어 있는지 바로 확인할 수 있어야 한다.

- 출발, 귀국 항공편이나 호텔 명칭은 일정표에 명시
- 여행요금의 표시

- 일정에 포함된 식사의 구체적인 내용
- 취소 등 여행조건

(3) 기본 여행요금 확인

여행요금에는 무엇이 포함되어 있고, 무엇이 포함되어 있지 않은지 판별하는 것이 가장 중요하다.

다음과 같은 조건에서 여행요금은 달라진다.

- 출발일
- 항공, 숙박, 식사, 관광
- 인원수
- 항공 등급
- 유류세, 공항세 등 유무

한편, 참가인원 수, 인원 구성, 연령 및 추가 요금 여부를 확인하는 것도 중요하다.

- 싱글차지(single charge) 요금, 3인실 요금, 연박 추가요금 등
- 조기 신청 특별 할인
- 유아, 소아요금
- 주중, 주말요금

Tour Operating Practice

Chapter 06

여행상품 수배업무의 이해

Chapter

06

여행상품 수배업무의 이해

1 수배업무의 개요

예약 · 수배업무란 "여행자가 여행일정에 입각하여 원활하게 여행할 수 있도록 여행업자가 교통기관, 숙박기관 기타 여행의 서비스 제공기관의 예약을 종합적으로 행하는 것"이라 정의할 수 있다. 즉, 여행자들이 안전하게 여행을 할 수 있도록 여행자들의 손과 발이 되어서 현지의 호텔을 비롯해서 여행에 필요한 제반 사항들을 현지와 긴밀하게 협조하여 진행하는 업무를 말한다.

결국, 여행수배를 얼마나 잘하느냐에 따라서 똑같은 여행을 하고 오더라도 고객들

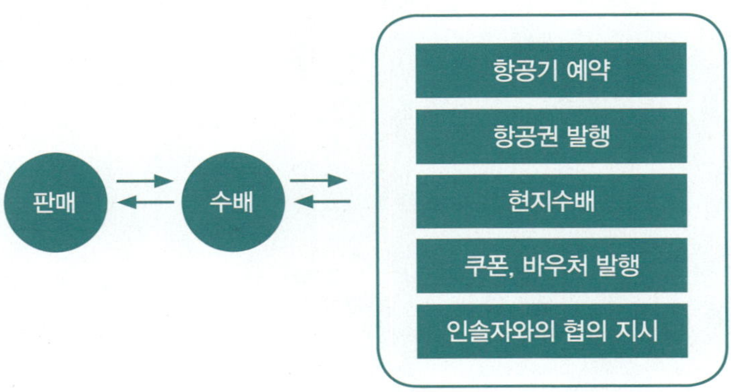

이 느끼는 만족도는 큰 차이를 보이므로 여행상품의 수배는 여행사에 있어 매우 중요한 업무라 할 수 있다.

2 수배의 종류

1) 고객의 주문으로 이루어지는 여행상품 수배

고객과 상담을 하고 예약이 이루어지고 나면, 그 팀의 성격을 고려하여 그때그때 상황에 맞추어 현지 여행소재를 수배한다.

2) 기획여행상품 실시로 인한 여행상품 수배

여행자들의 수요를 미리 예상하여 여행상품을 기획한 후 항공, 호텔, 현지관광을 비롯하여 관광에 필요한 제반 사항들을 미리 수배해 놓고 모집하는 여행상품 수배이다.

3 수배업무

1) 항공 수배업무

항공 수배업무는 국내 일반여행업 및 국외 여행업체에서 국제 간의 이동수단으로서의 항공좌석 확보, 항공요금 계산 및 발권을 하는 업무를 말한다. 여행사로서는 항공좌석을 확보하는 문제, 특히 성수기 계절에 좌석확보가 큰 관건이 되고 있다.

항공수배와 관련해서 여행사는 항공업과의 계약형태에 따라 BSP(Billing & Settlement Plan)여행사와 ATR(Agent Ticketing Request)여행사로 구분할 수 있다. BSP는 일정금액을 BSP사무국에 담보로 맡긴 후, 항공권을 받아서 자체적으로 발권을 하게 되고 은행을 통해 항공사와 대리점 간의 대금 결제를 하게 된다. 즉, BSP제도에서 모든 가입 대리점은 여객대리점 계약에 근거하여 모든 BSP 가입 항공사에 대한 표준 항공권을 발권할 수 있으며, 우리나라는 1990년 4월 2일부터 BSP제도를 도입하였다.

BSP발권은 여행사에서 직접 항공권을 발권하는 것을 의미하는 데, BSP발권 시스템을 갖고 있는 여행사는 많지 않다. BSP를 하려면 수천만 원 이상의 보증금도 필요하고 일정 기준 이상의 영업실적도 있어야 하기 때문이다.

ATR 여행사는 소규모의 영세한 여객대리점이 담보능력이 부족하여 항공권을 자체적으로 보유하지 못하고 승객으로부터 요청받은 항공권을 해당 항공사 발권카운터에서 직접 구입하는 대리점을 말한다.

따라서 BSP가 없는 소규모 ATR 여행사들은 홀세일 업체를 통해 발권을 하거나 항공사와 직접 접촉해 좌석을 수배하고 있는 실정이며, 최근에는 규모가 큰 랜드사에 행사견적을 의뢰하면서 항공수배까지 요구하고 있는 경우도 많다.

2) 지상 수배업무

지상 수배업무는 여행이 진행되는 현지 지상에서의 활동, 즉 숙박, 교통, 식사, 관광 등에 대한 수배업무를 말한다. 현지 지상 수배는 대부분 현지여행사, 현지여행사의 한국 내 지사, 현지여행사의 한국 내 연락사무소를 통하여 업무가 이루어지고 있다. 이들을 지상 수배업자라고 하며, 또한 랜드사(Land)라고 지칭하고 있다.

즉, 지상 수배업자는 현지여행의 주체로서 모객주체인 여행사와 거래계약을 통해 현지에서 이루어지는 여행객의 숙박, 교통, 관광코스 개발, 여행일정, 가이드 섭외, 공항 샌딩과 미팅 등의 업무를 담당하는 현지의 회사를 의미한다.

지상 수배업무를 담당하는 사람을 지역 수배전문가(Land Operator)라 하는데 지역 수배전문가는 랜드사에 소속되어 국내의 여행사로부터 현지 지상 수배를 의뢰받아 여행상품의 구성요소 중 항공권을 제외한 현지 숙박 · 교통 · 음식 등을 사전에 예약 · 확보하는 업무를 수행한다.

4 랜드사(지상 수배업자)의 수배

1) 호텔

관광 관련 업체의 수배 중 숙박시설, 특히 도심에 위치한 호텔의 객실확보는 항공기 좌석확보만큼이나 예약에서 중요한 문제라 할 수 있다. 특히 성수기나 연휴인 경우 더욱 수배의 어려움이 따르지만 어떠한 상황에서든 여행객의 요청에 의해 숙박지를 예약하는 것이 수배부서의 역할이라 할 수 있다. 지금의 여행패턴은 패키지 단체여행보다는 소그룹의 여행, 즉 가족여행 등이 활발해져 호텔을 직접 지정하는 여행객들이 증가하고 있으며, 이에 따라 지정 호텔의 객실확보는 현실적으로 여행사에 있어서 어려운 과제가 되고 있다.

수배부서에서 호텔을 예약 시 기본적으로 필요한 내용은 ① 여행사 명과 단체이름, ② 숙박일수, ③ 객실조건, ④ 객실 수, ⑤ 식사포함 유무, ⑥ 체크인 시간, ⑦ 숙박요금 등이며, 예약 시에는 호텔예약 담당자의 성명을 알아 두어야 하고, 예약확인서를 반드시 받아 보관해야 한다.

2) 교통기관

여행 중의 주요 교통수단으로 랜드사가 수배하는 교통기관으로서는 국내항공, 버스, 열차, 선박, 렌터카 등이 있는데, 시간에 맞춰 도착을 하지 못하는 경우 준비된 다음 일정에 막대한 차질을 빚을 수밖에 없으므로 교통기관의 수배는 숙박 못지않게 중요한 부분이라 할 수 있다.

3) 식당

식당수배는 단체 성격과 관광 일정에 따라 메뉴와 장소를 선택할 수 있도록 많은 식당들을 확보하고 있어야 하며, 다양한 형태의 식당(호텔 내에 있는 식당, 일반 시내 식당, 극장식 식당 등)들도 식사장소로 이용 가능하기 때문에 상황에 따른 수배도 할 수 있어야 한다.

4) 기타 관광업체의 수배대상

호텔, 교통기관, 식당 외에 골프장, 쇼핑센터, 선택관광, 그리고 여행객의 주문에 따른 수배 등이 있다.

5 수배업무의 흐름

1) 판매부서의 수배의뢰서 작성

판매부서에서는 여행상품을 예약 · 판매하면 수배의뢰서를 작성해서 수배부서에 송부한다.

수배부서는 수배의뢰서에 적힌 의뢰내용에 맞춰 행사 진행에 필요한 호텔이나 버스, 식당들을 예약 등을 통해 확보해야 한다. 즉, 서류내용을 잘 파악하여 각각의 수배의뢰건에 대해 직접 또는 현지 여행사를 통해 예약을 의뢰한다.

부서 간 의뢰내용은 단순히 전화로 수배해 달라고 해서는 책임소재가 불명확해지므로 모든 업무는 근거를 남기기 위해 서류상으로 주고 받아야 한다.

2) 직접 수배 또는 현지 여행업자에게 의뢰

수배를 현지 여행업자에게 의뢰할 때에는 다음과 같은 서류 작성이 필요한 경우도 있다.

- 수배요청서: 여행자가 의뢰하거나 계약한 내용에 따라 호텔명(또는 등급, 입지 조건 등)과 객실 형태 · 조망 등, 식사, 공항 M/T이나 S/D, 가이드 배정 여부, 경우에 따라서는 금액 등 여러 조건을 명기한다.

– 루밍리스트(Rooming list): 주로 숙박하는 호텔에 제출하기 위해 작성하는 객실 배정표를 말하는데, 패키지나 단체여행에서는 희망 객실 수와 참가자 이름뿐 아니라 객실 당 숙박객 배정, 싱글룸 사용자명, 경우에 따라서는 신혼여행객, 연령(소아, 유아) 등, 필요하다고 생각되는 사항들을 추가로 기재한다.

HoneyMoon Club 서울시 중구 Tel.02-771- Fax. 02-771- Jung-gu, Seorl, Korea

HOTEL	ANANTARA LAWANA [MAIL : lawanasamui@anantara.com]
ATTN	RESERVATION
FROM	HAPPY HONEYMOON CLUB [Chloe Choi : Reservation Dept. / CHOI HYOSEON]
DATE	23/AUG/12

ROOM BOOKING REQUEST

NO	CODE	GUEST NAME	CHECK IN/OUT	ROOM TYPE	REMARK
1	2604(1)	MR.KIM/ MS.KIM/	09/DEC 13/DEC	Deluxe lawana[2N] Sea view Pool villa[2N]	

ALWAYS THANK YOU SO MUCH!
PLEASE REPLY THIS THROUGH BY MAIL TO lucky3840@naver.com
TEL : 82+2-771-0808

그림 6-1 **객실 수배요청서**

(주)여행채널 서울 중구
TEL : 02-771-　　FAX : 02-771-

수신 : 케이투어-K(구.랜드스타)
TEL : 02-3444-
FAX : 02-3444-
담당 : 담당자님

발신 : (주)여행채널
TEL : 02-771-
FAX : 02-771-
담당 : 천 　사원

수배요청서

DATE : 2013-04-12 오전 11:23:07

상품명 : [TG]오후방콕,코사무이7일(방콕1박+칸다부리힐사이드2박+노라부리비치사이드2박)

수배내용

SEQ	내용
1	방콕1박+칸다부리힐사이드2박+노라부리비치사이드2

여정

일자	출발지	목적지	FLT NO	출발시각	도착시각
2013-10-05	인천	방콕	TG 657	2120	0110*1
2013-10-06	방콕	코사무이	TG 281	0745	0850
2013-10-10	코사무이	방콕	TG 288	1705	1810
2013-10-10	방콕	인천	TG 658	2310	0635*1

ROOMMING LIST

ROOM	성 명
1	(1)KIM/ Ms (2)KIM/ Mr - 김 /김

REMARK	*예약확인 및 확정 부탁드립니다. -일정 : 2013/10/05 ~ 2013/10/11 (5N7D) -룸타입 : 방콕1박+칸다부리힐사이드2박+노라부리비치사이드2

그림 6-2 수배요청서

3) 수배가 확정되면 수배확정서를 판매부서에 송부

수배의뢰를 받은 부서 또는 현지여행사에서 수배를 마친 다음에 수배의뢰 확인서와 확정서를 보내게 된다([그림 6-3], 그림 6-4] 참조).

[그림 6-3]은 호텔 수배 후 송부한 호텔수배 의뢰 확정서인데 BS TOUR PTY 는 BS TOUR라는 그룹을 의미하며, KIM/HWANG 외 1PAX은 KIM/HWANG 외 1명, 총 2명이 간다는 의미이다.

HOTEL CONFIRM SHEET

1	HOTEL	HOLIDAY INN HOTEL TEL : 03 5926 9688
2	DATE IN/OUT	02.JUL.14-04.JUL.14 IN (OZ712) OUT (OZ711)
3	RESV NO	BJJHTL0702-01
4	NAME	BS TOUR PTY KIM/HWANG 외 1PAX
5	REMARKS	AIRPORT M/S, S/S, HTL
미팅보드 : BS TOUR PTY KIM/HWANG 외 1PAX 청구금액 : $60×2실×2N = TTL $240		

그림 6-3 수배의뢰 확인서

수배가 확정되었다고 해서 다 끝난 것이 아니라 고객들의 일정이나 외부 환경에 따라 여러 가지로 변동사항들이 발생할 수밖에 없다. 이때마다 수배변경 의뢰서 등을 통해 판매부서와 지속적인 연락이 요구된다.

S.M TOUR

서울시 종로구 Tel : 02)735- Fax : 02)735-

ATTN : 해피허니문 / 홍 님
FROM : SM TOUR / 소장 엽 / 김 드림 DATE : 4. MAY. 2012

RE: CONFIRM SHEET

TOUR NAME	마닐라/보라카이 4박6일 (BOR1+3+0 H/M)
PERIOD	5/13 - 5/17. 2012
PAX	김 KIM MR / 박 PARK MS * 영문,항공확인요망
HOTEL	마닐라호텔 1박 + 디스커버리(주니어스윗)3박
INCLUDE	과일접시또는과일바구니, 웰컴드링크, 남양진주 목걸이셋트+노니비누 또는 코코넛오일, 보라카이 경비행기, 체험트라이시클, 보라카이 나이트투어(디몰관광-맥주2병, 가이드동행), 캔들라이트디너, 현지공항세, 기사&가이드팁, 보라카이 야식셋트(소프트드링크+컵라면+스넥) * 해양스포츠 체험다이빙(이론교육+실습+바닷속체험) 또는 헬멧 다이빙 중 (택1) * 신나는 아쿠아 액티비티(택1) a) 제트스키 + 세일링보트 b) 플라잉피쉬 + 세일링보트 c) 바나나보트 + 세일링보트 * 신나는 ATV 체험 선택(택1) a) 1인용 ATV(1시간)체험 b) 2인용 버그카 체험 c) 신나는 고카트(30분)체험 아일랜드 호핑크루즈(주변섬일주+스노클링+씨푸드런치+음료및맥주제공) * 럭셔리 맛사지풀코스 보라카이 아로마 맛사지(2시간) - 아로마 맛사지 + 발맛사지 + 네일서비스 * 보라카이 특별 맛사지 체험(택1) a) 황실진주맛사지(1시간30분) b) 라바스톤 맛사지(1시간30분) c) 태반맛사지(2시간) d) 골드 펄 맛사지(2시간) * 골라먹는 재미가있는 보라카이 최고급 서양특석식(선택식) 1> 로맨틱 비치 캔들라이트 디너(석식) 2> 레이크타운 몽골리안 BBQ(석식) 3> "아리아" 이탈리안 레스토랑(석식) 4> "올레" 멕시칸 퓨전레스토랑(석식) 5> "씨마" 그리스 레스토랑(석식) 6> "도스메스티조스" 스페인레스토랑(석식) 7> "가스토프" 베이비 립스 바베큐(석식) 8> 한정식(무제한삼겹살제공, 중/석식) 9> 씨푸드 바베큐 식사 (투어식) 10> 멕시칸 "마냐나"식사(투어식) * 로맨틱 스페셜 리조트 디너 1회. * 마닐라 관광 즐기기(택1) a) 마닐라 시내관광 + 칼레사 마차투어 b) 피플스파크 체험 c) 아쿠아리움 오션파크(닥터피쉬 체험) d) 볼케이노 핫스프링 투어 * 마닐라 체험 즐기기(택1) a) 마닐라 커플 전신 맛사지 b) 어메이징쇼 * 마닐라 특석식 즐기기 a) 샤브샤브 석식 b) 무제한 삼겹살 정식
현지연락처	사무실 632- 김 대리님 0916-

DATE	CITY	TRANS.	TIME	ITINERARY	MEAL
제 1 일	김 해 마닐라	PR417	21:05 23:50	김해공항 출발 마닐라 국제공항 도착후 가이드미팅 호텔 투숙 및 휴식	
제 2 일	마닐라 보라카이	국내선		조식후 국내선공항으로 이동 마닐라 출발 보라카이 도착후 리조트 체크인 - 특별맛사지 체험(택1) 석식후 리조트 투숙 및 휴식	호텔식 선택식 리조트
제 3 일	보라카이			조식후 아일랜드 호핑크루즈 - 주변섬일주,스노클링, 씨푸드런치 - 신나는 아쿠아 액티비티(택1) - 보라카이 아로마 맛사지(2시간) 석식후 리조트 투숙 및 휴식	리조트 씨푸드 선택식
제 4 일	보라카이			조식후 아쿠아스포츠 - 체험다이빙 또는 헬멧다이빙 중 (택1) - 신나는 ATV 체험 (택1) 석식후 리조트 투숙 및 휴식	리조트 선택식 선택식
제 5 일	보라카이 마닐라	국내선		조식후 국내선공항으로 이동 보라카이 출발 마닐라 도착후 마닐라관광 4가지 중 (택1) 마닐라 체험 2가지 중 (택1)	리조트 현지식 특석식
제 6 일	마닐라 김 해	PR416	15:25 20:05	쇼핑센터 방문 후 공항으로 이동 김해공항 도착후 해산.	
REMARK:	* 상기 일정은 현지 사정 및 항공 사정으로 변경될수 있습니다. * 허니문아닐경우 1인 20만원에 추가요금이 부과됩니다.				

그림 6-4 여행상품 확정서(지상수배업자→모집여행사)

HoneyMoon Club | 아름다운 여행이 시작되는곳
해피허니문 클럽 www.happyhoneymoonclub.com T. 02-771- F. 02-771-

확정서

상품명	[KE] 제주골프투어 3일		
담당자	(주)여행채널 / 홍 사원 TEL : 02-771-		
예약번호	886254 http://www.happyhoneymoonclub.com	등록일시	2015-02-02 오후 8:57:04
최종인쇄	2015-02-16 오후 4:03:53(나 이사 발송)		
예약자	김	출발일자	2015-03-27 - 2015-03-29(2박3일)
여행구분	골프여행	상품유형	FIT개별
연락처		휴대폰	010-
이메일		출발지	김포
고객 요청사항	<여행경비 포함 사항> *. 왕복항공료, 공항세, 전쟁보험료, 유류할증료 *. 호텔숙박비용(오션뷰 1인 1실 / 2박 2조식) *. 골프 그린피 54홀(18홀 3회 라운딩) *. 교통비용(전 일정 스타렉스) *. 기사 봉사료 *. 여행자 보험 <여행경비 불포함 사항> *. 식사비용 및 골프비용(전동카, 캐디피 & 캐디팁) *. 개인경비		
총금액	5,960,000	예약금	600,000 2015-02-12 미입금
중도금	1,403,200 2015-02-12 미입금	잔금	3,956,800 2015-03-20 미입금
입금계좌	국민 (주)여행채널		
특전 유의사항	*. 여행인원 및 조건변경 시 여행경비 변동이 있습니다. *. 요청에 의한 여행일정, 식사내용 변경이 가능 합니다. *. 항공 및 현지사정에 따라 일정변경이 될 수 있습니다. *. 여행자 보험가입을 위해 주민등록번호를 보내주셔야 합니다.		
전달사항	확정된 일정입니다. 참고하시고 변동사항이나 수정 사항 있으시면 연락 주세요		

판매가격

No	구분	내용	단가	인원	판매가
1	패캐지	제주 3일 골프투어	1,490,000	4	5,960,000

항공일정

No	일자	출발지	도착지	항공편명	Class	출발시각	도착시각
1	2015-03-27	김포	제주	KE1205	C	0800	0905
2	2015-03-29	제주	김포	KE1224	C	1610	1715

여행자명단

No	Room	한글성명	호칭	여권	영문성명	생년월일	여권번호	만료일
1	1	김	Mr	무	KIM/			
2	1	정	Mr	무	JUNG/			
3	1	홍	Mr	무	HONG/			
4	1		Mr	무	JAMES/			

일정표

날짜	장소	교통	시각	상세일정	식사
1일	김포		08:40	김포공항 국내선 청사 2층 대한항공 탑승수속 카운터 앞 집결, 탑승수속 및 출발수속	
		KE1205	08:00	김포공항 출발 - 소요시간 약 1시간 5분 - 간단한 기내 음료 서비스	
			09:05	제주공항 도착 후 수화물 회수, 기사 미팅	
		전용차량		전용차량으로 오라골프장으로 이동 *. 중식(자유식-불포함) 오라 골프장 도착 후 티홉 준비	중:불포함
			14:00	18홀 라운딩(그린피 포함) *. 전동카 및 캐디피, 캐디팁 불포함 제주시내로 이동, 호텔 체크인 석식(개별 자유식 - 불포함) 호텔투숙 후 자유시간 및 휴식	석:불포함
	제주			호텔 : 라마다프라자제주호텔(1인 1실)	
2일	제주	전용차량	전일	조식(자유식) 후 블랙스톤 골프장으로 이동 블랙스톤 골프장 도착 후 티홉 준비 18홀 라운딩(그린피 포함) *. 전동카 및 캐디피, 캐디팁 불포함 *. 중식(자유식-불포함) 제주시내로 이동, 석식(개별 자유식 - 불포함) 호텔투숙 후 자유시간 및 휴식	조:호텔식 중:불포함 석:불포함
				호텔 : 라마다프라자제주호텔(1인 1실)	
3일	제주	전용차량	전일	조식(자유식) 후 세인트포골프장으로 이동 세인트포골프장 도착 후 티홉 준비 18홀 라운딩(그린피 포함) *. 전동카 및 캐디피, 캐디팁 불포함 *. 중식(자유식-불포함) 제주시내로 이동, 석식(개별 자유식 - 불포함) 공항으로 이동, 탑승수속 및 수화물 탁송	조:호텔식 중:불포함
		KE1224	16:10	제주공항 출발 - 소요시간 약 1시간 5분 - 간단한 기내 음료 서비스	석:불포함
	김포		17:15	김포공항 도착 후 해산	

그림 6-5 여행상품 확정서(모집여행사 → 고객)

랜드(행사)변경 수배요청서

상품명: [TG]오후방콕, 코사무이 6일(칸다부리힐사이드 2박 + 노라부리비치사이드2박)

수배내용

SEQ	내용
1	칸다부리힐사이드 2박+노라부리비치사이드2박

여정

일자	출발지	목적지	FLT NO	출발시각	도착시각
2013-10-06	인천	방콕	TG 659	09:35	13:25
2013-10-06	방콕	코사무이	TG 287	15:20	16:25
2013-10-10	코사무이	방콕	TG 288	17:05	18:10
2013-10-10	방콕	인천	TG 658	23:10	06:35*1

ROOMMING LIST

ROOM	성명
1	(1) KIM/ Ms (2) KIM/ Mr - 김 /김

REMARK	* 예약변경확인 및 확정 부탁드립니다. – 일정: 2013/10/06~2013/10/11 (4N6D) – 룸타입: 칸다부리힐사이드 2박+노라부리비치사이드 2박 ** 봄 요금에 맞춰 주시기로한 팀입니다.

그림 6-6 수배 변경 의뢰서

예약이 불확실하거나 잘못 수배가 되었을 경우, 회사는 금전적 손실뿐 아니라 고객에 대한 신뢰에 치명적인 손상을 입을 수밖에 없으므로 수배의 내용은 항상 철저히 확인, 재확인이 필요하다.

이와 함께 고객의 요구나 인원이 확정되었을 때 비로소 수배하게 되는 특성상 매우 신속하게 수배가 이루어져야 하며 이를 통해 여행상품이 확정되기 때문에 수배업무가 여행업의 꽃이라 불리기도 하는 이유이기도 하다.

S.M TOUR

서울시 종로구 Tel : 02)735- Fax : 02)735-

ATTN : 해피허니문 / 홍 님
FROM : SM TOUR / 소장 엽 / 김 드림

DATE : 4. MAY. 2012

INVOICE (청구서)

TOUR NAME	마닐라/보라카이4박6일 (BOR1+3+0 H/M)
PERIOD	5/13 - 5/17. 2012
PAX	김 / 박
HOTEL	마닐라호텔 1박 + 디스커버리(주니어스윗)3박
TOUR FEE	₩895,000 * 2 PAX
TOTAL	₩1,790,000
입금계좌	국민은행 예금주 : ㈜글로벌에스엠투어

상기금액을 청구하오니 확인하시고 입금부탁드립니다.

그림 6-7 인보이스(invoice)

마지막으로 현지행사가 모두 끝난 후에 지상수배업자(현지여행사)는 모집여행사에게 invoice(청구서)를 송부하게 되며, 청구서에 적힌 금액을 확인하고 모집여행사는 송금 후 invoice와 함께 송금 서류를 서류철에 문서화하여 보관한다.

6 수배업무의 주의점

1) 정확성

수배의 내용은 항상 철저한 확인, 재확인이 필요하다. 수배업무에서 가장 중요한 원칙은 정확성이다. 수배서류의 기입, 기재사항을 정확히 이해하고 기록하며, 자기 판단에 의한 수배는 가급적 피해야 한다. 결국, 적당하고 안일한 수배를 해서는 안 된다는 것이다. 예를 들어 항공기의 경우에는 출발일자, 시간, 요금, 인원 등이 변동 가능성이 많고, 호텔도 등급이나 객실타입 등 수배사항이 사정에 따라 자주 변동될 수 있기 때문에 정확히 해야 하며 여행객과 대면 시나 전화통화 시에도 수배사항에 변동이 없는지 재확인하는 과정을 거쳐야 한다.

2) 신속성

신속한 수배는 여행상품 확정에 필수적이다. 수배내용의 우선순위, 즉 수배의 순서를 정해서 수배업무를 미루지 말고 신속히 처리해야 하며 수배에 대한 회답이 늦어질 경우 반드시 진행과정을 중간에 보고하고 대안을 찾아야 한다.

3) 경제성

경제적으로 가격을 낮출 수 있는 방향으로 수배한다. 수배단계를 최대한 줄여 신속한 업무 수행과 인건비를 줄여서 가격을 낮출 수 있는 방향으로 수배가 이루어져야 한다.

4) 대안성

고객이 요청한 내용에 부합하는 수배가 필요하며 제2, 제3의 대안도 준비해야 한다.

수배담당자는 본인 판단이 아닌 고객이 요청한 내용에 부합할 수 있는 수배를 해야 하며, 예상치 못한 변수로 인해 고객의 요구를 충족시킬 수 없는 수배가 된 경우가 생길 수 있으므로 제2, 제3의 대안을 준비해야 한다.

표 6-1 수배의뢰서의 사용 약어

약어	내용	뜻	약어	내용	뜻
ATTN	ATTENTION	~앞	ADT	ADULT	성인
GRP	GROUP	단체	CHD	CHIDREN	어린이
LCL CONT	LOCAL CONTACT	현지연락처	INF	INFANT	소아
AIR	AIRCRAFT	항공편	HTL	HOTEL	호텔
PTY	PARTY	그룹명	ARPT	AIRPORT	공항
PAX	PAX	인원수	M	MALE	남성
TRP	TRIPLE	3인용 객실	F	FEMALE	여성
TWN	TWIN	2인실	FOC	Free Of Charge	무료티켓
DBL	DOUBLE	2인실	TC	Tour Condoctor	인솔자
SGL	SINGLE	1인실	M/T, S/D	Meeting, Sending	환영, 환송

표 6-2 수배의뢰서에 사용되는 12월의 약어

구분	약자	Full name	구분	약자	Full name
1월	JAN	January	7월	JUL	July
2월	FEB	February	8월	AUG	August
3월	MAR	March	9월	SEP	September
4월	APR	April	10월	OCT	October
5월	MAY	May	11월	NOV	November
6월	JUN	June	12월	DEC	December

Chapter 07

여행상품 원가구성

Chapter

07

여행상품 원가구성

상품가격이란 기업이 제조하여 판매하는 제품이나 이와 관련하여 제공하는 서비스를 구매하는 대가로 구매자가 지불하는 금액을 말한다. 여행사도 여행상품이나 여행서비스를 제공하고 수익을 얻는 구조이므로 상품의 구매원가에 이윤을 더해 가격을 결정하고 판매를 하게 된다.

1 여행상품 선택요인

사람들은 특정 지역을 염두에 두고 여행상품 구매를 결정하는 경우가 많지만, 다수의 여행목적지를 대상으로, 여러 여행사 상품을 검토하고 결정하기도 한다.

여행을 직접 다녀오기 전에는 여행상품에 대해 정확히 알 수 없기 때문에 여행객의 개인적 특성에 따라 다양한 관점에서 해당 여행사나 여행상품을 평가한 뒤에 선택하게 된다.

여행상품을 선택할 때 여행객들이 중요하게 생각하는 기준은 크게 이용편리성, 여행사의 규모와 브랜드 신뢰성, 직원의 서비스 역량, 타인의 추천, 가격으로 구분해 볼 수 있다.

① 이용편리성: 여행사 위치 등 이용에 편리한 여행사 선호

여행사의 위치는 다른 업종과 마찬가지로 중요한 요소인데 대중교통이나 승용차로 접근하기 편리한 위치에 있고 또한 주차하는 데 어려움이 없는 여행사일수록 고객들이 쉽게 방문할 수 있을 것이다.

② 규모와 브랜드 신뢰성: 회사의 규모나 브랜드 인지도 등을 통해 해당 여행사를 평가하는 경우가 많음

해당 여행사를 통해서 여행한 경험이 없는 경우라도 여행사의 주식 상장 여부, 회사규모, 브랜드 인지도, 광고나 주변 사람들의 인식 등을 기준으로 해당 여행사를 평가하는 경우가 많다. 또한 여행사의 이미지, 직원의 용모, 사무실의 분위기 및 근무환경 등도 여행사를 선택하는 판단기준이 된다.

③ 직원의 전문성과 양질의 서비스: 직원의 전문적 지식 여부와 진심 어린 서비스

고객이 여행사를 직접 방문 또는 전화로 여행상담을 할 때 직원이 전문적인 지식을 바탕으로 고객에게 적합한 상품을 추천하고 대안상품도 제시할 경우 해당 여행사를 신뢰하게 된다. 또한 관광지와 일정 등 상세한 여행정보를 제공해 주고, 예약을 변경하거나 부득이 취소할 때에도 신속하고 친절하게 처리하여 고객이 편안한 마음을 갖도록 해주는 것이 중요하다.

④ 인적관계, 지인의 추천: 해당 여행사와의 특정한 관계나 본인 및 지인의 여행경험

여행사 직원과 평소 친하게 알고 지내는 관계라든가 신뢰할 수 있는 친구나 친척 등 지인이 추천하는 경우 등 여행사와 특정한 거래관계에 있을 때에는 가격이나 품질 등 특별한 결격사유가 없으면 해당 여행사를 선택하게 된다. 또한 과거에 만족스러운 여행을 다녀온 경험은 해당 여행사를 다시 선택하는 데 커다란 영향을 미치게 된다.

⑤ 가격: 타사 대비 저렴한 가격

여행사는 유통경로에 따라 크게 도매여행사와 소매여행사로 구분할 수 있다.

도매여행사는 새로운 상품을 기획하고 생산하여 다양한 여행상품을 보유함으로써

여행객의 선택의 폭을 넓게 해주고, 지속적으로 여행객의 여행욕구를 자극함으로서 타사 대비 경쟁력을 확보하려 한다.

소매여행사 역시 도매여행사와 대리점 관계가 아니더라도 여행객을 도매여행사에 연결해 주거나 상품을 모방하여 판매가 가능하기 때문에 도매여행사와 마찬가지로 다양한 상품을 보유하고 있는 셈이다.

이처럼 같은 목적지라도 유사한 수많은 여행상품들이 존재하는 현실 속에서 여행객 입장에서는 가격이 저렴한 여행사를 찾으려고 하는 경향이 있으며, 실제 비슷한 일정의 패키지 상품을 기준으로 여러 여행사로부터 견적을 받아 가장 싼 여행사와 계약을 하는 사례를 쉽게 찾아 볼 수 있다.

즉, 여행사나 상품을 선택하는 여러 기준이 있지만 가격 외의 기준이 비슷할 때에는 동일한 가치 및 편익을 위해 지출하는 비용이 저렴한 여행사를 선택하게 된다는 것이다.

2 여행상품 가격결정 원리

여행상품 가격은 여행객들이 여행상품을 선택할 때 가장 중요하게 고려하는 요인이다. 그러나 여러 여행소재 제공업체를 통한 상품구성과 서비스업의 특성으로 인해 원가계산이 어렵고, 가격결정도 복잡한 과정을 거친다. 더불어 결정된 가격도 경쟁상황이나 시즌에 따라 변하기도 한다.

여행상품의 가격은 가치(value)와 원가(cost) 사이에서 결정된다. 여행상품이 여행객에게 제공하는 가치를 고려한 가격이 최고 가격이며, 원가는 여행사에서 제시할 수 있는 최저 가격이라 할 수 있는데, 이 최고 가격과 최저 가격 사이에서 가격이 결정된다.

여행상품의 가격결정에 미치는 요인은 크게 2가지로 볼 수 있다.

① 여행상품의 가격은 주로 여행소재 제공업자가 제시하는 요금에 의해 좌우된다: 순수한 의미에서 여행사는 생산수단을 가진 생산자가 아님

여행상품의 생산과 공급이라는 측면에서 볼 때 여행사는 여행상품을 생산하고 판매를 하지만 여행상품 구성요소의 대부분은 항공사, 호텔 등과 같은 여행소재 제공업자가 제공하므로 여행상품의 가격은 주로 여행소재 제공업자가 제시하는 요금에 의해 좌우된다.

가령, 수요가 공급을 초과하는 성수기의 경우에는 항공사의 좌석이나 호텔객실의 공급능력은 제한되어 있기 때문에 그들이 제시하는 가격을 따라갈 수밖에 없다는 것이다.

② 고객이 체감하는 가치: 자사 상품에 대해 고객이 얼마만큼의 가치를 부여할지 파악

기본적으로 여행상품은 여행소재 제공업자가 한정되어 있어서 가격의 차별화를 두기 힘들다. 즉, 여행상품의 가격 결정은 시장의 자유경쟁에서 이루어지기보다는 소재 제공업자들이 제시하는 가격에 의해 이루어지기 쉽기 때문에 시장에서의 가격경쟁은 큰 의미가 없다고 볼 수 있다.

결국, 여행사들은 미디어를 동원한 광고경쟁, 품질개선경쟁, 품질보증 및 신용판매 등의 방식을 채택하는 비가격 경쟁을 통해 시장에서 우위를 점하려 한다.

이는 여행사들이 여행상품의 질을 높이는데 주안점을 두고 여행수요를 개발해 나감으로서 여행객이 느끼는 가치에 따라 가격을 결정하는 것이 바람직하다는 것을 반증하는 것이라 할 수 있다.

여행상품 가격결정의 세부사항은 다음과 같다.

가. 가격은 상품을 만든 여행사가 결정권을 가지고 있다. 통상적으로 원가의 10~20% 수준의 수익을 더해 상품가격을 결정한다. 원가에 영향을 주는 세부요인으로는 여행기간, 목적지까지의 거리, 인원수, 상품구성 소재의 수준, 환율변동, 마케팅 비용, FOC(Free of charge) 적용 여부 등이 있다.

나. 가치에 영향을 미치는 요인은 브랜드 충성도(bland loyalty), 공신력, 판매실적, 인지도 등이 있다.

다. 기타 요인으로 호텔이나 항공요금 적용 조건, 식사, 판매시점, 계절성, 목적(수익, 홍보, 전략), 신뢰, 항공실적 등이 상황에 따라 영향을 미친다. 물론 경쟁사와 가격비교도 고려하여 결정한다.

3 여행상품 가격의 구성요소

여행상품 가격은 원가, 마케팅비용, 관리비용 등으로 구성되는데, 여행상품 원가 구성요소에는 인원수, 관광시기, 교통편 이용등급, 숙박등급, 식사내용, 입장료, 현지 안내원, 국외여행인솔자 경비, 여행보험료, 공항세 등 원가와 대리점 수수료, 여행상품 촉진비용 등의 마케팅 비용과 관리비용인 인건비, 건물임대료, 통신비, 광고비, 각종 보험료 및 세금 등으로 구성되며, 여기에 여행사 수익을 더하여 여행가격이 결정된다.

표 7-1 여행상품 가격의 구성요소

여행상품 원가		관리비용 + 마케팅비용
여행객 인원수 관광시기 교통편 등급 숙박등급 식사 횟수 및 내용 관광지 입장료 현지 안내원 경비 해외여행 보험료/전쟁 보험료 공항세/관광진흥개발기금	+	인건비 건물임대료 통신비 광고비용 각종 보험료 각종 세금 대리점 수수료 여행상품 촉진비용 기타

4 여행상품 가격결정 요소

① 여행기간

– 여행기간에 비례하여 여행상품의 가격이 높아짐

② 여행거리

- 여행거리가 길수록 교통기관의 장시간 이용이 불가피하므로 여행상품의 가격이 높아짐.

③ 여행시기

- 성수기, 주말, 방학, 연휴 등에 여행수요가 증가
- 여행소재제공업자들은 수익을 증대시키고자 성수기에 높은 가격으로 여행소재를 공급

④ 행사인원

- 현지 여행업자로부터의 버스요금을 포함한 지상비 견적서에는 인원수 변동에 따른 요금을 산출하는 경우가 일반적
- 단체에 대해 여행소재제공업자가 여행소재의 가격을 할인해서 제공
- 단체인원에 따라 FOC(Free Of Charge) 적용

⑤ 여행소재

- 여행 중 이용하는 숙박시설의 등급, 시설, 위치 등
- 유료 관광지의 방문 횟수
- 항공좌석의 등급
- 식사메뉴
- 인솔자 동행 여부
- 전문인력의 동행 여부

⑥ 여행사 인지도

- 여행사의 서비스 수준, 공신력, 판매실적, 브랜드 이미지, 경쟁력

⑦ 환율

- 인바운드 여행과 아웃바운드 여행의 경제화폐는 주로 미국 달러화(USD)
- 외환 시장의 변동에 따른 환율에 민감

⑧ 운임(transportation)
- 항공기 · 선박 · 철도 · 버스 등 각종 교통기관을 이용하는 대가로 여행객이 지불하는 요금
- 특히 해외여행의 경우 일반적으로 항공운임이 전체 운임의 절반 이상 차지하여 경쟁력 있는 상품판매가를 확보하는 데 결정적 요인이 되므로 항공운임에서 특별할인요금의 좌석확보는 여행사 수익의 절대적인 변수
- 항공운임은 여행사 수익의 상당 부분을 차지하는 안정적인 수익원이었으나, 항공 수수료 폐지 ⇒ TASF(Travel Agent Service Fee) 제도 정착 단계

⑨ 지상비(land fee)

지상비란 여행목적지 내에서 여행 관련 이용시설 및 여행요소와 이에 관련된 서비스의 이용에 따른 비용(Meeting/Sending Service, 식사비용, 숙박비용, 현지교통비용) 등 제반 여행경비를 의미한다.

가. 숙박비(accomodation charge): 통상적으로 객실요금 + 세금 & 봉사료
나. 식사비(meal charge): 호텔식, 기내식, 현지식, 한식 등
다. 지상교통비(land transportation charge): 전세버스, 기차, 유람선 등
라. 관광비용(sightseeing charge): 안내비, 관광지 입장료 포함
마. 세금(tax): 공항세 등

⑩ 기타비용(miscellaneous expense): 운임이나 지상비 이외에 소요되는 여행경비

가. 여행경비에 포함되는 비용
- 인솔자 출장비
- 공항세
- 해외여행자보험: 대개 1억 원 한도 가입
- 판촉비

여정이 복잡하지 않거나 현지 직원의 도움만으로 충분할 때, 또는 가격을 낮추기 위해 인솔자를 동반하지 않는 여행상품도 많아지고 있다. 인솔자가 동행하는 경우

는 인솔자의 항공운임, 지상비와 함께 출장비, 식비, 보험료 등 관련 경비 중 FOC처리 되지 않는 경비는 여행경비에 포함시킨다.

한편, 판촉비란 그 여행을 실시하기 위해 필요한 각종 경비로서 일정표나 팸플릿 제작비용, 설명회비용, 기타 홍보물품 제작비용 등이 여기에 포함된다.

나. 여행경비에 포함되지 않는 비용

- 여권/비자 수속비
- 개인 소요비용(전화, 세탁, 주류, 음료 등)
- 인솔자, 가이드, 기사 팁
- 현지에서의 기념품 및 선물 비용

5 여행상품 가격산출

1) 여행상품 견적서의 개념

여행상품 견적서는 여행상품의 거래를 위해 여행사가 잠재고객에게 거래의 내용과 가격을 제시하기 위해 작성하는 제안서의 일종이라 할 수 있다.

다시 말해 장래 발생할 거래를 위해 재화나 용역을 공급하고자 하는 쪽에서 작성하는 것으로 각종 경비를 포함시켜 그 가격을 미리 산출하고, 그 내용을 구체적으로 기재하여 잠재고객에게 제시하는 제안서로서 거래 당사자가 견적에 의거하여 쌍방 합의가 이루어지면 계약이 성립되는 것이다.

여행상품가격을 산정하기 위한 여행사 내부적으로 원가를 산출한 원가계산서와는 달리 여행상품 견적서는 고객이 쉽게 이해할 수 있는 항목 위주로 작성한다.

표 7-2 여행상품 가격의 구성요소

견 적 서 (Quotation)

H투어 TRAVELX
KNU 동유럽 해외연수

[2015년 1월14일 출발 기준]

1. 일 정	인천/체코/바르샤바(2)/크라카우(1)/타트라(1)/부다페스트(1)/비엔나(1)/프라하(1)/기내(1)/인천 [현지7박8일]		
2. 요 금	15 + 1 FOC	EUR 730 P/P	SINGLE CHARGE P/P 280 EUR
3. REMARKS			

◐ 포함 사항 및 불포함 사항

A. 여행 조건	1. HOTEL - 전 일정 1ST CLASS 기준 (2인1실) & BUFFET BREAKFAST • 바르샤바 – HOLIDAY INN 또는 동급 • 크라카우 – SYMPOZJUM 또는 동급 • 타트라 – KOLOWRA 또는 동급 • 부다페스트 – HOLIDAY INN 또는 동급 • 비엔나 – AUSTRIATREND EVENT PYRAMIDE 또는 동급 • 프라하 – CLARION CONGRESS 또는 동급 2. 30~45인승 대형버스 기준 (인원에 따라 변경) 3. 한국인 가이드 [바르샤바, 크라카우, 부다페스트, 비엔나, 프라하 관광일정에만 배정] (도시와 도시 구간이동 시에는 인솔자가 가이드없이 진행) 4. 일정표에 명시된 전일정 식사 5. 포함 유료입장지 ♠ 크라카우 소금광산, 비엔나 쉔부른궁전, 프라하 프라하성&성비투성당
B. 불포함 사항	1. 각종 TIP (가이드&기사&식당팁및물값 등) 2. 공식기관방문 컨택 및 방문시 통역비용 불포함

LQ1501-5 H투어 TRAVELX KNU 동유럽 해외연수 9일					
일 자	도 시 명	교 통 편	시 간	일 정	식 사
제01일 1/14 수	인천 프라하 바르샤바 (폴란드)	OK4191 OK778 전용버스	12:50 16:40 17:35 19:05	인천 국제 공항 출발 프라하 공항 도착 프라하 공항 출발 바르샤바 공항 도착 후 가이드 미팅 호텔 투숙	석: 불포함
				HOTEL: HOLIDAY INN 또는 동급 (4성)	
제02일 1/15 목	바르샤바	전용버스	08:00 09:00 12:00 13:00 18:00	호텔 조식 호텔 로비에서 가이드 미팅 후 오전 공식 일정 **바르샤바 공과대학** 중식 후 오후 관광 피아노의 시인 쇼팽의 생가(외관), 욕탕 공원 와지엔키 공원, 바르샤바에서 가장 오래된 지역 구시가지, 바르샤바의 상징 인어동상 등 석식 후 호텔 투숙	조: 호텔식 중: 현지식 석: 한 식
				HOTEL : HOLIDAY INN 또는 동급 (4성)	
제03일 1/16 금	바르샤바 크라카우 (KRAKOW)	전용버스 (290Km)	08:00 09:00 12:00 18:30	호텔 조식 호텔 로비에서 가이드 미팅 후 오전 공식 일정 **바르샤바 공과대학** 중식 후 바르샤바 출발 **(WITHOUT GUIDE)** 크라카우 도착 후 가이드 미팅 석식 후 호텔 투숙	조: 호텔식 중: 현지식 석: 한 식
				HOTEL : SYMPOZJUM 또는 동급 (4성)	
제04일 1/17 토	크라카우 타트라 (슬로바키아)	전용버스	08:00 09:00 20:00	호텔 조식 호텔 로비에서 가이드 미팅 후 전일 관광 유네스코 세계문화유산으로 지정되어 유명한 소금광산 관광 ※ 소금광산은 바다였던 곳이 퇴적되면서 암염이 되어 광산이 된 곳으로 몇세기 전에 코페르니쿠스나 괴테가 다녀갔을 만큼 유명한 관광지이다. 안에는 여러 개의 방 안에 소금으로 만든 샹들리에와, 아름다운 성당, 다양한 조각상등 신비한 소금의 세계가 펼쳐진다. 폴란드 왕들의 거처였던 바벨성(외부), 성모마리아 성당, 중앙시장 광장 등 간단한 시내관광 동구의 알프스라 불리는 타트라 국립공원 이동 **(WITHOUT GUIDE)** 석식 후 호텔 투숙	조: 호텔식 중: 현지식 석: 호텔식
				HOTEL : KOLOWRA 또는 동급 (4성)	

일자	지역	교통편	시간	일정
제05일 1/18 일	타트라 부다페스트 (BUDAPEST) (헝가리)	전용버스 (404Km)	07:00 08:00 13:00 18:00	호텔 조식 호텔 로비에서 미팅 후 부다페스트로 이동 **(WITHOUT GUIDE)** 부다페스트 도착 후 가이드 미팅 중식 후 7개의 각기 다른 헝가리풍 뾰족지붕이 이색적인 어부의 요새, 흰 레이스를 두른듯 아름다운 마챠시 사원(외부), 부다 언덕에 웅장하게 솟아있는 부다 왕궁(외부), 다뉴브강의 전망이 잘보이는 겔레트르 언덕, 다뉴브강 동쪽에 있는 페스트지역 대표명소 성 이슈트반 대성당, 헝가리 건국 1000년을 기념하여 만든 영웅광장 등 석식 후 호텔 투숙 HOTEL: HOLIDAY INN 또는 동급 (4성)
제06일 1/19 월	부다페스트 비엔나 (VIENNA) (오스트리아)	전용버스 (243Km)	08:00 09:00 12:00 16:30 19:00	호텔 조식 호텔 로비에서 가이드 미팅 후 오전 공식 일정 **부다페스트 기술경제대학** 중식 후 부다페스트 출발 **(WITHOUT GUIDE)** 비엔나 도착 후 가이드 미팅 쉔브룬궁전(내부)과 정원 관광 ※ 쉔브른 궁전은 바로크 양식의 매우 화려한 외관을 가지고 있고 내부는 마리아 테레지아가 수집한 동양 자기나 칠기, 페르시아의 세밀화 등의 우아하고 호화로운 로코코양식으로 꾸며져 있다. 넵튠 분수를 비롯한 여러 개의 분수와 44개의 대리석상들이 있다 석식 후 호텔 투숙 HOTEL: AUSTRIA TREND EVENT HOTEL PYRAMIDE 또는 동급 (4성)
제07일 1/20 화	비엔나 KREMS 프라하 (체코)	전용버스 (79Km) (259Km)	08:00 09:00 10:30 14:30 19:00	호텔 조식 호텔 로비에서 가이드 미팅 후 비엔나 출발 **KREMS UNIVERSITY OF APPLIED SCIENCES** Add : Am Campus Krems, Trakt G A-3500 Krems Tel : +43 (0)2732 802 중식 후 오스트리아 출발 **(WITHOUT GUIDE)** 체코의 수도 프라하 도착 후 가이드 미팅 석식 후 호텔 투숙 HOTEL: CLARION CONGRESS 또는 동급 (4성)
제08일 1/21 수	프라하	전용버스 KE936	08:00 09:00 12:00 15:30 18:30	호텔 조식 호텔 로비에서 가이드 미팅 후 오전 공식 일정 **체코 공과대학** 중식 후 최대번화가인 바츨라프광장, 구시가지, 황금장식으로 만들어진 틴교회, 최고의 토목기술을 동원해 1406년 완성한 낭만적인 카를교, 현재 일부는 대통령의 관저로 이용되고 있는 프라하 성+황금소로+성비투성당 등 프라하 시내 오후 관광 프라하 공항으로 이동 프라하 공항 출발 ==== 기내 숙박 ====

제09일 1/22 목	인천		12:30	인천 국제 공항 도착 "안녕히가십시오."

* 일정은 현지 상황에 따라 변경될 수 있습니다.

2) 여행요금 원가계산

항공운임이 확정되면 지상비, 추정이익, 수속비, T/C 출장비 등 소요비용을 합산하여 총가격을 산출하고 산출된 가격을 행사인원으로 나누면 고객 1인당 비용이 된다. 그 후 1인당 비용을 경쟁사 유사상품과 비교 후 전략적으로 가격을 결정한다.

단체여행의 여행요금 산출방법은 아래 두 가지 방법으로 계산이 가능하며 1인당 산출되는 결과는 동일하다.

① 각 항목별로 한 사람을 기준으로 해서 요금을 산출한 다음 총비용을 합산하는 방법

② 각 항목별로 전체 인원수의 요금을 계산해서 그것을 총합산한 다음 1인당 요금으로 나누는 방법

3) 여행상품 원가계산의 예

- 베트남 4일, 15명 + 1FOC, 환율 $1= 1,000

〈조건〉

① 항공요금: 380,000(모든 TAX포함. 인솔자는 FOC 처리)

② 지상비

- 숙박요금: 1실 당 $42(TWN USE)
- 식사: 중식(3식) 1식 당 10, 석식(3식) 1식 당 $15(호텔 조식 및 기내식 제외)
- 전용버스비: 1일 120$(4일간)
- 관광지 입장료: 1인당 10$(전일 정 동안)

③ 기타비용

- 여행자 보험료 1억 원 기준 5,500원(인솔자 보험료는 고객 부담)
- 인솔자 출장비: 1일 30$(4일간)

④ 이익률: 10%

항목	산출내역		합계
① 항공료	₩380,000×15명		₩5,700,000
② 지상비	숙박비	($42×₩1,000)×8실×3박	₩1,008,000
	식사비	중식($10×₩1,000)×15명×3회	₩450,000
		석식($15×₩1,000)×15명×3회	₩675,000
	전용버스	($120×₩1,000)×4일	₩480,000
	관광지입장료	($10×₩1,000)×15명	₩150,000
③ 기타비용	여행자보험	₩5,500×16명	₩88,000
	인솔자출장비	($30×₩1,000)×4일	₩120,000
④ 총원가	①+②+③		₩8,671,000
⑤ 판매수익	④×10%		₩867,100
⑥ 총경비	④+⑤		₩9,538,100
⑦ 1인당 상품가	⑥÷15명		₩635,873

〈예제 1〉 북경 3N4D, 10명 + 1FOC, 환율 $1= 1,000

일자	도시	교통	시간	일정	식사
제1일	인천 북경	OZ303 전용버스	08:45 09:30 오후	인천국제공항 출발 북경수도공항 도착 천안문광장, 자금성 관광 호텔체크인	중: 현지식 석: 한식
제2일	북경	전용버스	전일	만리장성, 명13릉, 용경협 관광 호텔투숙 및 휴식	조: 호텔식 중: 현지식 석: 한식
제3일	북경	전용버스	전일	천단공원, 이화원, 왕부정거리 관광 호텔투숙 및 휴식	조: 호텔식 중: 현지식 석: 한식
제4일	북경 인천	전용버스 OZ304	10:55 13:35	호텔 체크아웃 북경출발 인천국제공항도착후 해산	조: 호텔식 중: 기내식

- 항공운임: 1인당 왕복 20만 원(모든 TAX 포함, 인솔자는 FOC 처리)
- 지상비: 숙박료 1실당 30$(조식 포함, TWN USE)
- 식사료 1식당 10$(총 6회, 호텔 조식 및 기내식 제외)
- 전용버스비: 1일 90$(4일간)
- 관광지 입장료: 1인당 30$(전 일정 동안)
- 기타비용: 여행자 보험료 1억 원 기준 5,500원(인솔자 보험료는 고객 부담)
- 인솔자 출장비: 1일 30$(4일간)
- 이익률: 10%

항목	산출내역		합계
① 항공료			
② 지상비	숙박비		
	식사비		
	전용버스		
	관광지입장료		
③ 기타비용	여행자보험		
	인솔자출장비		
④ 총원가			
⑤ 판매수익			
⑥ 총경비			
⑦ 1인당 상품가			

〈예제 2〉 방콕파타야 3N5D, 15명 + 1FOC, 환율 $1= 1,200

일자	도시	교통	시간	일정	식사
제1일	인천 방콕	KE653 전용버스	19:20 23:05	인천국제공항 출발 방콕수완나폼공항 도착 호텔체크인	석: 기내식
제2일	방콕 파타야	전용버스	전일	오전: 새벽사원,왕궁 관광 오후: 파타야 미니시암 관광 호텔투숙	조: 호텔식 중: 현지식 석: 한식
제3일	파타야	전용버스	전일	오전: 산호섬 관광 오후: 눙눅빌리지 관광 호텔투숙	조: 호텔식 중: 한식 석: 씨푸드
제4일	파타야 방콕	전용버스	전일	오전: 악어농장관광 오후: 시내관광후 공항으로	조: 호텔식 중: 한식 석: 현지식
제5일	방콕 인천	KE654	01:40 08:40	방콕수완나폼공항출발 인천국제공항 도착	조: 기내식

- 항공운임: 1인당 왕복 30만 원(모든 TAX 포함, 인솔자는 FOC 처리)
- 지상비: 숙박료 1실당 30$(조식 포함, TWN USE)
- 식사료: 1식당 10$(총 6회, 호텔 조식 및 기내식 제외)
- 전용버스비: 1일 100$(4일간)
- 관광지 입장료: 1인당 20$(전 일정 동안)
- 기타비용: 여행자 보험료 1억 원 기준 5,500원(인솔자 보험료는 고객 부담)
- 인솔자 출장비: 1일 50$(4일간)
- 이익률: 10%

항목		산출내역	합계
① 항공료			
② 지상비	숙박비		
	식사비		
	전용버스		
	관광지입장료		
③ 기타비용	여행자보험		
	인솔자출장비		
④ 총원가			
⑤ 판매수익			
⑥ 총경비			
⑦ 1인당 상품가			

Chapter

08

여행일정표의 이해

Chapter

08

여행일정표의 이해

1 여행일정표의 개념

여행일정표란 말 그대로 여행일정을 여행객들이 한눈에 알아볼 수 있도록 모든 일정의 내용들을 일목요연하게 정리해 놓은 스케줄표라 할 수 있다.

즉, 여행상품은 눈에 보이지 않기 때문에 이를 눈에 보이는 형태로 구체화시켜 여행이 언제 출발하고 언제 도착하는지, 여행의 흐름은 어떻게 이루어지는지, 관광지나 숙박, 음식 등 여행의 전체적인 모습을 표로 작성한 것으로 고객이 여행상품을 선택할 때 중요한 참고 자료로 사용된다.

따라서 정확하고 손님에게 유용한 일정으로 작성되어야 여행사를 신뢰하게 되고, 그 상품을 여행객들이 구입하게 되므로 여행객들이 보는 여행일정표는 현지에서의 실제 여행과 정확하게 일치하여야 한다. 일정이 다르게 진행될 경우에는 책임의 근거자료가 되기 때문에 부득이한 경우를 제외하면 최종 여행일정표대로 행사가 진행되도록 해야 한다.

- 여행일정(Tour Itinerary)을 나타내는 스케쥴(schedule)표
- 무형의 여행현상을 유형의 상품으로 구체화시켜 고객에게 제시하는 것으로 여행상품 선택의 중요 자료
- 여행일정표는 여행객의 여행사 선택 시 차지하는 비중 중 중요한 요소가 되므로 정확하고 유용한 일정을 만들어야만 여행객이 여행사를 신뢰하게 됨

2 여행일정표 작성 요령

- 여행목적에 적당한 경로와 여행지 순서를 정할 것
- 전체 여정을 일정한 일수로 배분하여 숙박지를 정할 것
- 식사 배분은 지방색이나 내용에 변화를 줄 것
- 여행에 필요한 비용을 고려하고, 고객의 요구를 반영할 것
- 고객의 입장에서 보편 타당성 있다고 느낄 수 있도록 일정표를 작성할 것

3 여행일정표 작성 시 유의점

여행일정표는 고객의 입장에서 자신의 희망이 충족되고 만족을 얻을 수 있는 일정이어야 할 뿐 아니라 여행사 입장에서 보면 고객들로부터 신뢰를 받고 권위 있는 일정이어야 한다.

이를 충족시키기 위해서 여행일정표는 다음과 같은 사항들을 고려해야 한다.

1) 고객의 희망이나 조건 파악

여행의 목적, 방문지, 여행시기, 여행기간, 예산 등 일정을 작성하기 위한 기본적인 내용과 조건을 파악한다.

중요한 것은 여행객의 입장에서 일정을 작성하는 것이다.

2) 여유 있는 일정

해외여행에서는 국내여행에는 없는 출입국 수속, 환전 등 여러 절차들이 존재한다. 더군다나 해외여행이므로 다른 나라의 관습이나 풍습을 간과한다면 일정이 생각대로 이루어지지 않는 경우도 있을 수 있다.

가령, 더운 나라에서는 낮에 휴식시간을 가지기 때문에 우리나라의 경우와 똑같이 일정표를 작성했을 때 막상 현지에서 방문하면 몇 시간을 문밖에서 기다려야 하는 경우도 있을 수 있다.

너무 빡빡하게 일정을 짠다면 제대로 일정이 운영되기 어려워 문제가 발생할 소지가 생기게 되고, 여행자의 입장에서도 피곤을 느끼게 된다. 이러한 눈에 보이지 않는 소요시간도 감안하여 여유 있는 일정을 만들 필요가 있다.

- 조기출발이나 심야도착을 가급적 피해야 함.
- 하루의 대부분을 이동시간에 보내는 것을 피해야 함.
- 너무 많은 관광지 방문일정을 피해야 함.
- 일정을 무리하면 시간에 쫓기어 여행객들이 여행을 다녀와서의 기억이 없어 재방문의 효과가 적어짐.
- 한곳을 집중적으로 여유를 가지고 보고 즐길 수 있는 일정을 작성해야 함.

3) 숙박시설의 신중한 결정

유럽의 전통적 스타일의 호텔을 유러피안 스타일(European style) 호텔이라 하는데, 서비스는 훌륭하지만 객실이 좁고, 욕조가 없거나 샤워시설도 없는 경우도 있는 등 외형적인 고급화를 선호하는 여행객 입맛에 맞지 않는 경우가 많다. 여행객들은 대부분 로비도 널찍하고 시설이나 외관도 초현대적인 아메리칸 스타일(American style)

의 호텔을 생각하기 때문이다. 따라서 유럽에서 전통적 스타일의 호텔에서 숙박하는 경우에는 미리 사전 안내 및 일정표 기재가 필요하다. 그리고 성수기나 국제회의, 축제, 행사 등이 열려서 혼잡할 경우에 이를 피해 교통은 불편하더라도 근교의 작은 도시로 숙박호텔을 고려하면 생각지도 못한 볼거리나 체험거리가 있는 경우도 있어 도리어 더 좋은 일정이 될 수 있기 때문에 접근성, 이동성, 편리성 등을 종합적으로 고려하여 숙박시설을 선정한다.

- 여행객은 호텔의 내부적인 면보다 외향적인 고급화를 더 선호하는 경향이 있다.
- 특별한 조건이 없는 경우 접근성, 이동성, 편리성 등을 고려하여 선정한다.

4) 기본관광과 선택관광

기본관광일정에 볼 것과 할 것 등을 적당히 배합하고, 선택관광은 다양한 일정을 만들어 여행객에게 제시될 수 있도록 작성한다. 기본관광일정에 볼 것이나 할 것을 어느 특정한 날에 편중되게 작성하면 여행객은 너무 피곤해 하거나 따분해 할 수 있으므로 관광일정에 볼 것과 할 것들을 적당히 안배하는 것이 필요하며, 선택관광도 다양하게 준비하여 여행객들에게 제시해야 한다.

즉, 기본일정에 선택관광을 포함시킨 일정과 포함시키지 않은 일정 등 다양한 일정을 만들어 손님의 요구에 맞출 수 있는 유연한 대처가 필요하다. 이를 통해 회사의 신뢰를 얻을 수 있고, 나아가 매출증가 효과도 가져올 수 있다.

- 기본일정 + 선택관광 포함 또는 기본일정 + 선택관광 불포함

5) 식사는 다양한 메뉴로 작성

동일한 장소에서 똑같은 메뉴가 반복될 경우에는 여행객은 지루하게 여기므로 메뉴와 식사장소를 차별화하여 여행객들 누구나가 만족할 수 있는 메뉴개발이 필요하다.

일반적으로 여행상품에서의 식사는 아침은 호텔에서 먹고, 점심은 현지의 전통음식, 저녁은 한식으로 메뉴를 짜는 것이 일반적이며, 팀 컬러에 따라 노약자가 많은 팀일 경우에는 한식 위주로, 젊은 층들이 많은 경우에는 현지식에 비중을 더 많이 두는 등 운용의 묘도 필요하다.

- 지역의 독특한 음식문화를 느낄 수 있게 식사장소와 메뉴의 다양화가 필요
- 일반적으로 조식은 호텔, 중식은 현지식, 석식은 한식으로 구성

6) 대안일정 준비

여행이란 구입일이 아닌 예약된 날자에 현지에서 이루어지는 것이므로 여러 예기치 못한 일들이 발생할 수 있다.

자연재해로 항공기가 결항되던지 등 생각지도 못한 일들이 발생할 수 있기 때문에 사전에 대안일정을 마련해서 원활한 여행이 될 수 있도록 해야 한다.

- 항공기 결항, 기상조건, 현지사정 변경 등에 대비하여 대안일정을 마련해 두어 여행객의 사후 불만 발생 시 대응방안 준비

7) 여행시즌 고려

어느 관광지를 가더라도 그 지역을 방문하기에 적당한 여행시즌이라는 것이 있다.

일반적으로 동남아시아에서는 여름보다는 겨울 쪽이 보다 좋은 여행시즌이다. 그렇지만, 성수기에는 예약 자체가 불가능한 경우도 많아서 경우에 따라서는 시즌을 피해서 상품을 짜는 경우도 많다.

- 시즌마다의 여행사정을 파악하는 것이 중요

8) 축제, 행사 예정을 미리 입수

축제나 행사를 일정에 포함시켜서 여행의 변화를 가져올 수 있는데 그러기 위해서는 해당 지역의 축제나 행사 예정을 미리 입수해서 철저한 여행일정표 작성이 요구된다.

- 축제나 행사를 일정에 포함시킴으로써 여행에 변화를 가져올 수 있음.

9) 공휴일 및 휴관일, 상점 영업시간 확인

각 국가마다 축제와 공휴일이 있다. 예를 들어 이슬람 국가와 같이 금요일이 휴일인 곳도 있는데 이 날이 되면 상점은 휴일이라서 쇼핑을 할 수 없을 뿐더러 관광일정 자체가 제대로 이루어지지 않는 경우도 있다. 또한 더운 열대지방에서는 점심 때 2~3시간 쉬었다가 저녁에 다시 문을 여는 곳도 많이 있다.

따라서 공휴일과 상점 영업시간, 휴관일이 정해져 있는 미술관이나 박물관 등에 대해서도 요일 확인이 필요하다.

10) 항공사 선택

가격적인 면 때문에 저가 항공사를 고려하는 여행사도 많다. 그러나 한편으로는 비행기 출발이 많은, 즉 편수가 많은 항공사를 선택하는 것도 고려하는 것이 좋다. 만약 비행기 고장으로 출발을 못할 경우 대체 편이나 다음 편 항공기를 이용하는 등 문제를 최소한으로 줄일 수 있기 때문이다.

- 가격과 편리성을 고려

11) 출발, 도착 시간

일반적으로 세계의 주요 공항들은 도심에서 1시간 정도의 거리에 위치해 있는 곳이 많다.

국제선 항공편의 경우에는 출발시간보다 2시간 정도 일찍 가서 공항의 항공사 카운터에서 탑승 수속할 필요가 있으며, 입국할 경우에는 항공기에서 내려 입국 수속을 하는 데까지 20~30분은 소요된다.

이러한 이동 소요시간과 수속시간을 감안해서 출발과 도착시간을 결정하도록 해야 한다.

– 목적지로의 이동 소요시간과 공항 수속시간을 염두에 두어야 함.

12) 공항

한 도시에 두 개 이상의 공항이 있는 도시도 있다. 따라서 일정표 작성 시에는 도시 명 다음에 공항 명을 적어두지 않으면 마중나온 사람이 다른 공항으로 간다든지, 출발 공항을 착각하여 다른 공항으로 가서 비행기를 놓치는 등 여러 문제가 생길 가능성이 있을 수 있다.

– 한 도시에 두 개 이상의 공항이 존재하는 도시도 있으므로 주의

13) 환승시간

직항으로 목적지 공항까지 비행기로 가는 경우도 있지만, 중간에 비행기를 갈아타야 하는 경우도 있다. 이때 갈아타는 데 필요한 최소한의 시간이 정해져 있으며, 인원이 많은 단체관광객일 경우에는 조금 더 여유 있게 갈아탈 수 있는 항공 편이 바람직하다.

- 환승에 필요한 최소한의 시간(Minimum Connecting Time: MCT)에 유의

14) 기내식

일반적으로 식사시간대라면 비행 중에 기내식이 제공되지만 저가항공사의 경우 항공요금에 포함되지 않는 경우라든지, 비행거리가 짧은 경우 스낵 정도 밖에 나오지 않는 경우도 있기 때문에 단체여행의 경우에는 미리 확인해 두는 것이 좋다.

4 여행일정표의 구성

1) 여행상품명

상품명은 그 상품의 얼굴이라 할 수 있다. 지역과 기간, 그리고 이 상품의 특성을 바로 알 수 있도록 하는 간단한 문구 등으로 제작된다.

상품명이 쉽게 와 닿아야 고객들은 그 상품에 관심을 갖게 된다. 따라서 주로 지역과 기간을 표시하는 방식, 예를 들어 중국 4일, 베트남 · 캄보디아 6일, 이런 내용에 간단히 상품의 특징을 표현하는 방식으로 상품의 이름을 만드는 경우가 많다.

예) 서유럽 5개국 10일 ♡기차를 타고 유럽중세 마을♡
오키나와 4일-문화유산 & 특급 리조트 즐기기

그렇지만, 동일한 지역, 동일한 일정의 여행상품이라도 출발일에 따라서 가격도 다르다보니 여행사 입장에서는 원활한 행사운영을 위해 날자와 항공편을 이용해서 각각의 상품마다 파일을 만들고 이에 맞는 상품코드를 부여하여 관리하고 있다. 예를 들어 "TYO151001KE-012"라는 것은 TYO(일본 동경상품)으로 2015년 10월 1일 KE(대한항공)으로 출발하는 12번째 상품이라는 의미이다.

2) 가격

보통 요금은 성인요금을 기준으로 하며 여기에 어린이와 유아요금을 따로 구분하고 있다. 이것은 항공요금체계의 구분체계에 따라 어린이는 만 2~12살까지, 유아는 만 2살 미만으로 구분하여 어린이 요금은 어른 요금의 70~80%, 유아 요금은 어른 요금의 20~30% 정도로 정하고 있다.

이처럼 어린이와 유아는 요금이 저렴하지만, 유아의 경우 부모와 같은 침실을 사용해서 2인 1실을 기본으로 하게 되는데, 추가 침대를 원한다면 요금이 추가된다.

또한, 여행요금에 유류할증료도 포함하여 총 가격이 얼마인지 제시해 주어야 한다.

	성인 (만12세이상)	아동 ? (만12세미만)	유아 ? (만2세미만)
총상품가격	429,000원	386,100원	150,000원
기본상품가격	429,000원	386,100원	150,000원
유류할증료	0원	0원	0원

* 상기 여행 요금 및 유류할증료, 제세공과금은 유가와 환율에 따라 인상 또는 인하 될 수 있습니다.

객실 1인 사용료: 200,000원

가격안내 계산기

3) 공항 미팅(meeting) 일시 및 장소

여행객이 공항에 도착하면 미리 대기 중인 여행사 직원 내지 인솔자가 탑승수속에 대한 설명, 도움을 주는것을 미팅(meeting)이라고 한다. 여행의 시작이라는 점에서 공항 미팅은 여행사에 있어서 상당히 중요한 서비스라 할 수 있다. 따라서 일정표에 공항 출국장의 어디에서 몇 시에 만나는지 알기 쉽고 정확하게 기재하여 미팅 미스가 생기지 않도록 한다.

미팅장소

[미팅 일자 09월 15일] [미팅 시간 18:40]

인천 국제공항 3층 출국장 여행사 카운터 G와F 카운터사이 중앙엘리베이터 옆 하나투어 1번~5번 테이블 앞

첫 미팅장소를 반드시 확인해 주세요!

미팅장소 약도보기

4) 기본일정

전체 일정을 일자, 방문도시, 교통편, 관광지명, 호텔명(등급포함), 식사조건(호텔식, 한식, 현지식 등) 등으로 구분하여 표기한다.

① 여행요금에 포함되어 있는 관광지는 일정표에 기재해야 하는데, 그 관광지가 입장하여 관광하는 곳인지 여부도 구별해 놓는 편이 차후에 혹시 모를 분쟁의 소지를 없앨 수 있다는 점에서 중요하다.

예) 차내 관광, 내부 관광(입장하는 경우), 외부 관광(입장하지 않는 경우)

1Day	09월 21일 월요일 1일
인천 파리	인천국제공항 출발 [KE5901편/AF267편 - 09:30] 후 프랑스 파리에 도착 [14:25] 합니다. -기내식 2회 제공 -비행소요시간 약 12시간 10분 파리의 낭만이 숨쉬는 몽마르뜨 로 이동하여 파리시내 전경을 조망할수 있는 사크레 쾨르 사원(외부)의 아름다운 비잔틴 양식을 감상하고  저녁식사를 한 후 호텔로 이동하여 투숙합니다. **★KE5901 편은 AF267편과 공동운항하는 편수로** **출발편만 실제 에어프랑스 비행기를 탑승하십니다.**

② 상품에 따라 호텔 선택이 가능한 상품도 존재한다. 보통 휴양지의 리조트 호텔상품에서 많이 볼 수 있는데, 이 경우 손님이 선택하고 예약하면 확정시킨다. "[세부막탄] 품격 휴양의 대명사 막탄 샹그릴라 리조트"와 같이 상품 이름에 확정 호텔 이름을 붙이는 경우가 많다. 고객이 호텔을 선택할 수 없는 경우도 많은데, 아직 호텔이 확정되지 않았을 때에는 "**호텔급"이라는 식으로 손님들이 어느 정도의 호텔인지 가늠할 수 있도록 기재한다.

③ 여행 중 제공하는 식사는 조식, 중식, 석식으로 구분하여 호텔식, 한식, 현지식 등으로 식사내용을 각각 표기한다. 만약 식사 메뉴가 여행객의 상품 구매욕구를 불러일으킬만한 차별화된 메뉴라면 여행 일정에 메뉴를 기재한다.

예) "프랑스의 특식인 달팽이 요리와 함께 현지식으로 점심식사를 합니다."

5) 인솔자 및 가이드 여부

인솔자 없이 현지에서 가이드를 만나야 하는 경우 사항을 기재하며, 투어 진행을 위한 최소인원수를 기재한다.

· 예약인원	예약 : 0명 / 좌석 :15석 (최소출발인원: 성인 4명)
· 인솔자	인솔자가 동행하지 않으며, 현지공항 도착시 현지가이드와 미팅이 이루어 집니다.

6) 여행상품특전

여행상품 이용 시 혜택 및 장점들을 간략히 명시함으로서 경쟁 유사상품과의 차별화를 도모한다.

★ 대한항공 북경 왕복과 함께하는 알뜰한 가격과 편안한 일정!

★ SPECIAL 인기옵션 포함
- 놓칠 수 없는 최고의 잡기 베이징 서커스(20$상당) 관람
- 베이징의 새로운 명소! THE PLACE 자유시간
- 여행의 피로를 풀어주는 발마사지(20$상당) 체험

★ 베이징의 모든 볼거리 총집합
- UNESCO 세계문화유산 자금성,이화원,만리장성 관광
- 다양한 맛거리와 볼거리의 조화, 왕부정(王府井)거리 관광
- 중국의 광대한 역사를 한눈에! 국가박물관 견학
- 북경 오리구이, 한식, 현지식 등 다채로운 식사 제공

상기 상품은 현지에서 하나투어 다른항공 동일상품과 현지조인 될수 있는 상품입니다.

7) 추가사항

옵션(option) 및 쇼핑의 포함/불포함 사항을 기재한다.

옵션투어란 여행요금에는 포함되어 있지 않지만, 남는 시간에 여행객이 스스로 참

가의사를 결정하여 별도의 요금을 지불하고 참가하는 현지 여행상품을 말하는데, 각 도시나 지역별로 신청방법과 가격, 지불방법과 함께 옵션투어 리스트를 정리하여 적어 놓는다.

또한, 쇼핑도 여행의 즐거움 중에 하나이자 여행사 수익창출과도 직결되므로 여행사에서는 관광지의 특산물들을 안심하고 구매할 수 있는 곳을 소개해야 하며, 사전에 어떤 품목의 쇼핑을 하게되는지를 일정 중에 잘 안배하여 즐거운 일정이 되도록 노력해야 한다.

여행의 즐거움을 [PLUS +]
"담당자 추천 북경 선택관광 리스트"

○ 십찰해 인력거 투어 (20$, 약45분 소요)
북경의 옛 골목길을 인력거를 타고 둘러보는 일정. 민가 방문 포함
- 미 참여시, 십찰해 바거리 자유시간

○ 십찰해 야경 뱃놀이 (40$, 약1시간 소요- 동계 불가)
호수를 따라 펼쳐진 멋진 야경을 감상하며 즐기는 뱃놀이
- 미 참여시, 십찰해 바거리 자유시간

○ 용경협 (50$, 약1시간 소요- 동계 불가)
소계림이라 불리우는 아름다운 자연속에서 유유히 즐기는 뱃놀이
- 미 참여시, 용경협 쉼터 휴식시간

○ 소림무술쇼 (40$, 약1시간 소요)
북경 홍극장에서 공연되는 스토리가 있는 종합 무술극
- 미 참여시, 공연장 내 휴식공간에서 휴식

○ 발 마사지 (20$, 약45분 소요)/ 전신마사지 (30$, 60분 소요, 발 불포함)
전신+ 발 마사지 (40$, 90분 소요)/ 황제 마사지(60$, 2시간 소요)
혈액 순환을 촉진시켜 여행의 피로를 풀어주는 마사지
- 미 참여시, 별도의휴식 공간에서 휴식

○ 마담투소 박물관 (25$, 약 30분 소요)
전 세계의유명인사와 스타들이 전시되어 있는 밀랍인형 박물관
- 미 참여시, 전문대가 자유시간

○ 명13릉 (40$, 약1시간 소요)
명나라 13명의 선조 황제의 릉. 14대 황제 만력제의 지하 왕릉 정릉을 주로 관광
- 미 참여시,13릉 앞 박물관 관람 및 인근 자유시간

○ 천단공원 (30$, 약1시간 소요)
명,청대 황제가 하늘에 풍년을 빌었던 제단. 북경 시민들이 다양한 여가를 즐기는 공원
- 미 참여시, 근처 홍교시장 자유시간

쇼핑정보 전 일정 중 총 4 회의 쇼핑센터를 방문합니다.

☞본상품은 행사일정중 총4곳(한약,차,라텍스,진주,대나무섬유 중)의 쇼핑센터를 방문합니다.

○ 한약
판매품목: 한약 등
천단공원에서 10분거리/ 경산공원 남문 앞 [약1시간 소요]

○ 라텍스
판매품목: 매트리스, 이불, 베개 등
이화원에서 10분거리 [약1시간 소요]

★ 출발전확인해주세요 ★

* **항공정보**
① 2007년3월부터 액체류/젤류는 **100ml이하**만 기내반입이 가능합니다.
② 마일리지적립은 **출발전 카드를 만들어야** 적립가능합니다.
③ 그룹 항공권의 경우 **출발 당일 공항에서 좌석배정이됩니다.**
항공좌석 배정은 항공사의 고유 권한으로 출발당일 인천공항 탑승수속 순서를 기준으로 이루어집니다. 좌석이 떨어질 수 있으니, 미리 탑승수속 바랍니다.

* **여행국가 정보**
① **뉴질랜드 입국시 음식물 반입이 까다로우니 유의하시기 바랍니다.**
- 생과일, 생야채류, 견과류, 육류, 유제품등의 반입이 금지 품목입니다.
- 밀폐된 식품이나 인스턴트 식품은 신고를 하셔야 하며, 입국시에 반입하는 모든 식품류는 입국시에 제출하는 세관신고서에 신고 후 반입가능 합니다.
② **뉴질랜드**는 면세 범위가 줄어 들어 **18세 이상 1인당 50 개비의 담배만 반입할 수 있습니다. 면세 범위 초과시 세금이 부과될 수 있습니다.**
③ 여권유효기간이 6개월 미만은 입국 거절 되실 수 있습니다.

8) 주의사항

유의사항 및 준비물 안내

5 일정표의 종류

1) 개인여행용과 단체여행용

개인여행용 일정표나 단체여행용 일정표 모두 기본적으로는 차이가 없다. 그러나 단체 일정표는 일정 규모의 인원이 모여서 함께 하게 되므로 항공기 좌석 수, 호텔 객실 수, 로케이션 등을 충분히 감안한 작성이 필요하다.

반면 개인여행 일정표는 전용버스 등이 제공되지 않으므로 그에 따른 시간적 소비가 없도록 일정표 작성 시 고려해야 한다.

2) 여행객용과 수배용 일정표

여행객에게 제공되는 일정표는 지역명, 교통기관, 출발 · 도착 시간, 관광, 자유행동, 숙박호텔 등급, 식사 등의 예정 계획이 기재되는데 반해 수배용 일정표는 모객

여행사와 지상수배업체가 사용하는 일정표이므로 예약에 필요한 모든 사항들이 빠짐없이 기재된다. 모든 예약이 종료된 시점에서 모객 여행사는 최종 수배용 일정표를 참조·작성한 여행객이 한 눈에 이해할 수 있는 최종 확정된 여행객용 일정표를 제공하게 된다.

표 8-1 여행객용 일정표 샘플

JAUTOUR we'll give you the best	(주) 자 유 투 어	인솔자: 고 영 길 (☎ 010-1234-5678)
서울시 중구 가나동 12 다라마빌딩 3호 T:02-1234-5678 / 02-1234-567		www.freedom.co.kr

홍콩 · 태국 · 싱가폴 · 말레이시아 7일

일자	지 역	교통편	시간	상세 일정	식 사
1 일 06/07 (토)	인 천 홍콩 경유 싱가폴	CX 417 CX 735	10:15 13:15 14:25 16:20	인천국제공항 출발 홍콩 도착 (약 1시간 경유) 홍콩 출발 싱가폴 창이국제공항 도착 석식 후 호텔이동 – 호텔투숙 및 휴식 HOTEL–ROYAL (☎ 852-2721-5215)	중식: 기내식 석식: 한식
2 일 06/08 (일)	말레이시아 싱가폴	전용 버스		호텔 조식 후 말레이시아 조호바루 이동 ☞ 깜풍마을, 회교사원, 원주민마을 관광 싱가폴로 귀한 ☞ 새들의 천국 주롱새공원-올스타버드쇼 관광 ☞ 중식후 센토사섬–언더워터월드, 케이블카 관광 ☞ 석식 후 선택관광 ※ 강력 추천 선택관광 : 트라이쇼 +리버보트 60$ 나이트 사파리 60$ – 호텔투숙 및 휴식 HOTEL–ROYAL (☎ 852-2721-5215)	조식: 호텔식 중식: BBQ 석식: 스팀보트

일자	지 역	교통편	시간	상세 일정	식 사
3 일 06/09 (월)	싱가폴 방 콕 파타야	CX 712	13:30 14:50	호텔 조식 후 ☞ 국립식물원 보타닉가든 관광 ☞ 머라이언공원, 차이나타운 관광후 공항으로 이동 싱가폴 출발 방콕 수완나폼 국제공항 도착 아름다운 휴양지 파타야로 이동 (약 2시간) ☞ 석식 후 미니시암 관광 ☞ 알카쟈쇼 관람 – 호텔투숙 및 휴식 HOTEL–CHOLCHAN (☎ 66-3870-2777)	조식: 호텔식 중식: 기내식 석식: MK수끼
4 일 06/10 (화)	파타야	전용 버스		호텔 조식 후 산호섬으로 이동 ☞ 해변휴식 및 자유시간 파타야로 귀한 ☞ 농눅빌리지–코끼리쇼, 민속쇼, 식물원 등 관광 ☞ 안마 1시간 ☞ 석식 후 선택관광 – 호텔투숙 및 휴식 HOTEL–CHOLCHAN (☎ 66-3870-2777)	조식: 호텔식 중식: 타이식 석식: 씨푸드
5 일 06/11 (수)	파타야 방콕	전용 버스		호텔 조식 후 ☞ 파인애플 농장 방문 및 시식 방콕으로 이동 (교민휴게실 방문) ☞ 방콕 귀한 후 방콕 시내관광 왕궁, 에메랄드 사원, 수상시장, 새벽사원 관광 중식 후 쇼핑 관광 – 석식 후 호텔 투숙 및 휴식 HOTEL–RICHMOND (☎ 66-2831-8888)	조식: 호텔식 중식: 한식 석식: 한식
6 일 06/12 (목)	방콕 홍콩	CX 708	09:45 13:40	호텔 조식 후 공항으로 이동 싱가폴 출발 홍콩 첵락콕 국제공항도착 ☞ 동양최대의 테마파크인 해양공원 관광 ☞ 홍콩에 민간신앙을 모아놓은 리펄스베이 관광 석식 후 픽트램 편도 탑승 빅토리아 산정에서 야경 감상 ※ 강력 추천 선택관광 :스타페리 +몽콕야시장 30$ – 호텔투숙 및 휴식 HOTEL–REGALRIVERSIDE (☎ 852-2649-7878)	조식: 호텔식 중식: 기내식 석식: 광동식

일자	지 역	교통편	시간	상세 일정	식 사
7 일 06/13 (금)	홍 콩 인 천	 CX 418	 14:00 18:50	호텔 조식 후 ☞ 구룡반도 관광 (참사초이, 낭만의 거리) 공항으로 이동 홍콩 출발 인천 도착 ♡♡ 즐거운 여행되셨습니까? ♡♡ 소중한 인연으로 기억되도록 노력하겠습니다.	조식: 호텔식 중식: 기내식

- 상기일정은 항공 및 현지사정으로 변동 될 수도 있습니다.
- 고객 여러분이 여행사를 통하여 여행하실 때 여행사는 단체할인 항공권이기 때문에, 좌석을 마음대로 선택할 수 없으며, 알파벳순으로 탑승권이 나오기 때문에 일행끼리 앉을 수 있도록 좌석번호를 재배치하여 드리는 점 널리 양해 부탁드립니다.
- 호텔에서는 1박에 US$1의 팁을 침대나 베개 위에 놓는 것과 짐을 포터에게 부탁 시 US$1의 팁을 주는 것은 국제적 관례(매너팁)로 되어 있습니다.

★ 출입국 유의사항

– 홍콩 입국 시 담배는 3갑까지 허용이 되며 그 이상 반입 시 세금이 부과됩니다.

– 가폴 입국 시 담배, 껌, 술은 반입이 금지되어 있습니다(말레이시아 조호바루 관광 후 재입국 시 포함). 담배소지 적발 시 1갑당 S$60의 벌금이 있을 수도 있으니 주의해 주시기 바랍니다(담배-19개피까지, 술-1리터).

– 태국 입국 시 담배 1보루, 술 1리터 이상 반입이 불가합니다.

- 일정 중 쇼핑센터 방문이 있습니다.
  (방콕: 보석무역센터, 토산품점, 라텍스, 한약방, 기념품점 등)
  (싱가폴: 건강보조식품, 라텍스, DFS면세점, 잡화점 등)
  (홍콩: DFS면세점, 찻집, 보석, 잡화점 등)
- 천지재변 및 개인행동으로 인해서 생긴 사고는 (주)자유투어와 가이드, 인솔자가 책임지지 않습니다.

♡ 서로를 배려해주시는 아름다운 모습으로 즐거운 여행을 우리가 만들어 나갑시다.

♡ 국제전화이용방법: 여행국의 식별번호+우리나라 국가번호(82)+국가 내 지역번호+전화번호

– 예 1〉 서울 (02)-123-4567 번으로 전화할 때에는 "001-82-2-123-4567"

– 예 2〉 핸드폰 010-1234-5678 번으로 전화할 때에는 "001-82-10-1234-5678"

♡ 수신자부담

– 싱가폴 : 외부버튼 0번이나 9번 + 접속번호 800-8211-220 → 한국교환원과 통화

– 태 국 : 외부버튼 0번이나 9번 + 접속번호 001-800-8211-3066 → 한국교환원과 통화

– 홍 콩 : 외부버튼 0번이나 9번 + 접속번호 800-96-2830 → 한국교환원과 통화

판매 및 수배 관련 예제

태국 전문 랜드사는 백석여행사 동남아팀의 고영길 대리로부터 2015년 6월 3일 수배 견적 의뢰를 받고 이에 대한 견적서를 6월 5일 보내게 된다.

• 백석여행사의 수배 및 견적의뢰 건

2015년 7월 1일 방콕/파타야 3박5일 일정으로 총 15명의 손님과 인솔자가 동행하는 상품인데, 이들은 7/1일(월) KE653편으로 저녁 8시 20분 인천을 출발하여 오전 12시 05분 방콕 도착이며, 귀국은 7월 5일(금) KE654편으로 새벽 1시 40분 방콕을 출발하여 인천에 도착하는 것은 아침 8시 40분에 도착하게 된다. 방콕 1박, 파타야 2박으로 Delux급 호텔로 수배를 원하며, 아침식사는 호텔에서 하게 된다.

전 일정 식사 및 관광지 입장료, 버스(25인승), 가이드 포함된 가격으로 견적을 의뢰하며, 객실 싱글차지가 얼마인지도 알려달라고 부탁하자.

* 15명과 인솔자 객실명단 첨부

①YOU/EUN HEE MOON/SUN OK ②IM/NAN HEE IM/YOUNG SOON ③LEE/WON SOON JANG/KYUNG SOOK ④PARK/EUN SOO ZOO/YOUNG SUK ⑤BAE/MI SOOK PARK/KYE SUN ⑥MIN/KYONG TAE LEE/KYONG AH ⑦KIM/WOO SEON SON/JUNG HWA KIM/KIL JUNG ⑨KO/YOUNG KIL(인솔자)

** 각 여행사마다 양식과 작성방법이 약간씩 다를 수 있습니다 **

1. 수배견적 의뢰서를 작성해 보세요. (159–160p 참조)

ATTN :
FROM :
DATE :

수 배 의 뢰 서

귀사의 무궁한 발전을 기원합니다.
아래와 같이 수배 견적을 의뢰하오니 빠른 회신 부탁합니다.

출국 :
입국 :
PAX :
호텔 :
객실형태 :
전용차량 :

ROOMING LIST

No	Name	Remark	No	Name	Remark
1			6		
2			7		
3					
			8		
4					
5					

2. 백석여행사의 의뢰에 근거하여 랜드사는 일정표를 작성하게 됩니다.
아래의 내용을 바탕으로 일정표를 작성해 보세요. (199-201p 참조)

1. 첫날은 대한항공 늦은 비행기이므로 방콕 수완나폼 국제공항 도착후 시내 호텔에서 휴식
2. 제2일은 아침을 호텔에서 한 후 새벽사원과 왕궁, 수상가옥을 관광
   점심은 한식으로 하고, 오후에 파타야로 이동하여 미니시암 관광 후 저녁을 현지식으로 먹고 호텔에서 휴식
3. 제3일은 아침일찍 호텔에서 식사한 후, 산호섬을 관광하며 해변에서 자유시간을 즐김
   점심을 한식으로 먹고, 농눅빌리지를 관광한 후 현지식으로 저녁식사하고 호텔 휴식
4. 제4일은 호텔 식사 후 체크아웃한 뒤 오전 악어농장 관광하고 방콕으로 이동
   점심을 한식으로 한 뒤 간단한 방콕 시내관광
   현지식으로 저녁식사 후 공항으로 이동
   공항에서 탑승수속 후 새벽 1시 40분 비행기로 방콕 출발

일자	지역	교통	시간	일 정	식사
제1일 7/1(월)					
제2일 7/2(화)					
제3일 7/3(수)					
제4일 7/4(목)					
제5일 7/5(금)					

**3. 현지 여행사는 일정표를 작성한 후 견적금액을 산출해야 합니다.
아래와 같은 조건으로 견적금액을 산출해 보세요.** (181-182p 참조)

〈여행조건〉

여행기간: 3박 5일

인 원 수: 15+1(TC)

지상비: 숙박료 1실 당 1박 60$(조식 포함, TWN USE 조건, TRP는 1박 70$)

식사료 1식 당 10$

교통비: 1일 100$(5일간)

관광지 입장료: 1인당 40$ (전 일정 동안)

현지가이드 & 버스기사 인건비: 1일 $120(5일간)

* 인솔자의 숙박 및 식사, 관광지 입장료는 FOC처리

* 이익률: 10%

내 역	원가(1인 기준)	원가(15인 기준)	산출내역
숙박			
식사			
교통비(버스)			
입장료			
현지가이드&기사 인건비			
소계			
지상수익(이익률 10%)			
견적가격			

4. 견적서 작성

- 견적서는 의뢰한 내용에 대한 모든 내용들에 대한 답변확인 및 견적가격, 일정표가 포함되어 있어야 합니다.
- 호텔, 식사, 교통, 관광지 입장료, 현지 스텝 인건비, 현지 공항세가 포함된 가격에 랜드사의 수익률 10%로 더하여 총 요금이 얼마인지 견적을 제시해야 합니다.
- 요금에 포함되지 않는 것은 전 일정 항공, 여행자보험, 인솔자 출장비, 공동경

비($50/인당), 개인비용 등입니다.

– 수배의뢰시 질의한 싱글차지(SGL SUPP)는 1박에 1인당 $50(방콕, 파타야 공통)입니다.

태국 파타야 산호섬 관광에서는 선택관광을 1인당 $100씩 해야 한다는 조건으로 수배 견적서를 작성해 보세요.

여행생각 H우리 Travel service 베트남, 캄보디아, 태국 전문랜드

Seoul : T(02)123–4567 F(02)123–4568

#Rm(Golden Tower B/D 1306), 191 Choongjungno-2ga, Seodaemun-gu, Seoul, Korea

견 적 서

DATE :

ATTN		FROM	
PAX		GRP	

1. 귀사의 무궁한 발전을 기원합니다.
2. 요청하신 내용에 대하여 아래와 같이 일정 및 견적을 제안하오니 검토 부탁드립니다.

– 아 래 –

1. HTL :
2. FLT :
3. PAX :
4. MEAL : TOTAL
5. BUS :
6. 포함 사항 :
7. 불포함 사항 :
8. 견적금액 :

감사합니다.

날 짜	지 역	교통편	시 간	행 사 일 정	식 사

5. 확정서 작성

(162p 참조)

태국전문 랜드사는 6월 15일 백석여행사에게 확정서를 보내게 된다. 변경사항이 없어 기존 견적서에 기재한 내용을 바탕으로 확정서를 작성하면 된다.

호텔은 방콕에서는 AVANA 호텔, 파타야에서는 JOMTIEN 호텔로 수배 확정되었다.

최종 확정된 일정표를 기재한다. 최종 확정서는 현지여행사에서 보면 일종의 계약이므로 꼼꼼히 작성내용을 확인한다.

현지 공항에서 "백석여행사"피켓을 들고 가이드가 미팅할 것이라는 정보와 호텔 객실 타입 최종확인, 방콕 및 파타야 현지 긴급 연락처 등을 비고란에 적는다.

여행생각 H우리 Travel service 베트남, 캄보디아, 태국 전문랜드

Seoul : T(02)123-4567 F(02)123-4568

#Rm(Golden Tower B/D 1306), 191 Choongjungno-2ga, Seodaemun-gu, Seoul, Korea

확 정 서

DATE :

여행사명		발신	
인원		단체명	
요금		기간	
행사 조건	포함사항		
	불포함사항		
	사용호텔		

날 짜	지 역	교통편	시 간	행 사 일 정	식 사

6. 인보이스 작성

(166p 참조)

수배 확정서를 토대로 6월 17일, 랜드여행사는 백석여행사 고영길 대리에게 총 지상비를 청구하는 인보이스를 송부하게 됩니다.

다음 인보이스 양식을 사용하여 지상비를 청구해 봅시다.

여행생각 H우리 Travel service 베트남, 캄보디아, 태국 전문랜드

Seoul : T(02)123-4567 F(02)123-4568

#Rm(Golden Tower B/D 1306), 191 Choongjungno-2ga, Seodaemun-gu, Seoul, Korea

INVOICE

DATE :

ATTN :
FROM :

귀사의 무궁한 발전을 기원합니다.
아래와 같이 요금을 청구하오니 입금을 부탁드립니다.

-아 래 -

단체명 :
일 정 :
항 공 :
인 원 :

청구내역
① 지상비 :

* 상기 금액을 아래 계좌로 6월 28일까지 입금해 주시기 바랍니다.
* 신한은행 000-000-000000 예금주 : H우리여행사

Chapter 09

여권 및 비자

Chapter

09

여권 및 비자

1 여권의 개념

여권은 자국의 여권을 소지한 여행자에 대하여 자국인임을 증명하고 여행의 목적을 표시하여 자국민이 해외여행을 하는 동안 편의와 보호에 대한 협조를 받을 수 있도록 발급하는 것이다. 따라서 여권은 해외여행을 할 때 반드시 필요한 것이며, 대한민국 정부가 외국으로 출국하는 자국민의 신분을 증명하고 이를 보호하고 구조를 요청하는 공문서의 일종이라 정의할 수 있다.

1) 여권의 쓰임새

여권은 어느 국가를 어떤 목적으로 가는지에 상관없이 누구나 출국 시 반드시 휴대해야 한다.

그 만큼 여권은 쓰임새가 많은데 대략적인 것을 열거하면 다음과 같다.

- 환전할 때/비자 신청과 발급 때/출국 수속과 항공기를 탈 때/현지 입국과 귀국 수속 때
- 면세점에서 면세상품을 구입할 때/국제운전면허증을 만들 때

- 여행자 수표로 지불할 때/여행자 수표의 도난이나 분실 때
- 여권 재발급 신청 할 때
- 출국 때/병역의무자가 병무신고를 할 때와 귀국 신고할 때
- 해외 여행 중 한국으로부터 송금된 돈을 찾을 때

2) 여권의 종류

여권은 소지자 및 사용기간에 따라 다음과 같이 분류할 수 있다.

(1) 사용자에 따른 여권 종류

① 일반여권: 관용여권과 외교관여권 발급대상자가 아닌 일반 국민을 대상으로 발급

② 관용여권: 공무로 국외여행하는 공무원에게 발급

③ 외교관여권: 외교관 신분인 자에게 국외여행 시 발급

그림 9-1 여권의 종류

(2) 사용기간에 따른 종류

① 단수여권: 1회에 한해 출입국할 수 있는 여권

② 복수여권: 여권 유효기간 만료일까지 횟수에 제한 없이 출입국할 수 있는 여권

3) 전자여권의 도입취지

여권위 · 변조 및 여권도용 억제를 통해 여권의 보안성을 극대화하여 궁극적으로 해외를 여행하는 우리 국민들의 편의를 증진시키는 데 그 목적이 있으며, 자동 출입국 심사가 가능한 무인출입국 심사대를 통해 보다 빠르고 편리하게 출입국 심사가 가능해졌다.

① 여권위 · 변조 억제: 전자여권에 내장되는 칩에는 기존 여권에 수록된 정보가 한 번 더 수록되며, 각종 보안 기술이 추가 적용
- 신원정보 면과 칩을 동시에 조작하는 것이 사실상 불가능
- 설사 조작한 경우라고 해도 출입국 과정에서 자동적으로 적발

② 여권도용 억제: 정보 이중 수록을 통해 가장 빈번한 여권위 · 변조 형태인 사진 교체가 방지되며, 2010년부터는 지문 수록 전자여권 발급을 통해 본인 확인 및 도용 억제 기능이 한층 강화(전자여권에 수록되는 지문과 여권 소지인의 지문 비교)

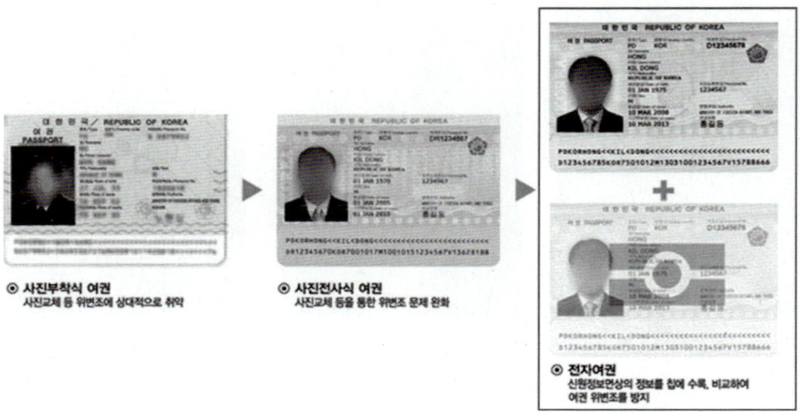

그림 9-2 사진 부착식, 사진 전사식 여권과 전자여권

4) 여권의 구성 및 내용

여권은 수십 페이지의 소책자 형태로 발행되며, 국가마다 기본적인 구성은 비슷한데, 표지, 협조문, 소지인의 인적사항란, 서명란, 유의사항란, 추가기재란, 사증란, 소지인 연락처란, 유의사항란의 순으로 구성되어 있다.

인적사항란의 적힌 내용들은 다음과 같다.

순번	영문표기	내용
1	TYPE	PM
2	COUNTRY CODE	KOR
3	PASSPORT NO.	발행기관 CODE + 8자리 숫자
4	SURNAME	성
5	GIVEN NAME	이름
6	NATIONALITY	국적(REPUBLIC OF KOREA)
7	DATE OF BIRTH	생년월일(일, 월, 년 순으로)
8	PERSONAL NO.	주민등록번호
9	DATE OF ISSUE	발행일(일, 월, 년 순으로)
10	DATE OF EXPIRY	만료일(일, 월, 년 순으로)
11	AUTHORITY	MINISTRY OF FOREIGN AFFAIRS AND TRADE

5) 여권의 발급절차

여권은 2008년 이후부터 본인이 직접 신청하도록 제도가 바뀌었다. 그 이유는 위 · 차명여권의 발급 방지와 함께 여권도 신분증이므로 신분증 발급의 기본 절차를 따라야 한다는 점에서 이제는 여행사에서 대신 발급해 주는 서비스가 불가능하게 되었다.

여권의 발급을 위한 구비서류는 발급신청서와 여권용 사진 1매, 신분증(주민등록증, 운전면허증, 공무원증)으로 간단하며, 각 구청이나 시청의 여권발급기관에서 신청을 하면 된다.

다만 다음과 같은 경우에는 추가적인 서류가 필요하다.

- 재외공관에서의 신청한 경우: 주재국의 체류허가서(입국비자 등)

- 18세 이상 35세 이하 남자의 경우
- 국외여행허가서(25세 이상 35세 이하)
- 기타 병역 관계 서류

- 미성년자(18세 미만)의 경우
- 여권 발급동의서(동의자가 직접 신청하는 경우는 생략)
- 동의자의 인감증명서(여권 발급동의서에 날인된 인감과 동일 여부 확인)
- 기본증명서 및 가족관계증명서

(1) 여권사진 규정

· 가로 3.5cm, 세로 4.5cm인 6개월 이내 촬영한 천연색 상반신 정면 탈모사진으로 머리의 길이(정수리부터 턱까지)가 3.2~3.6cm이어야 합니다.
· 바탕색은 흰색이어야 합니다.

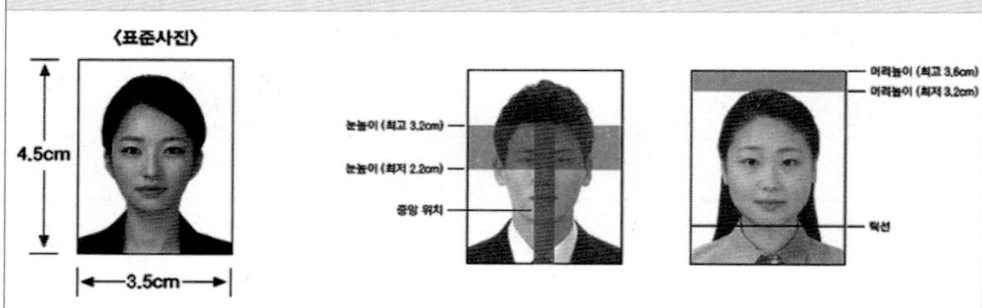

- 부적합 사진
- 복사한 사진, 포토샵으로 수정한 사진, 접히거나 손상된 사진
- 즉석사진, 개인용 디카 사진
- 선글라스 또는 칼라 렌즈 착용, 눈동자 적목현상 등

(2) 여권의 발급흐름

여권의 발급흐름은 신청서 작성(전자여권 발급신청서) → 접수 → 신원조사 확인 → 각

지방 경찰청(정보과 신원반) → 결과회보 → 여권서류심사 → 여권제작 → 여권교부의 순으로 진행되며, 이상이 없을 경우 대략 3~4일 정도면 발급이 이루어지고 있다.

■ 여권법 시행규칙 [별지 제1호서식] <개정 2014.5.2>

전자여권용

여 권 (재)발 급 신 청 서

※ 검은색 펜으로 색깔있는 부분 안에만 적습니다. (앞쪽)

사 진 · 6개월 이내 촬영한 천연색 상반신정면 사진 (귀가 보여야 함) · 흰색 바탕의 무배경 사진 · 색안경과 모자 착용 금지 · 가로 35㎜, 세로 45㎜ [머리 (턱부터 정수리까지) 길이 : 32㎜~36㎜]	접 수 번 호		신원조사접수번호	
	접 수 연 월 일		신원조사회보일	
	여 권 번 호		신 원 조 사 결 과	
	발 급 연 월 일		여 권 유 효 기간	
	여권종류	□ 일반 □ 거주 □ 관용 □ 외교관 여행증명서(□왕복 □편도)		여권면수
	여권기간	□ 10년 □ 5년 □ 5년미만 □ 단수(1년) □ 잔여기간		□ 24 □ 48

※ 뒷쪽의 유의사항과 영문성명 기재방법을 읽고 신중히 기재하여 주시기 바랍니다.

성명	한글		
	영문(대문자)	성	
		이름	
배우자의 성(姓) 영문(대문자)			※ 원하는 경우에만 기재하시기 바랍니다.
주민등록번호		–	

※ 국내거주 중일 경우 국내 주민등록상의 주소와 전화번호를, 해외거주 중일 경우 거주국 주소와 전화번호를 정확하게 기재하시기 바랍니다.

주소			
전화번호		휴대전화	- -
등록기준지(뒷쪽을 참고하여 해당하는 사람만 적습니다)			

※ 긴급연락처는 본인 외의 가족 등의 연락처를 기재하시기 바랍니다(해외여행 중 각종 사고 발생 시 재외국민 보호를 위하여 필요합니다).

긴급연락처	성명		관계		전화번호 (휴대전화)	( )
	주소					

※ 여권 명의인의 나이가 만18세 미만인 경우에는 법정대리인(부모·친권자 또는 후견인)의 인적사항을 기재하시기 바랍니다.

법정대리인	성명		관계	
	주민등록번호	–		

※ 해외거주 중일 경우에는 추가로 아래 사항을 기재하시기 바랍니다.

영 주 권	번 호		거 주 국	입국일	
	취 득 일			체류자격	

위에 기재한 내용은 사실이며, 「여권법」 제9조 또는 제11조에 따라 여권의 (재)발급을 신청합니다.

※ 행정정보 공동이용 등을 통하여 여권발급에 필요한 사항(『병역법』에 따른 병역관계 서류, 『가족관계의 등록 등에 관한 법률』에 따른 가족관계등록전산정보자료, 『주민등록법』에 따른 주민등록전산정보자료, 『출입국관리법』에 따른 출입국전산정보자료)을 확인하는 것에 동의합니다.

년 월 일

신청인(여권명의인) 성명 (서명 또는 인)

외 교 부 장 관 귀 하

특이사항				(영수확인)	(납입확인)
심사란	접 수 자	심 사 자	발 급 자		

210㎜×297㎜[백상지 120g/㎡]

그림 9–3 여권발급신청서

(3) 여권분실 시 유의사항

여권은 본인의 신분을 증명하는 신분증명서로서의 중요한 기능을 가지므로 철저한 관리가 필요한데, 분실 시 3자가 습득하여 위 · 변조 후 나쁜 목적으로 악용 시 큰 피해가 예상되기 때문이다.

여권분실 시에는 가까운 여권발급기관(전국 168개 광역 및 기초자치단체)에 여권분실 사실을 신고해야 하며, 만약 해외여행 중 여권을 분실했다면 가까운 대사관 또는 총영사관에 여권분실 신고 후 여행증명서나 단수여권을 발급받아야 하며 분실 신고된 여권은 즉시 효력이 정지된다.

만일의 경우를 대비해서 여행 전에 여분의 사진과 여권의 유효기간 및 여권번호를 수첩에 꼭 적어 두거나 기재 사항 면을 복사해서 여권과 별도로 가지고 다니도록 여행객에게 주지시킨다.

6) 국외여행 허가제도

국외여행 허가제도란 군 복무를 마치지 아니한 사람이 국외여행을 하고자 할 때에는 거주지의 지방병무청장의 허가를 받도록 하는 제도이다. 2007년 1월 1일부터 「24세 이하 해외여행 허가제 폐지」로 24세 이하는 국외여행을 허가 없이 갈 수 있게 되어 25세 이상 병역의무자로서 병역을 마치지 아니한 사람만 국외여행 허가를 받도록 하고 있다.

(1) 허가대상

① 제1국민역

② 공익근무요원

③ 전문요원, 산업기능요원, 공중보건의사, 국제협력의사, 징병용 전담의사, 공익법무관 및 예비역 장교 또는 부사관으로서 의무 종사기간을 마치지 아니한 사람

④ 보충역으로 소집되지 아니한 사람

(2) 구비서류

① 국외여행 허가신청서

② 여행허가목적별 증빙서류

2 사증(visa)의 개념

비자는 방문하고자 하는 상대국의 정부에서 입국을 허가해 주는 일종의 허가증을 의미하는데 정확히는 여행국의 영사가 여행자의 입국 자격을 증명하고 본국에 추천하는 것이다.

따라서 엄밀한 의미에서 비자 자체가 입국 허가증이라 할 수는 없다. 입국 허가는 그 국가의 입국 심사관에 의해 이루어지는 것이다. 비자에는 입국의 종류와 목적, 체류기간 등이 명시되어 있으며 여권의 사증란에 스탬프나 스티커를 붙여 발급된다.

비자발급을 위해서는 상대국 대사관이나 영사관을 방문하여 해당 국가가 요구하는 서류 및 비자발급수수료를 지불해야 하며 경우에 따라서는 인터뷰도 거쳐야 하는 등 번거로운 측면이 있다. 이를 해결하기 위해 우리나라는 많은 국가와 '사증면제협정'을 맺고 있다. 사증면제제도(Visa Waiver Agreement)란 국가 간 협정이나 일방 혹은 상호조치에 의해 비자 없이 상대국에 입국할 수 있는 제도로서 해당 국가들은 단기간의 여행 시에는 비자가 필요하지 않으나 허용하는 기간을 초과하여 체류할 때에는 반드시 체류목적에 맞는 비자를 발급받아야 한다.

사증면제제도는 대체로 관광, 상용, 경유 목적일 때 적용이 되며 2015년 6월 기준 일방 혹은 상호주의에 의해 입국이 가능한 곳을 합해 총 120개 국가 또는 지역에 무비자 체류가 가능하다.

표 9-1 국가/지역별 무사증 체류 기간(일반여권 소지자)

총 120개 국가 또는 지역에 무사증 체류 가능 [2015. 6. 16. 기준]

적용대상	국가/지역
아주지역 (14개)	뉴질랜드(90일/협정) 대만(90일/상호주의) 브루나이(30일/상호주의) 라오스(15일/일방적 면제) 싱가포르(90일/협정) 일본(90일/상호주의) 말레이시아(90일/협정) 태국(90일/협정) 필리핀(30일/일방적 면제) 베트남(15일/일방적 면제) 마카오(90일/상호주의) 홍콩(90일/상호주의) 몽골(30일/일방적 면제, 최근 2년 이내 4회, 통산 10회 이상 입국자에 한함) 인도네시아(30일/일방적 면제)
미주지역 (33개)	가이아나(90일/상호주의) 바베이도스(90일/협정) 아르헨티나(90일/상호주의) 과테말라(90일/협정) 바하마(90일/협정) 아이티(90일/협정) 그레나다(90일/협정) 베네수엘라(90일/협정) 안티구아바부다(90일/협정) 니카라과(90일/협정) 브라질(90일/협정) 에콰도르(90일/상호주의) 도미니카(공)(90일/협정) 세인트루시아(90일/협정) 엘살바도르(90일/협정) 도미니카(연)(90일/협정) 세인트빈센트그레나딘(90일/협정) 온두라스(90일/상호주의) 멕시코(90일/협정) 세인트키츠네비스(90일/협정) 우루과이(90일/협정) 미국(90일/상호주의) 수리남(90일/협정) 자메이카(90일/협정) 칠레(90일/협정) 콜롬비아(90일/협정) 파라과이(30일/상호주의) 캐나다(6개월/상호주의) 트리니다드토바고(90일/협정) 페루(90일/협정) 코스타리카(90일/협정) 파나마(90일/협정) 벨리즈(90일)
유럽지역 (48개)	쉥겐협약 가입국(26개)
	그리스(90일/협정) 몰타(90일/협정) 오스트리아(90일/협정) 네덜란드* (90일/협정) 벨기에(90일/협정) 이탈리아* (90일/협정 및 상호주의) 노르웨이(180일 중 90일/협정) 스웨덴(180일 중 90일/협정) 체코(90일/협정) 덴마크(180일 중 90일/협정) 스위스* (90일/협정) 포르투갈* (60일/협정) 독일(90일/협정) 스페인(90일/협정) 폴란드(90일/협정) 라트비아* (90일/협정) 슬로바키아* (90일/협정) 프랑스* (90일/협정) 룩셈부르크* (90일/협정) 슬로베니아* (90일/상호주의) 핀란드* (180일 중 90일/협정) 리투아니아(90일/협정) 아이슬랜드(180일 중 90일/협정) 헝가리(90일/협정) 리히텐슈타인* (90일/협정) 에스토니아* (180일 중 90일/협정)
	비쉥겐국

적용대상	국가/지역	
유럽지역 (48개)	러시아(60일, 180일 중 누적 90일) 불가리아(90일/협정) 우크라이나(90일/일방적 면제) 루마니아(90일/협정) 사이프러스(90일/상호주의)	아일랜드(90일/협정) 키르기즈(60일/일방적 면제) 몬테네그로(90일/상호주의) 안도라(90일/상호주의) 터키(90일/협정)
유럽지역 (48개)	조지아(360일/일방적 면제) 마케도니아 (1년 중 누적 90일/일방적 면제) 산마리노(90일/상호주의) 코소보(90일/일방적 면제) 세르비아(90일/상호주의) 크로아티아(90일/상호주의) 모나코(90일/상호주의)	몰도바(180일 중 90일, 일방적 면제) 알바니아(90일/상호주의) 카자흐스탄(30일/협정) 보스니아 헤르체고비나 (90일/상호주의) 영국*(최대 6개월/협정 및 일방적 면제)
대양주 (12개)	괌(45일/VWP 90일/상호주의) 사모아(60일/상호주의) 투발루(30일/상호주의) 마샬군도(30일/상호주의) 솔로몬군도(1년 내 90일/상호주의) 팔라우(30일/상호주의) 마이크로네시아(30일/상호주의)	키리바시(30일/상호주의) 피지(4개월/상호주의) 바누아투(1년 내 120일/일방적 면제) 통가(30일/상호주의) 북마리아나연방(45일/VWP 90일/상호주의)
아프리카 · 중동지역(13개)	남아프리카공화국(30일/상호주의) 모리셔스(16일/상호주의) 아랍에미리트(30일/상호주의) 라이베리아(90일/협정) 보츠와나(90일/일방적 면제) 오만(30일/상호주의) 레소토(60일/협정)	세이쉘(30일/상호주의) 이스라엘(90일/협정) 모로코(90일/협정) 스와질란드(60일/상호주의) 튀니지(30일/협정) 카타르(30일/상호주의)

[알림]

※ 미국: 출국 전 전자여행허가(ESTA) 신청 필요

※ 괌, 북마리아나연방(수도: 사이판): 45일간 무사증입국이 가능하며, 전자여행허가(ESTA) 신청 시 90일 체류 가능

※ 이탈리아: 협정상의 체류 기간은 60일이나 상호주의로 90일간 체류 기간 부여(2003. 6. 15)

※ 쉥겐국 중 네덜란드, 라트비아, 룩셈부르크, 리히텐슈타인, 스위스, 슬로바키아, 슬로베니아, 에스토니아, 이탈리아, 포르투갈, 프랑스, 핀란드는 26개 쉥겐국 합산, 최종 출국일 기준 이전 180일 이내 90일 체류 가능(쉥겐협약 우선 적용)

※ 영국: 협정상의 체류 기간은 90일이나 영국은 우리 국민에게 최대 6개월 무사증입국 허용
(무사증입국 시 신분증명서, 재정증명서, 귀국항공권, 숙소정보, 여행계획 등 제시필요(주영국대사관 홈페이지 참조)

1) 사증의 종류

(1) 입국목적별

① 입국비자: 관광비자, 상용비자, 유학비자, 취업비자, 이민비자 등

② 통과 또는 경유비자: 제3국으로 가는 도중 경유지에 들리는 경우, 단기간 체류를 위해 발급해 주는 비자

- TWOV(Transit Without VISA): TWOV는 비자가 있어야만 입국할 수 있는 국가를 체류가 아닌 단순 경유할 때 무비자로 통과하는 것을 의미하며 9 · 11사태 이후로 미국경유는 무조건 미국비자가 있어야 가능하다.

(2) 사용횟수별

① 단수비자: 유효기간 내 1회만 사용

② 복수비자: 유효기간 내 몇 번이라도 사용가능

2) 주요 국가별 비자의 이해

(1) 미국

미국의 비자는 2008년 비자면제 프로그램이 도입되면서 비자 없이 여행할 수 있는 국가가 되었다. 그러나 비자가 없어졌다 하더라도 4가지 조건을 충족해야 하는데 그 조건은 다음과 같다.

① 전자여권 소지자

② 미국 내 90일 이내 체류(출발일 기준 3개월 이내 귀국일이 명시된 왕복 항공권 필요)

③ 관광 및 상용 목적

④ 사전 인터넷 ESTA 시스템에 접속하여 필요사항을 입력 후 최종 승인을 받은 자

ESTA란 Electronic System for Travel Authorization(전자여행승인 시스템)의 약자로, 미국 사증면제프로그램을 이용하여 항공이나 선박으로 입국하는 여행객들은 사전

에 필요한 사항을 국토안보부의 웹사이트에서 등록하고 인증을 받아야 한다.

입력해야 할 정보들은 성명, 연령, 주소, 여권내용, 여행내용(항공 편, 방문도시, 체재 장소 등), 전염병 감염 여부 등이다.

인증을 받지 못한 사람들은 항공사에서 탑승 거부를 당하게 되며, 한 번 인증을 받으면 2년간 유효(여권 유효 기간 한도 내에서)하다.

전자여권 발급
▼
전자여행허가제(ESTA)사이트 접속
▼
신상정보, 여행계획 정보입력 후 허가신청
▼
신청 번호 확인
▼
입국허가 통지 확인
▼
출국

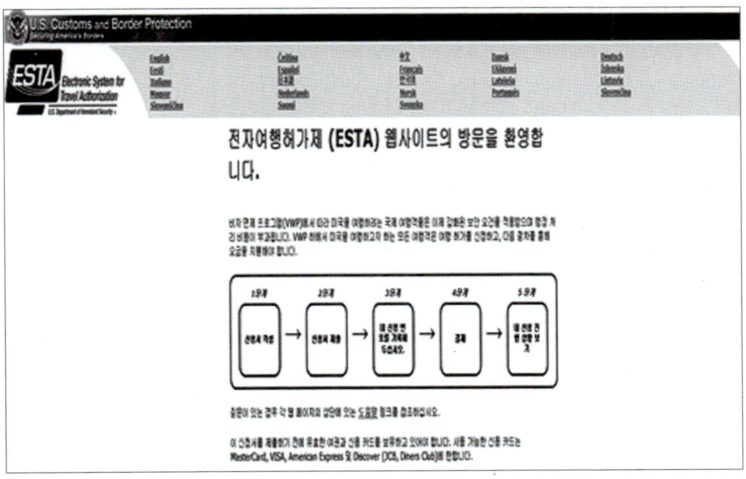

개인이나 단체가 미국으로 여행하려면 새로운 허가를 신청하십시오.	한 명 또는 그 이상의 여행객에 대해 미국 여행을 위해 이전에 제출한 허가를 검색합니다.
다음의 모든 사항에 해당이 되면 이 경우를 선택하십시오. • 귀하는 비자 면제 프로그램에 참여하는 국가의 국민이거나 자격 있는 동포여야 합니다. • 귀하는 현재 방문 비자를 가지고 있지 않습니다. • 여행 기간이 90일 이하입니다. • 귀하의 미국 방문 목적은 사업상 혹은 관광 목적입니다. • 귀하께서는 한 명 또는 두 명 이상의 그룹 신청을 위해 신규 허가를 신청하려고 합니다. 누가 비자면제 프로그램(VWP) 을 이용할수 있습니까? [신청]	**한 번 이상 전자 여행허가 신청서를 이미 제출했고 제출했던 신청에 대해 아래 사항을 확인하려면 이 경우를 선택하십시오.** • 검토하기 • 신청서 수정하기 어떤 정보를 갱신해야 합니까? • 지불하기 • ESTA 상황 보기 • 지불 영수증 보기 [신청서 불러오기]

전자 여행 허가 신청이 승인되면 여행할 자격을 보유하게 되지만, 이것이 비자 면제 프로그램을 통해 미국에 입국할 수 있다는 의미는 아닙니다. 미국에 도착하면, 귀하는 입국장에서 미국 세관 및 국경 보호국 직원에 의해 검사를 받은 후 비자 면제 프로그램 혹은 미국법의 다른 이유에 따라 입국 여부가 결정될 것입니다.

전자 여행 허가 시스템에서 부적격 판정이 내려지더라도 미국 여행을 위한 비자 신청이 불가능한 것은 아닙니다.

귀하 또는 귀하를 대신하여 지정한 제 3자가 제공한 정보가 모두 진실이며 사실이어야 합니다. 전자 여행 허가는 새로운 정보가 자격 여부에 영향을 미치는 등 어떤 이유로든 언제든지 무효화할 수 있습니다. 귀하 혹은 귀하의 대리인이 제출한 전자 여행 허가 신청에 고의 및 의도적으로 거짓, 위조 혹은 사기성 진술 및 표현이 있을 경우에는 행정 및 형사상 처벌을 받게 됩니다.

경고: 입국항에서 CBP 직원이 비자 면제 프로그램(VWP)에 따라 입국을 승인한 경우, VWP 방문 기간 중에는 비인가된 고용 수락이나 입학, 또는 외국의 정보 미디어를 대표할 수 없습니다. 이민국적법의 245(c)(4)가 해당될 경우를 제외한 1) 비이민자 신분의 변경, 2) 체류 연장, 또는 3) 임시 또는 영구 거주민으로의 신분 조정 신청이 불가합니다. 이 조건들을 위반하는 경우 국외 추방 대상이 됩니다.

위 정보를 모두 읽고 이해했으며 그에 대한 동의 여부를 선택하십시오.

◎ **예, 정보를 읽고 이해했으며 이 조건에 동의합니다.**
◉ **아니오. 추가적인 내용이 필요하거나 내용에 동의하지 않습니다.**

[취소] [다음]

2009년 여행 진흥 법안

2010년 3월 6일 오바마 대통령은 2009년 여행 진흥 법안(TPA: Pub. L. No. 111-145)에 서명했습니다. 이 법안에서는 국토안보부 장관이 ESTA 시스템의 이용자에게 수수료를 부과할 것을 명시하고 있습니다. 미국 여행 허가를 받는 VWP 신청자 개인 당 $10.00, ESTA 신청서 처리 수수료로 $4.00 부과됩니다. VWP에 따른 미국 여행 허가가 거부된 신청자에게는 $4.00만이 청구됩니다. 요금은 신용 카드로만 지불할 수 있습니다. 신청자는 신청서에 입력한 데이터를 저장했다가 차후에 결제 정보를 입력할 수도 있습니다. 단, 모든 결제 정보 입력을 마치기 전까지 신청서 제출 및 처리가 되지 않습니다.

경고: 행정 수수료는 신용 카드로 결제 가능합니다. 모든 신청자는 자신의 ESTA와 신용 카드 정보를 정확히 입력해야 합니다. 정보가 올바르지 않게 입력된 경우 신청자에게 재신청에 대한 추가 비용이 부과될 수 있습니다. 신청서 내용 갱신 시에는 추가 비용이 청구되지 않습니다. 결제를 마치지 않은 신청자는 여행 허가를 받지 못하며 모든 미국행 항공 또는 선박편 탑승이 불허됩니다. 신청자가 요금 결제를 중지하는 경우 이 신청자의 여행 승인은 취소됩니다. CBP는 신청자의 신용 카드 회사가 거래 수수료로 청구할 수 있는 추가 비용에 대해 책임을 지지 않습니다. 신청 과정의 "신청" 버튼을 누름으로써 신청자는 ESTA 시스템 사용에 대해 CBP에서 청구한 모든 수수료에 대해 분쟁을 일으키지 않을 것이며 결제 후 환불이 불가함에 동의하는 것입니다.

위 정보를 모두 읽고 이해했으며 그에 대한 동의 여부를 선택하십시오.

◎ **예, 정보를 읽고 이해했으며 이 조건에 동의합니다.**
◉ **아니오. 추가적인 내용이 필요하거나 내용에 동의하지 않습니다.**

[취소] [다음]

신청서 정보

성 *

KO

이름 *

YOUNG KIL

태어난 국가 *

SOUTH KOREA (KOR)

국적 *

SOUTH KOREA (KOR)

거주 국가 *

SOUTH KOREA (KOR)

전화번호

국가 코드 Korea (South) (+82)

번호 027891234

생일

일 * 1

월 * 1월

년 * 1990

성별 (남성/여성) *

◉ 남성 ○ 여성

전자메일 주소

11111111@NAVER.COM

여권 정보

여권번호 *

JR1234567

여권 번호에는 숫자 및/또는 문자가 포함될 수 있습니다. 숫자 영(0)과 일(1) 그리고 문자 O와 I과 같이 두 글자 간을 구분하십시오.

여권 발행 국가 (국적) *

SOUTH KOREA (KOR)

여권 발행일

일 * 1

월 * 1월

년 * 2012

여권 만료일

일 * 1

월 * 1월

년 * 2022

여행 정보

탑승 도시

이 여행 중 미국에 도착하기 전에 항공기에 탑승할 마지막 도시를 입력하십시오. 이 신청서를 작성할 때 신청자가 탑승하는 도시는 선택 항목입니다.

ICN

운수업체 정보

운수업체 이름 Asiana Airlines, Inc.

항공편 번호 또는 선박 이름 OZ203

미국 내 주소

주소 1

LAMADA CONVENTION HOTEL

주소 2

시

LOS ANGELES

주

CALIFORNIA

다음 중 귀하에게 적용되는 사항이 있습니까?(예/아니오로 선택)

질문에 대한 도움이 더 필요한 경우 선택하십시오.

A) 귀하는 전염성 질병; 신체적 또는 정신적 장애를 가지고 있습니까; 또는 약물 남용/중독자입니까? * ○ 예 ◉ 아니오

B) 규제 약물과 관련한 위반 혹은 부도덕한 범죄 또는 법률 위반으로 유죄선고를 받거나 체포된 적이 있습니까; 혹은 총 5년 이상의 구금 판결을 받은 2회 이상의 법률 위반으로 유죄선고를 받거나 체포된 적이 있습니까; 혹은 규제 약물상을 한 적이 있습니까; 혹은 범죄 및 비도덕적 행위를 위해 입국을 시도하고 있습니까? * ○ 예 ◉ 아니오

C) 현재 혹은 예전에 첩보활동, 사보타주, 혹은 테러리스트 활동, 혹은 집단학살에 연루된 적이 있거나 연루되어 있습니까; 혹은 1933년에서 1945년 사이에 어떤 방법으로든 독일 나치 및 그 동맹국과 관련된 박해에 관련된 적이 있습니까? * ○ 예 ◉ 아니오

D) 미국에서 취업할 예정이십니까; 혹은 예전에 미국에서 국외로 추방당한 적이 있습니까; 혹은 허위 또는 사기로 미국에 입국을 시도하거나 비자를 발급 혹은 발급 받으려고 한 적이 있습니까? * ○ 예 ◉ 아니오

E) 미국 시민권이 있는 어린이를 구류, 유치하거나 혹은 보호한 적이 있습니까? * ○ 예 ◉ 아니오

F) 예전에 미국 비자 혹은 미국 입국을 거부당하거나 미국 비자가 취소된 적이 있습니까? * ○ 예 ◉ 아니오

있는 경우:
언제
어디서

G) 기소 면제를 받은 적이 있습니까? * ○ 예 ◉ 아니오

권리의 포기: 본인은 ESTA를 통해 얻은 본인의 여행 허가 기간, 입국 여부에 관한 미국 세관 및 국경 보호국 직원의 결정, 또는 망명 신청에 기초한 것 외의 비자 면제 프로그램에 따른 입국 신청으로 인해 발생한 이송 행위를 검토하거나 탄원하기 위한 권리를 포기한다는 사실을 읽고 이해하였습니다.

위 포기사항과 더불어, 비자 면제 프로그램에 따른 미국 입국 조건으로, 본인은 미국 도착 시 생체 인식 확인 (지문 및 사진 포함)에 따르는 것으로 입국 여부에 관한 미국 세관 및 국경 보호국 직원의 결정, 또는 망명 신청에 기초한 것 외의 비자 면제 프로그램에 따른 입국 신청으로 인해 발생한 이송 행위를 검토하거나 탄원하기 위한 권리를 포기한다는 것을 다시 한 번 확인해야 한다는 것에 동의합니다.

☑ * **증명:** 신청인인 본인은 본 신청서의 질문과 진술 모두를 읽었거나 읽게 되었음을, 그리고 본 신청서의 질문과 진술 모두를 이해하고 있음을 증명합니다. 본 신청서의 답변 및 정보는 본인이 아는 바 모두 진실이며 사실입니다.

☑ 신청인을 대신하여 신청서를 제출하는 제 3자의 경우, 본인은 신청서에 표시된 이름의 개인에게 모든 신청서 상의 모든 질문과 진술을 읽어주었음을 증명합니다. 또한 신청인이 신청서 상의 모든 질문과 진술을 읽었음을 증명하고, 신청서 상의 모든 질문과 진술을 이해하며, 입국 여부에 관한 미국 세관 및 국경 보호국 직원의 결정, 또는 망명 신청에 기초한 것 외의 비자 면제 프로그램에 따른 입국 신청으로 인해 발생한 이송 행위를 검토하거나 탄원하기 위한 권리를 포기한다는 것을 본인이 증명합니다. 본 신청서의 답변 및 정보는 신청인이 아는 바 모두 진실이며 사실입니다.

[취소] [초기화] [다음]

ESTA Electronic System for Travel Authorization
U.S. Department of Homeland Security

신청서 제출

신청서를 제출하기 전에 모든 정보가 정확한지 검토하십시오. 부정확한 부분이 있으면, 예전 버튼을 눌러 신청서의 정보를 올바르게 수정하십시오.

신청서 정보

성: KO

이름: YOUNG KIL

태어난 국가: SOUTH KOREA (KOR)

국적: SOUTH KOREA

거주 국가: SOUTH KOREA (KOR)

생일
일: 1
월: 1
년: 1990

성별 (남성/여성): M (남성)

전자메일 주소: 11111111@NAVER.COM

전화번호
국가 코드: 82
번호: 027891234

여권 정보

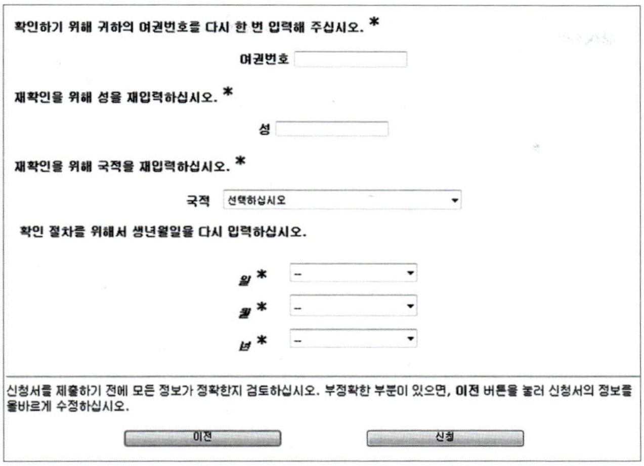

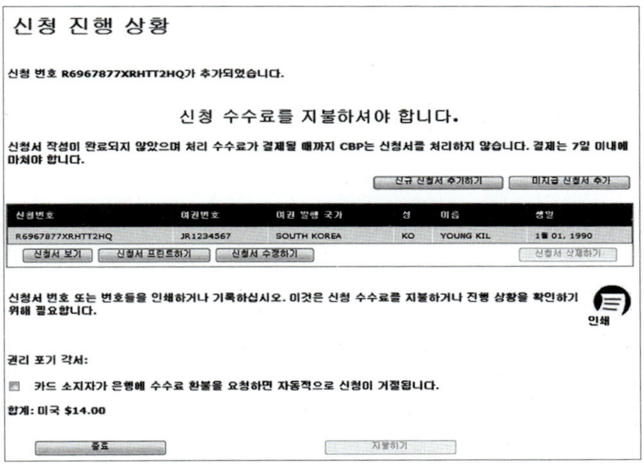

그림 9-4 미국 비자면제프로그램(VWP: Visa Waiver Program)

(2) 일본

2006년 3월 1일 이후 일반여권을 소지한 한국인은 단기체재 목적으로 일본에 입국하는 경우 비자가 면제된다.

(3) 중국

여행사를 통해 단체여행으로 중국을 방문하는 여행객들은 1회에 한하여 사용할 수 있는(단수비자) 단체비자를 주로 발급받는다.

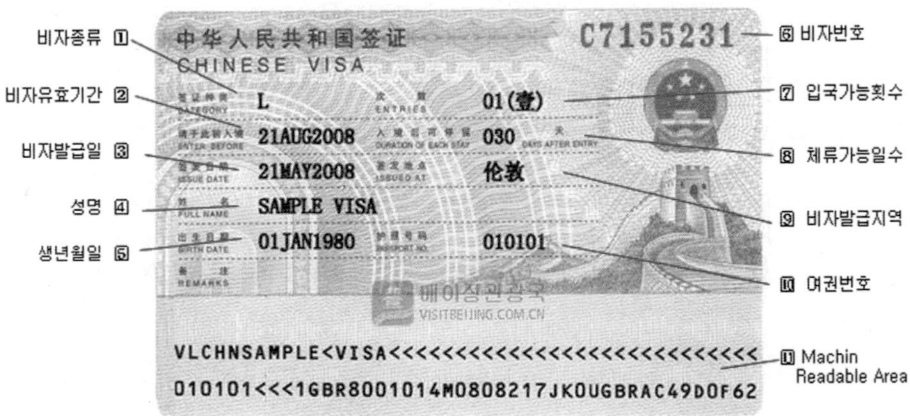

그림 9-5 중국비자

출처: 베이징 관광국.

① 필요서류

- 여권원본, 신분증 복사본
- 여권용 사진 1매
- 비자신청서
- 중국 측 호텔의 예약확인서, 왕복항공권 또는 연결항공권

Form V.2013

中华人民共和国签证申请表

중화인민공화국 비자신청서

Visa Application Form of the People's Republic of China

(For the Mainland of China only)

신청인은 사실에 근거하여 정확하게 신청서를 작성하고, 모든 항목은 빈칸에 한글 또는 영문 대문자로 기재하며 , □칸에는 해당사항을 √로 표시하시기 바랍니다. 만약 해당사항이 없을 경우 "없음" 이라고 기재해 주시기 바랍니다.

The applicant should fill in this form truthfully , completely and clearly. Please type the answer in capital English letters in the space provided or tick (√) the relevant box to select. If some of the items do not apply, please type N/A or None.

1. 개인정보 Part 1: Personal Information

1. 1영문 이름 Full English name as in passport	성 Last name		최근 촬영한 정면 탈모 사진으로 옅은색 바탕의 여권용 사진 한 장을 부착합니다. 사진/Photo Affix one recent color passport photo (full face, front view, bareheaded and against a plain light colored background).
	Middle name		
	명 First name		
1.2 한자 이름 Name in Chinese		1.3 기타 이름 Other name(s)	
1.4 성별 Sex □ 남 M □ 여 F		1.5 생년월일 DOB(yyyy-mm-dd)	
1.6 현재 국적 Current nationality(ies)		1.7 이전 국적 Former nationality(ies)	
1.8 출생지 (시, 도, 국) Place of birth(city, province/state,country)			
1.9 주민등록번호 Local ID/ Citizenship number			
1.10 여권 종류 Passport/Travel document type		□ 외교 Diplomatic □ 관용 Service or Official □ 일반 Ordinary □ 기타(설명필요) Other (Please specify):	
1.11 여권 번호 Passport number		1.12 여권 발급일자 Date of issue(yyyy-mm-dd)	
1.13 여권 발급지 Place of issue		1.14 여권 만료일자 Date of expiry(yyyy-mm-dd)	

1.15 직업 (복수선택가능) Current occupation(s)	□ 사업가 Businessperson □ 회사원 Company employee □ 연예인 Entertainer □ 농、공업인 Industrial/Agricultural worker □ 학생 Student □ 승무원 Crew member □ 자영업 Self-employed □ 무직 Unemployed □ 퇴직 Retired □ 기타(설명필요) Other (Please specify):	□ 전/현직의원 Former/incumbent member of parliament 직위 Position__________ □전/현직공무원 Former/incumbent government official 직위 Position__________ □현역군인 Military personnel 직위 Position__________ □ 비정부기구 직원 NGO staff □ 종교인 Religious personnel □ 언론인 Staff of media
1.16 최종학력 Education	□ 석,박사 Postgraduate □ 기타(설명필요) Other (Please specify):	□ 대졸 College
1.17 직장/학교 Employer/School	명칭 Name	전화번호 Phone number
	주소 Address	우편번호 Zip Code

第1页 共4页 / Page 1 of 4

*편의상 첫 페이지만 발췌.

그림 9-6 중국비자신청서

② 소요 기간 및 비용

- 관광 30일(비자 유효 기간은 3개월, 체류 기간은 30일)
- 개인비자: 43,000(4일 소요), 70,000(2일 소요)
- 단체비자: 20,000(4일 소요), 35,000(2일 소요)

일반적으로 패키지여행으로 중국을 방문하는 경우, 여행사에서는 단체 비자를 신청 · 발급받게 된다. 단체 비자로 중국에 입국하여 입국심사를 받을 때에는 단체 비자에 나와 있는 명단 순서대로 줄을 서서 명단 첫 번째에 기재되어 있는 여행객이 단체 비자를 제출하고 명단 제일 마지막에 적혀 있는 승객이 최종 심사를 받은 후 단체 비자를 돌려받아 보관하고 있어야 한다.

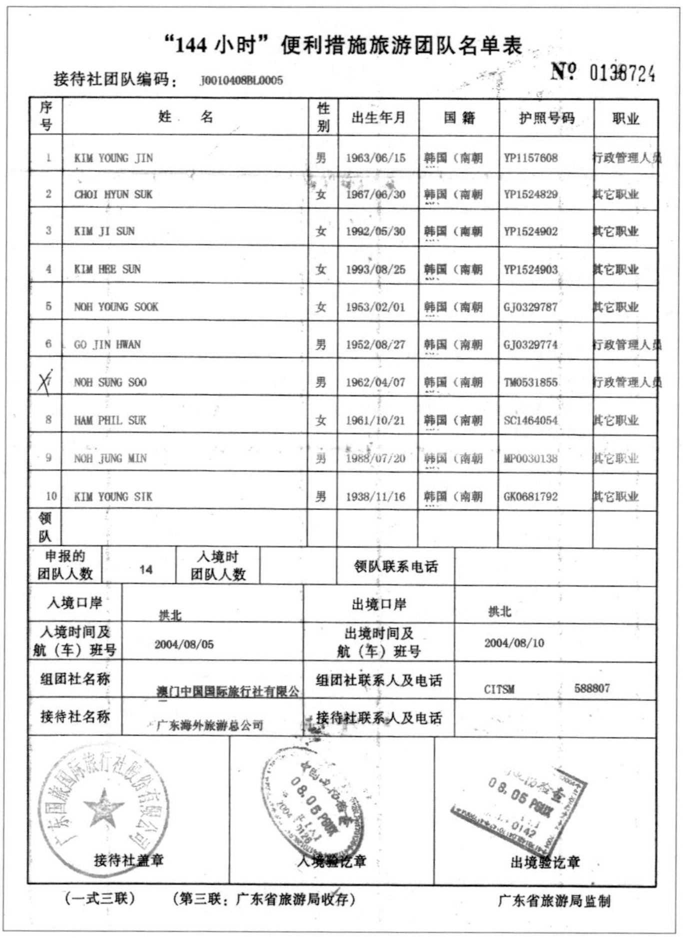

"144 小时"便利措施旅游团队名单表

接待社团队编码: J0010408BL0005　　　　№ 0138724

序号	姓　名	性别	出生年月	国籍	护照号码	职业
1	KIM YOUNG JIN	男	1963/06/15	韩国（南朝	YP1157608	行政管理人员
2	CHOI HYUN SUK	女	1967/06/30	韩国（南朝	YP1524829	其它职业
3	KIM JI SUN	女	1992/05/30	韩国（南朝	YP1524902	其它职业
4	KIM HEE SUN	女	1993/08/25	韩国（南朝	YP1524903	其它职业
5	NOH YOUNG SOOK	女	1953/02/01	韩国（南朝	GJ0329787	其它职业
6	GO JIN HWAN	男	1952/08/27	韩国（南朝	GJ0329774	行政管理人员
7	NOH SUNG SOO	男	1962/04/07	韩国（南朝	TM0531855	行政管理人员
8	HAM PHIL SUK	女	1961/10/21	韩国（南朝	SC1464054	其它职业
9	NOH JUNG MIN	男	1988/07/20	韩国（南朝	MP0030138	其它职业
10	KIM YOUNG SIK	男	1938/11/16	韩国（南朝	GK0681792	其它职业
领队						

申报的团队人数	14	入境时团队人数		领队联系电话	

入境口岸	拱北	出境口岸	拱北
入境时间及航（车）班号	2004/08/05	出境时间及航（车）班号	2004/08/10
组团社名称	澳门中国国际旅行社有限公	组团社联系人及电话	CITSM　588807
接待社名称	广东海外旅游总公司	接待社联系人及电话	

接待社盖章	入境验讫章	出境验讫章

（一式三联）　（第三联：广东省旅游局收存）　　广东省旅游局监制

그림 9-7 중국 단체비자

(4) 호주

호주는 1996년부터 세계 최초로 ETA(Electronic Travel Authority) 시스템을 도입해 여행객들에게 편의 제공 및 비자관리에 따른 부담을 최소화하였으며 전체 비자발급의 80%를 ETA로 처리하고 있다.

호주 관광비자는 90일 이내 단기 체류에 국한되며 그 이상 체류 시 별도의 비자를 받아야 한다. 학생비자의 경우에는 ETA 제도를 이용할 수 없으나, 다만 90일 미만 체류 목적이라면 학생이라도 ETA를 통해 입국허가를 받을 수 있다.

만약 문제가 있거나 방문 목적이 의심스러울 경우에는 호주 전산 시스템이 걸러내 별도의 비자발급 절차를 요구하게 된다.

이 시스템은 호주 이민국과 연결되어 바로 받을 수 있으며 호주 관광비자, 즉 V(Visitor)비자발급 시 영문 성함, 여권번호, 여권만료일, 생년월일, 성별, 국적 등의 항목들을 여행사나 비자를 발급하는 기관에 정확히 알려 주어야 한다.

▼ 호주비자 ETA단말기 입력화면

```
►TIETAR◄
►TIETAA                              ETA APPLICATION
PASSPORT NUMBER     ..............   FROM PASSPORT TITLE PAGE
NATIONALITY         ...              1-3 CHARACTER CODE
DATE OF BIRTH       .........        DDMONYYYY/--MONYYYY/-----YYYY
SEX                 .                M/F
COUNTRY OF BIRTH    ...              1-3 CHARACTER CODE
EXPIRY DATE         .........        DDMONYYYY
FAMILY NAME         ........................ FULL NAMES-NO TITLES
GIVEN NAMES         ........................ SPACE BETWEEN NAMES
TYPE OF TRAVEL      ..               V/BL/BS
```

▼ 호주비자 ETA단말기 승인화면

```
►                   ETA APPROVAL                    15FEB05/1231
FAMILY NAME         OH...................        AUSTRALIAN GOVT
GIVEN NAMES         HA NA..................
PASSPORT            JR0123456.....  KOR    EXPIRY DATE 20DEC2008
DATE OF BIRTH       11NOV1997  SEX F  COB KOR
TYPE OF TRAVEL      V  VISITOR ETA...........................
ENTRY STATUS        UD/976 ETA VISITOR (SHORT)...............
                    AUTHORITY TO ENTER AUSTRALIA VALID TO.......
                    15FEB2006...............................
                    PERIOD OF STAY 03 MTHS..................
                    MULTIPLE ENTRY.........EMPLOYMENT PROHIBITED.
ETA APPROVED.
```

(5) 워킹홀리데이(working holiday) 비자

워킹홀리데이 비자는 각 국가별로 평생 단 한번만 받을 수 있는 비자이며, 노동력이 부족한 나라에서 외국 젊은이들에게 1년간의 특별비자를 발급하여 입국을 허락하고 취업자격을 주는 제도이다. 따라서 학생비자나 관광비자와 같이 어학연수와 관광도 할 수 있으면서 합법적으로 단기취업이 가능한 비자이다.

이 비자는 당사자가 입국 후 취업하여 1년이 지나면 관광비자로 바꾸어 여행도 할 수 있는데 만 18세에서 만 30세까지의 대한민국 국적의 부양자녀가 없는 사람이 대상이 된다. 현재, 우리나라와 워킹홀리데이 협정을 맺은 국가 · 지역은 호주, 캐나다, 뉴질랜드, 일본, 프랑스, 독일, 아일랜드, 스웨덴, 덴마크, 홍콩, 대만, 체코, 이탈리아, 영국, 오스트리아, 헝가리, 이스라엘 등 17개국이다.

3 환전

보통 여행을 갈 때 경비는 현금, 여행자 수표, 신용카드 등으로 준비하게 되는데 각각의 특징은 다음과 같다.

1) 현금(cash)

- 가장 간편한 지불 수단이나 단점으로는 분실 시 다시 찾을 방법이 거의 없다.

2) 여행자 수표(TC: Traveler's Check)

- 분실 시 번호만 알면 다시 발급이 되기 때문에 현금보다는 안전한 지불 수단이다.
- 여행자 수표 환전소가 많은 유럽이나 미주지역은 여행자 수표의 사용이 일반화되어 있다.
- 동남아 같은 지역이나 패키지 투어 시에는 무용지물이다.

- 여행자 수표를 구입한 후 바로 위쪽의 사인란(signature)에만 사인한다.
- 왼쪽 아래의 사인란(conuntersign)은 받는 사람 앞에서 사인 후 떼어서 전달한다.
- 두 군데의 사인이 동일할 경우에만 유효하므로 본인 이외에는 사용 불가이다.
- 도난이나 분실 우려가 있는 T/C는 일련번호가 적혀 있으므로 발행은행명, 발행월일, 수표번호를 기재 또는 (축소)복사하여 별도 소지한다.
- 만약 도난이나 분실 시 가까운 경찰서나 은행, 환전소, 재발급 안내서에 적혀 있는 신고처에 신고하면 재발급이 가능하다.

3) 신용카드(credit card)

- 도난, 분실의 위험이 있기는 하지만 사용하기 편리하고 비상시를 위해서는 가장 안전한 지불 수단 중 하나이다.
- 국내 전용으로 신청된 신용카드는 해외에서 사용이 불가능하므로 VISA, MASTER 표시를 확인해야 하며, 도난이나 분실 시를 대비해 카드회사의 분실 신고 전화번호를 적어 놓는 편이 좋다.

한편, 외국에서 사용할 현지 화폐로의 환전 요령에 대해 살펴보면 다음과 같다.

- 환전 수수료를 가장 저렴하게 이용하기 위해서는 인터넷 환전을 이용하는 것이 좋으며 이 경우 수수료의 최대 50%까지 할인받을 수 있다.
- 환전 수수료가 가장 비싼 곳은 바로 공항에 있는 환전소이지만 여행 당일날 공항에서 바로 환전할 수 있어 편리하다는 장점이 있다.
- 은행에서나 공항에서 바로 환전을 하려면 실명 확인을 위해 신분증이 필요하다.

- 미화 $10,000 이상의 현금은 공항세관에 자진 신고 후 가지고 나갈 수 있다.
- 환전을 할 때에는 기본적으로 유럽, 미주, 호주, 일본, 중국과 같은 국가는 해당 국가의 화폐로 환전하는 편이 좋으며, 패키지 투어의 경우 동남아는 달러를 준비하는 것을 추천한다. 왜냐하면 동남아지역은 달러가 통용이 되며, 간식비 정도의 작은 금액은 현지에서 현지 화폐로 조금만 바꿔서 사용하면 된다.

Chapter 10

관광통역안내사 업무

Chapter

10

관광통역안내사 업무

1 관광통역안내사의 이해

1) 관광통역안내사란

원화 가치 하락과 정부의 적극적인 유치정책으로 외래 관광객이 증가하고 있는 가운데, 관광통역안내사는 우리나라를 방문하는 외국인을 안내하는 업무(in-bound)뿐 아니라 해외여행객을 인솔하는 국외여행인솔자 업무도 같이 할 수 있다는 점에서 여행업계에서 상당히 유용한 자격이라 할 수 있다.

관광통역안내사란 「관광진흥법」에 의하여 국가에서 실시하는 통역에 관한 유일한 자격시험을 합격한 전문통역사들로 대한민국 표준직업분류(통계청)의 43220[1)]의 직무를 수행하는 자이다.

이에 따라 관광통역안내사 자격을 취득하여 국외여행 인솔업무를 담당하는 사람도 상당히 많으며, 특히 유럽이나 일본지역의 경우에는 많은 여행사가 경비 절감을 위해 현지 가이드보다는 인솔자 겸 가이드(through guide)를 선호하고 있어 자격증을

---

1) 국내를 여행하는 개인 또는 단체의 외국인에게 외국어를 사용하여 관광지 및 관광대상물을 설명하거나 여행을 안내하며, 교통기관, 숙박시설, 관광객 이용시설 및 편의시설의 이용에 대하여 안내하는 등 여행편의를 제공하는 자를 말한다.

취득하여 이 분야에 종사하는 사람도 많다.

한편, 관광통역안내사는 단순히 어학에 능통하다고 해서 누구나 되는 것은 아니며, 우리나라의 역사, 지리, 산업 및 경제를 위시해 정치, 문화까지 폭넓은 분야에 걸친 지식을 가지고 있어야 함과 동시에 높은 품성 및 교양의 소유자여야 한다.

외국인 관광객에 대한 외국어 통역 및 관광지 안내 그리고 각종 여행실무를 현장에서 능동적으로 처리하기 위하여 우리나라에서는 1961년 8월 22일 제정된 「관광사업진흥법」에서 관광통역안내사 제도를 두고 1963년부터 한국관광공사가 위탁을 받아 관광통역안내사 국가고시를 시행하여 안내사 자격을 취득한 자만이 관광통역안내사로서의 일을 할 수 있도록 제정하였다.

1982년부터 국외여행 완화조치에 따라 국외여행안내사 자격시험제도가 실시되다가 1987년 폐지된 후부터는 관광통역안내사 제도로 통합되었다.

또한, 전반적인 추세에 맞게 관광통역안내원이라는 명칭을 2004년부터 관광통역안내사로 변경하였고, 관광통역안내사 시험에서의 공정성을 기하기 위해 자체적으로 출제하던 외국어 시험을 2007년부터 공인어학 성적증명서로 대체하고, 2009년부터는 시험 시행기관을 한국산업인력공단으로 변경하기에 이른다.

관광통역안내사 시험은 초기에는 영어, 일어, 중국어, 독일어, 프랑스어의 5개국어였으나, 이후에 스페인어와 러시아어로 확대되어 7개국어의 안내사 시험제도로 실시 · 운영되다가 2010년부터 태국어, 베트남어, 말레이 · 인도네시아어, 아랍어를 추가하였다.

2) 관광통역안내사의 중요성

여행사에서는 관광객 안내업무에 따른 통역안내사의 역할은 단순히 관광안내에 국한되는 것이 아니라 재구매 고객의 창출이라는 점에서 매우 중요하게 취급하고 있다.

관광상품의 품질관리는 기본적인 수배업무에 이은 관광통역안내사의 역할이 가장 중요한 요인이라 할 수 있다.

여행이라는 상품은 눈으로 볼 수 없고 미리 경험할 수도 없으므로, 결국, 관광객이 관광을 하면서 직접 눈으로 확인을 하며 즐기게 된다. 하지만 이때 관광객의 기대수준이나 요구에 대해 대응해야 하는 관광통역안내사가 자신의 역할을 정확히 해내지 못한다면 관광객의 불만은 더욱 고조되기 마련이며, 이로 인해 남은 관광일정에도 많은 영향을 미칠 뿐더러 재구매에도 영향을 미치게 된다.

관광객을 안내하는 관광통역안내사가 전문성과 친절함을 가지고 있어야 하는 것은 여행사 내부적으로 매우 중요한 사안이다.

무자격자의 관광통역안내사 채용이 불러오는 파장은 상상도 못할 정도로 크다고 할 수 있다. 따라서, 관광통역안내사가 아닌 자로 하여금 관광여행자들을 안내하였을 때 해당 여행사는 일정기간의 사업정지 및 취소처분을 받게 되며, 과징금이 부과된다.

2 관광통역안내사의 현황 및 역할

「관광진흥법」 제38조 제1항에서는 관광종사원의 자격에 관한 규정을 하고 있는데, 구체적으로 보면 "관할 등록기관 등의 장은 대통령령으로 정하는 관광업무에는 관광종사원의 자격을 가진 자가 종사하도록 해당 관광사업자에게 권고할 수 있다. 다만, 외국인 관광객을 대상으로 하는 여행업자는 관광통역안내의 자격을 가진 사람을 관광안내에 종사하게 하여야 한다."라고 규정하고 있다.

즉, 관광사업자와 일반적인 관광종사원은 무자격자도 고용이 가능하지만, 관광통역안내사만은 반드시 유자격자를 고용해야 한다고 규정하여 관광통역안내사의 지위를 법적으로 보호하고 있다.

1) 관광통역안내사 제도 운영 현황

2009년부터 시작된 한국산업인력공단의 자격증 시험업무는 자격증 홍보, 원서접

수 · 관리, 출제 시험관리 및 합격생 배출 등을 진행하고 있으며, 국가자격증 시험 합격생들은 한국관광공사 관광아카데미를 방문하여 국가자격증을 수령하는 이원화된 체재로 운영되고 있다. 한국관광통역안내사협회에서는 국가자격증 취득 후 관광업계에 진출한 인력을 중심으로 사업을 진행하고 있다. 정부는 관광안내인력 등록시스템(www.tourhrd.or.kr)을 통하여 현업에서 활동하는 관광통역안내사의 실태를 파악하고 인력의 수요 · 공급이 원활하게 이루어질 수 있도록 하고 있다.

표 10-1 관광통역안내사 제도 운영현황

구분	정부위임위탁사무	자체사업
한국산업인력공단	국가자격증 시험관리	
한국관광공사	합격생 자격증 발급	프리미엄 관광통역안내사 교육
한국관광통역안내사협회	관광통역안내사 교육 관광안내인력 등록 시스템	관광통역안내사 통계 · 연구조사 취업 · 복지증진 국제교류 도서발간 · 홍보사업

출처: 문화관광체육부(2014). 2013년도 기준 관광동향에 관한 연차보고서.

그림 10-1 관광안내인력 등록 시스템의 초기화면

출처: 관광안내인력등록 시스템(www.tourhrd.or.kr).

2) 관광통역안내사 현황

최근까지의 관광통역안내사는 영어, 일본어, 중국어가 대부분을 차지하고 있는데 그 이유는 외래관광객의 입국자의 국적 비중과 무관하지 않다.

최근 들어 중국과의 관광자유화로 중국가이드가 부족한 실정이다. 이에 다른 언어에 비해 연 2회 시험이 열리고 있을 정도로 수요가 많은 상태이다.

안내직 종사원의 경우 어종별로는 일본어를 필두로 중국어 영어 순으로 나타나는데, 성별로는 여성이 우위를 점하고 있는 것으로 나타나고 있다. 이는 안내직이 생길 당시부터 변함없는 현상으로서 안내 시 여성의 섬세함과 부드러움 등이 많이 작용하는 것으로 보인다.

3) 주요 업무

① 한국의 역사, 문화, 문화재 안내

② 여행객 안내(숙박, 교통, 위기대처 대응)

③ 통역업무 수행(현지인 수준의 상급회화)

④ 산업현황 소개(해외시찰단, 산업시찰단, 해외바이어, 국내바이어 해외출장, 국제회의, 전시회의 안내업무)

4) 관광통역안내사의 역할

① 민간외교관 역할: 외국인에게 한국의 문화유산과 각종 산업발전 현황을 현장에서 직접 상세하게 설명하여 인터넷 또는 각종 유인물 홍보에서 느끼지 못한 최고의 홍보효과가 나타날 수 있는 중요한 역할을 수행한다.

② 외국어통역: 어려운 외국어를 실시간으로 통역하여 관광 및 산업발전에 기여한다.

③ 관광지 안내: 복잡하고 어려운 관광지를 명쾌하게 설명하고 외국인에게 한국을 다시 볼 수 있는 안목과 다양한 시각을 제공한다.

④ 산업발전: 관광통역 외에 산업통역까지 수행하여 해외바이어 및 산업시찰단의 홍보 및 외국어통역을 통하여 산업발전에 기여한다.

⑤ 신뢰확보: 관광통역안내사가 전문화된 지식과 경험을 바탕으로 외국인과 한국인 사이의 가교역할을 수행하면서 위급한 상황이 발생하였을 때에도 신속하게 대처한다.

3 가이드가 지녀야 할 조건

관광통역안내사의 고유 업무는 한국을 찾는 외국인관광객을 안내하는 것이다. 따라서 넓게 보면 국외 여행지에서의 현지가이드(local guide)와 업무내용이 대동소이하므로 이후 가이드로 통일하여 설명하기로 한다.

① 가이드는 자신이 관광객들의 즐거운 여행이 될 수 있도록 하는 만능 엔터테이너임을 잊어서는 안 된다. 모든 투어에서 자신의 언행이 그 투어의 성패를 가늠한다.

때로는 그 단체의 보호자로서, 때로는 친구로서 그들의 기쁨, 불만, 즐거움, 고통을 함께할 수 있어야 한다. 그러면서도 간과해서는 안 될 것이 그 손님들로 인해서 내 자신이 있다는 것을 항상 잊어서는 안 된다. 즉, 최선을 다 해야 한다는 것이다.

가이드는 항상 최선을 다해야 하며 최소한 최선을 다하고 있다는 모습이라도 손님께 보여 주어야 한다.

평상시 대충 안내하다가 쇼핑 권유 등 자신의 이익에 관계된 일에는 눈에 불을 켜는 가이드는 결코 장수할 수 없다.

② 가이드는 해당 언어로서 관광객들의 타지에 대한 불안과 긴장을 해소시켜 줌과 동시에 관광객이 바라는 관광을 통한 만족이 이루어질 수 있도록 안내해 주어야 한다.

이를 위해서 가이드는 정확한 언어구사능력과 더불어 한 국가나 지역의 정치, 경제, 사회, 문화 등 사회 전반적인 것에 대한 폭넓은 이해와 정보를 갖추고 있어야 하며 즐거운 여행이 되기 위한 유머 능력도 필요하다.

③ 가이드는 대외적으로 국가를 대표한다는 긍지를 갖고 안내에 임하여야 한다.

관광객은 가이드를 통해 국가나 지역을 이해하고 평가하게 된다.

가이드는 관광객을 상대로 최일선에 서서 관광지를 소개함으로서 여행객들에게 국가 이미지를 높임과 동시에 관광에서 빼놓을 수 없는 관광토산품, 면세품 등의 쇼핑을 통한 관광으로 외화수입의 증대에 기여하게 되는 것이다.

④ 가이드는 대내외적으로 자기 직업에 대한 자부심과 긍지를 지녀야 한다.

관광객 입장에서는 자신을 안내하는 가이드 한사람이 국가, 지역을 대표하는 사람이며, 관광객이 그 국가와 지역을 어떻게 이해하게 되느냐는 오로지 그 가이드의 설명여하에 따라서라고 해도 과언이 아니다.

따라서 가이드는 전문 직업인으로서의 품위를 갖고 성실한 자세와 태도로 최선을 다해야 한다.

⑤ 돌발적인 사태에 대한 임기응변능력이 있어야 한다.

여행에 있어서 완벽한 준비란 있을 수 없다. 언제 어디서 돌발적으로 일이 생길지 모르는 것이다. 호텔의 방이 부족하다든지, 길이 막혀 몇 시간이나 지체된다든지, 관광객 중 한 사람이 길을 잃어 버렸다든지, 혹은 다쳤다든지 여러 가지 상황이 생길 수 있다.

이러한 상황에 대하여 요령 있게 최대한 관광객의 입장에서 대처해 나가야 하는 것이다.

⑥ 고정관념에서 탈피해야 한다.

가이드는 이러해야 한다는 규정은 없다. 가이드의 생명은 아무 불안 없이 즐겁고 보람찬 관광이 되도록 하고 이에 부수되는 옵션이나 쇼핑 등을하도록 유도하는 것이다. 즉, 사고방식이 유연해야 한다. 또한 한편으로는 관광객에 대한 선입관을 버려야 한다.

⑦ 가이드는 항상 자신감을 가져야 한다.

가이드는 그 투어의 성패여부를 결정짓는 최일선에 있는 사람이다. 가이드가 관광객에게 자신감을 갖고 조리 있게 안내할 때 비로소 그 투어는 성공적으로 이루어지게 되는 것이다.

⑧ 안내내용이 일관적이어야 한다.

여행을 통해서 문화와 자연을 사랑하게 되고 인간이 무한한 상상력을 키울 수 있는 계기가 되는 것이므로 관광자원이나 시설 등의 역사적 사실에 대한 설명은 일관적으로 정확히 설명되어야 한다.

덧붙여, 자기 나름대로 준비하여 완전히 자기 것이 된 안내 멘트를 통해 설명을 함으로서 일관적인 설명이 될 수 있다.

수일 동안의 관광안내 중 오늘 설명과 어제 설명의 내용이 상반되거나, 관광객이 알고 있는 사실과 전혀 다른 설명을 한다면 관광객의 신뢰를 얻을 수 없을 것이다.

⑨ 일정표에 맞는 충실한 안내를 해야 한다.

가이드 자신이 잘 알고 있다고 해서 그 지역만 멋대로 안내하거나 금전적으로 이득이 생기는 곳에 무리하게 장시간 있게 하여 일정표에 나와 있는 다른 관광지를 소홀히 한다면 당시는 어떨지 모르나 앞으로의 가이드 생명에 치명적이라 할 수 있다.

⑩ 가이드는 항상 모든 면에서 정확해야 한다.

행사 전에 해당 단체의 파일을 면밀히 검토하여 비행기 도착시간, 호텔, 인원수, 관광일정, 직불 여부, 차량 등 행사 기간 동안 필요한 모든 사항을 담당자와 충분히 숙의하여야 만일의 사태에 대비할 수 있는 것이다.

⑪ 근거를 남겨야 한다.

단체 행사 중, 근거로 남을 수 있는 영수증 등 모든 서류는 반드시 챙겨서 정리 · 보관해 놓아야 한다. 행사 후 정산할 때나 문제가 생겼을 때 필요하다.

⑫ 항상 공부하는 자세를 가져야 한다.

관광객은 당연히 해당 국가나 지역의 생활방식에 궁금증을 많이 가지기 마련이다. 기후, 역사, 지리, 문화 등 다방면에 걸쳐 어떻게 하면 좀더 쉽고 재미있게 설명을 할 수 있을 것인지에 대해 항상 연구하고 정리해 놓는 자세가 필요하다.

⑬ 항상 건강해야 한다.

당연한 것이겠지만, 가이드는 단체배정을 받아 일정이 끝날 때까지 아프지 않도록 건강해야 할 의무가 있다. 관광안내란 관광객에 대한 서비스업무이다. 충실한 안내를 위해서는 신체와 정신이 모두 완벽한 상태에서 안내업무에 임해야 한다. 그런 의미에서 자신의 건강관리와 스케줄관리는 중요하다.

4 관광안내 지침

가이드는 한 사람 한 사람이 각각 표현 예술가라 할 수 있다. 관광지를 소개할 때, 생동감 있는 표현으로 관광객이 오래 기억할 수 있도록 노력해야 한다.

명백하고 즐겁고 기억에 남는 해설을 해내는 데 확고한 규칙은 없으나, 관광객의 흥미나 호기심에 적절히 반응하는 순발력이 필요하다 할 수 있다.

기억에 남는 안내를 위해 다음 사항들이 핵심적인 지침이 된다.

① 장소 또는 대상에 대한 열정

어떠한 장소나 특성을 생동감 있게 하기 위해 가이드는 그 대상에 대하여 지속적으로 즐겁고 외경스러운 느낌을 갖는 것이다. 열광하는 것은 금방 알아볼 수 있으며 전염성이 강하다. 때문에 그 관광지에 대해 열렬히 안내를 하게 되면, 관광객도 그 장소를 좋아하게 되고 자연스럽게 그 곳에 관해 더 많이 알고 싶어진다.

② 사람들에 대한 열정

냉담함은 서비스 제공에서 죄악 중 하나이며 관광객들은 이를 결코 용서하지 않는다. 관광객들은 가이드가 자신들을 좋아하는지 아닌지를 금방 느낀다. 가이드가 자신들을 좋아하지 않는다고 느끼면 관광객들도 같은 반응을 나타낸다.

관광객들에게 진정으로 관심을 갖는 가이드는 관광객들에 대하여 더 많이 알려고 노력할 것이다. 이러한 가운데 가이드와 관광객은 서로 존중하고 즐거움을 나누는 관계를 형성하여 신뢰감을 얻을 수 있을 것이다.

③ 관광객과의 일정한 거리 유지

가이드는 인간적인 요소와 필요에 따라 적절히 거리를 유지하는 요소 간의 균형을 유지하는 방법을 익혀야 한다. 가이드가 지나치게 인간적이고 친밀하게 대하는 것은 프로정신의 결여라 할 수 있다.

④ 이야기를 지어내고 해줄 수 있는 능력

확실히 가이드에게 있어서 진실성과 정확성은 아주 중요한 덕목 중의 하나이다. 가이드는 예술가와 마찬가지로 관광객이 자신의 이야기 속으로 들어오도록 수식하고 강화할 수 있는 권한을 갖고 있다. 즉, 알려진 사실은 따로 있지만 그것을 옮겨 쓸 자유를 가지고 있다는 것이다.

가이드는 진실을 전할 의무를 무시할 수 없기 때문에 사실과 허구를 구분해야 한다. 입증되지 않거나 의문시되는 전설을 시작하면서 서두에 "전하는 바에 의하면……." 또는 "이야기는 이렇습니다." 등으로 시작하는 것도 하나의 방법이다.

⑤ 자극적 질문 능력

관광객의 참여를 유도하기 위한 능숙한 질문도 값진 안내 기술이라 할 수 있다.

많은 가이드들은 관광객의 흥미를 자극시키고, 프로그램을 짜임새 있게 하기 위해 중요한 점을 강조하며 질문을 하는데 이러한 질문은 가이드의 레퍼토리를 첨가시키는 데 고도로 유용한 기술이다.

⑥ 부분을 전체에 관련시키는 능력

사찰 마당에 있는 석탑 하나는 무심코 지나칠 수도 있으나 그 탑의 모양을 가지고 불교문화의 변천과정, 석공예 기술의 변천사를 설명하게 되면 부분이 곧 전체가 될 수 있음을 보여 줄 수 있다. 이처럼 부분을 전체에 관련시키는 능력은 가이드에게 특히 요구되는 사항이다. 관광객은 가이드를 통하여 그 자원이 지니고 있는 의미를 알게 되기 때문이다.

⑦ 유머를 활용하는 능력

유머는 적절히 사용하면 가장 효과적인 의사소통 수단 가운데 한 가지이다. 하지만 반대로 극단적으로 어설퍼지고 방해가 될 수 있다. 사람들이 웃기를 좋아한다고 항상 웃기려고만 하면 역효과가 날 수도 있다.

유머를 사용할 때 필요한 지침은 다음과 같다.

- 자신에 맞게 하라. 농담을 하는 것이 편안하지 않으면 하지 말라. 웃기려 해도 웃지 않는 것만큼 애처로운 것은 없다.
- 민족에 관련된 농담이나 타 지방, 타 언어, 다른 풍습, 다른 신념을 가볍게 취급하지 말라.
- 가이드가 얼마나 유머 감각이 있느냐를 가지고 가이드의 자질을 평가하는 사람은 거의 없음을 기억해야 한다.

⑧ 분명하고 다채로운 언어 사용

언어라고 하는 것은 대단한 의사전달 도구이다. 가이드는 말을 통하여 관광객을 현실 세계에서 상상의 세계로 옮겨 놓을 수도 있다.

가이드에 있어서 구사하는 말은 간단한 언어, 어린애라도 쉽게 이해할 수 있는 언어를 구사하는 것이 가장 좋다.

⑨ 침묵할 때를 알기

종종 가장 적절하고 힘 있는 해설은 침묵이다. 침묵하게 되면 존경 또는 반성하는 기분을 갖게 하거나 관광객에게 그들 스스로 그곳에 빠져들고 평가할 시간과 공간을 주게 된다. 그리고 침묵은 관광객이 정신적으로 휴식할 수 있게 해준다. 가이드의 안내 없이 관광객을 내버려 두면 관광객들 스스로가 무엇을 발견하게 된다. 침묵은 안내가 없는 게 아니라 사실은 안내에서 아주 중요한 한 부분이다.

묘지나 사찰, 성당과 같은 성스러운 곳은 사려 깊게 다루어야 한다. 가이드는 성스럽고 엄숙한 분위기를 존중할 의무가 있다. 야단스럽게 안내를 하게 되면 다른 사람들에게 방해가 될 수 있다. 필요하다면 어떻게 하라는 적절한 행동지침만 알려 주는 것으로 충분하다. 극히 아름다운 경관이나 전쟁의 참상이 빚어졌던 곳 같은 경우에도 마찬가지로 침묵 속에서 관광객들 스스로 전쟁의 참혹함을 떠올려보거나 경관의 아름다움에 취할 수 있도록 해주는 게 낫다.

그리고 시간이 없거나 계획을 잘못 짜서 들리지 못할 곳에 대해서도 침묵하는 것이 낫다. 그렇지 않으면 들리지 못하거나 참여하지 못하는 이벤트에 대하여 호기심을 갖게 되고, 지금하고 있는 여행이 알맹이가 빠진 것이 아닌가 하는 생각을 갖게 할 수 있기 때문이다.

⑩ 멈출 때를 알기

대부분의 가이드들이 자신이 알고 있는 모든 지식을 관광객에게 알려 주려고 노력하는데, 그럴 경우 관광객들은 정보 과부하(過負荷)를 경험하게 된다. 진정으로 훌륭한 가이드라면 언제 그만두는 것이 좋은가를 알아야 한다.

⑪ 새로운 것에 대한 학습과 프로그램 개발

가이드는 모든 종류의 지식, 물질, 예술 형태를 자신의 해설 시나리오 속에 짜 넣어야 한다.

어떤 장소에서 감동을 받는 사람은 흥미를 느껴 관련 정보를 얻으려고 할 것이다. 하지만 그 전에 가이드 스스로가 먼저 감동을 받아야 남에게 진한 감동을 받게 해줄 수 있다.

5 관광안내 요령

외국어를 잘한다거나 관련 자격증 시험에 합격했다고 해서, 외국인에게 바로 한국의 전통, 사회, 문화, 관광지 등을 능숙히 설명할 수 있는 사람은 그리 많지 않을 것이다. 우선 외국인에게 한국에 대해 능숙하게 소개할 수 있기 위해서는 외국인의 시점에서 설명하여야 한다.

미리 외국인이 알고 싶어하는 것은 무엇일까 한번 생각해 보고, 이를 간결하고 알기 쉽게, 때로는 연도나 인구 등 구체적인 숫자도 파악하여 설명해야 하며, 너무 진지하게 설명하는 것보다는 딱딱하지 않게 조크도 섞어가면서 관광객이 지루하지 않게 해야 한다는 점이 포인트이다.

공항에서 호텔, 또는 관광지까지의 한정된 시간 동안, 가이드는 인솔자 및 운전기사 소개, 일정 및 한국에 대한 간단한 소개, 주의할 점 등을 소개하게 된다.

설명을 할 때, 마이크 감도를 먼저 확인하고 시작하며 뒷좌석에 앉은 손님에게 소리가 잘 들리는지 손을 들어보라는 식으로 하면 된다.

우선 일정표 등을 배부한 뒤 앞으로의 일정에 대해 간략히 설명한다. 그리고 한국에 대한 대략적인 설명과 일반적인 주의 사항 및 단체여행의 매너에 이르기까지 다양한 설명을 하게 된다. 이 설명은 신뢰할 수 있는 정보를 토대로 해야 하며 꾸며서 설명해서는 안 된다.

첫날 버스에서 설명해야 할 것은 여러 가지가 있지만 도착까지의 시간을 고려해서 가장 필요한 것부터 설명하면 된다.

① 공항정보

도착한 공항의 이름, 공항에서 서울도심 및 호텔까지의 거리, 소요시간 등이다.

② 그날의 일정 및 앞으로의 관광일정

관광객들이 소지한 일정표에 적혀 있는 것은 대략적인 일정이다. 따라서 일정에 관한 설명은 필수전달 항목이다. 이를 통해 관광객은 자신의 관광일정에 대해 상세히 알게 되며, 또한 자유시간에 무엇을 할지, 옵션상품을 이용할지 등 자신의 관광일정을 정하게 되는 것이다.

③ 체재 호텔

묵게 될 호텔명 및 등급, 위치를 설명한다. 호텔의 명칭은 자유시간에 택시나 지하철 등 대중교통을 이용할 때 꼭 필요한 정보가 된다. 한국어로 호텔 이름을 2, 3회 따라하게 하자. 또한 지도를 통해 호텔이 있는 곳 및 지역 이름 등 구체적인 정보를 가르쳐 준다.

④ 현지 화폐

지폐와 동전의 특징 및 종류에 대해 관광객의 거주국 통화와 비교하여 설명한다. 또한 환율에 대해서도 설명하면서 주요 일용품, 선물용품등의 가격에 대해서도 말해 준다.

⑤ 특산품

김치, 인삼 등 우리나라의 대표적인 특산품을 외국인에게 설명하고 쇼핑으로 유명한 곳을 설명해 준다. 또한 옵션으로 이용할 수 있는 상품을 안내한다.

⑥ 음식

관광일정상의 식사에 포함되어 있지 않은 대표적인 요리의 경우, 명칭, 내용, 먹을 수 있는 장소 등을 상세히 설명해 주고 만약 수배되어 있는 경우에는 간단히 설명하고 그때가서 자세히 설명하도록 한다.

⑦ 교통

자유시간 동안 버스, 지하철, 택시 등 대중교통을 이용하는 일이 많으므로, 표의 구입방법, 요금, 정류장, 타는 법, 갈아타는 법 등 이용법에 대해서 설명해 준다. 또한 버스에서 설명하면서 차창 밖으로 버스나 택시 정류장, 지하철역 등이 보이면 가르쳐 주는 것도 좋을 것이다.

⑧ 전화

핸드폰이나 호텔에서의 전화를 이용해서 시내, 시외 및 국제전화를 걸게 되므로 이에 대한 요금이라든지 거는 법 등을 설명해 주어야 한다.

⑨ 한국과 관광객 거주국과의 비슷한 점 및 차이점

특히나 중국이나 일본은 같은 동양권 문화인만큼 처음에는 외국에 온 느낌이 들지 않는다고 하는 관광객이 많다. 이때 생활습관, 국민성, 언어 등의 비슷한 점과 차이점을 설명해 주는 것이 좋다.

⑩ 주의사항

단체가 행동하게 되므로 원활한 관광일정으로 즐거운 여행이 되기 위해서는 가이드의 역할도 중요하지만 관광객들도 시간을 엄수해야 한다.

가이드는 관광객이 집합시간에 늦어 일정에 차질이 없도록, 시간엄수를 촉구해야 한다. 만약 관광 도중에 시간엄수를 요구한다면 가이드에 반감을 느끼거나 서로 어색한 분위기가 생길 수 있으므로 처음부터 확실히 말해 두는 것이 낫다.

한편, 아무리 가이드가 꼼꼼히 확인하더라도 분실사고가 종종 있으므로 현금이나 귀중품 등을 잘 보관하도록 주지시킨다.

6 쇼핑 및 옵션상품 소개요령

옵션상품 및 쇼핑은 자신이 속해 있는 회사의 이익에 직결되는 만큼, 얼마만큼 능숙하게 권유하느냐에 따라 관광객의 협조와 판매액이 늘어나게 된다.

또한 옵션상품 및 쇼핑을 통해 외화를 벌어들이는 데 일조를 하게 되므로 이는 부끄러운 것이 아니며, 자부심을 가져야 할 것이다.

옵션상품이란 여행일정상의 자유시간을 위한 상품으로 여행사는 투어의 내용, 조건, 소요시간 등을 알려 주고 흥미를 갖는 관광객에게 판매하게 된다.

실제로 옵션상품은 여행상품 구입 시 같이 구매를 하는 경우와 현지에서 구매를 하는 경우가 있다. 판문점과 같이 몇일 전에 신청하지 않으면 안 되는 옵션상품도 있다.

권유의 요령은 첫 번째로 흥미 있는 주제와 멘트를 통해 관광객이 자연스럽게 구매하고 싶다는 의욕을 일으킬 수 있도록 해야 한다는 점이다.

예를 들어 한국의 역사를 설명하면서 우리의 역사가 고스란히 배어 있는 도자기를 구매권유하거나, 한국인의 생활습관을 설명하면서 피부미용상품을 권유한다면 좋을 것이다.

그러나 이렇게 설명하기까지 가이드는 자신의 업무에 최선을 다해 여행객들과의 호흡을 맞추어야 한다. 관광지 안내는 뒷전이고 쇼핑 및 옵션상품만 권유한다면 아무리 쇼핑만을 목적으로 온 관광객이라 하더라도 구매의욕은 저하되기 마련이다.

두 번째, 권유는 투명성을 띠어야 한다. 즉, 미리 단체의 리더나 인솔자와 사전에 협의를 통해 결정해야 하며, 소요시간 및 상품의 종류, 옵션상품의 경우에는 판매가격, 교통편, 상품의 내용 등을 명쾌하게 설명하여 의문을 갖지 않도록 해야 한다.

세 번째, 입국당일과 식사 전의 시간에는 권유를 피해야 한다. 입국당일은 한국에 대해 전혀 모르는 상태이므로 이때 권유를 한다면 그들은 불신감을 갖게 될 것이며 불안해한다. 또한 배가 고픈 상태에서 쇼핑을 하는 사람은 없을 것이다.

참고로 면세점에서는 쿠폰에 출국일자, 항공편 및 시간, 단체명, 여행사명, 가이드명 등을 기록하여 면세점 입구에서 담당자에게 제출하여야 한다. 이는 자신의 수익과도 관련 있는데, 단체의 면세품 판매액의 일정액이 자신의 수익이 된다. 요즘에는 공항과 호텔까지만 안내를 부탁하고 나머지 시간은 자유시간으로 보내려는 관광객이 많아, 가이드들은 호텔까지 안내하면서 기재사항이 적힌 쿠폰을 나누어 주고 면세점 이용 시 사용하도록 권유하고 있다.

그리고 면세점에서 구입한 면세품은 출국 시 공항에서 찾는다는 점을 주지시켜 주어야 한다.

Chapter 11

국외여행인솔자

Chapter

11

국외여행인솔자

1 인솔자의 개념 및 유형

1) 국외여행인솔자의 개념

관광안내를 담당하는 직원을 안내원 또는 가이드라고 흔히 사용하고 있다. 안내원과 가이드보다는 관광가이드라고 쓰는 표현이 알맞고 관광가이드에는 관광통역안내사, TC(Tour Conductor), Local Guide(현지가이드), Through Guide(스루가이드), 국내여행안내사 등이 있다.

우리가 자주 사용하고 있는 TC는 Tour Conductor의 약자로서 정확한 명칭은 「관광진흥법」에서 규정[1]하는 국외여행인솔자가 올바른 표현이다.

전 세계적으로 국외여행인솔자는 나라마다 용어를 다양하게 사용하고 있다. 첨승원, Tour Director, Tour Escort, Tour Leader, Tour Guide, Trip Director, Tour Manager 등 수 많은 유사용어가 혼용되어 사용되고 있다.

---

1) 제13조(국외여행인솔자) 여행업자가 내국인의 국외여행을 실시할 경우 여행자의 안전 및 편의 제공을 위하여 그 여행을 인솔하는 자를 둘 때에는 문화체육관광부령으로 정하는 요건에 맞는 자를 두어야 한다.

2) 국외여행인솔자의 유형

TC의 유형은 소속별로 구분할 수 있으며, 크게 여행사직원 TC, 전문 TC, 프리랜서 TC, 스루가이드(Through Guide) 등이다.

(1) 여행사직원 TC

여행사에 직원으로 소속되어 있다. 평소에는 자기가 담당하고 있는 업무를 하고 있으며 회사의 출장명령이 결정되면 TC업무를 진행하게 된다. 영업, 수배, 기획, 발권, 수속업무 부서에서 일하지만 대부분은 영업부서 거래처 담당자가 TC로 배정된다. 대형패키지 여행사처럼 전문 TC를 보유하기 힘들기 때문에 이러한 형태가 주를 이룬다.

여행사직원 TC는 거래처 및 고객을 관리하면서 수준 높은 고객 서비스를 제공할 수 있다는 점에서 여행사에 재정적으로 많은 도움을 줄 수 있다. 또한 직원측면에서도 여러 국가를 직접 보고, 듣고, 느낄 수 있으므로 향후 현장감 있는 관광상담을 할 수 있다. 그러나 많은 경험을 보유하고 있는 TC와 달리 전문성을 발휘하기 힘들고 출장으로 인한 공백으로 기존 거래처를 관리하기 힘든 부분이 발생하기도 한다.

(2) 전문 TC

대형패키지 여행사 소속의 TC를 말한다. TC업무만을 전문으로 하기 때문에 단체관광이 발생하면 출장만 담당하게 된다. 그러나 비수기에는 출장기회가 많지 않기 때문에 여행사업무를 보조하기도 한다. 일정 기간 동안 출장횟수를 보장받게 되고 대부분 기본급 없이 약간의 출장비, 관광객의 Tip, 선택관광, 쇼핑 수수료 등에 의존한다.

전문 TC의 강점은 업무능력과 현지에서의 돌발상황 대처 능력이 뛰어나고 상당한 어학 실력을 보유하고 있다는 점이다. 그러나 여행사직원 TC보다 책임감이 떨어지며 국외여행 경험이 많은 전문 TC의 경우 동일한 관광지를 여러 번 다녀왔다는 이유로 새로운 정보수집에 소홀하게 되어 매너리즘에 빠지는 경우가 많다.

(3) 프리랜스 TC

여행사에 소속이 되어 있지 않고 단체관광이 발생되면 여행사에서 먼저 연락을 한다. 수많은 여행사와 인적관계를 유지하고 있으며 자신의 일정에 의해서 출장을 선택할 수도 있다. 프리랜스 TC는 수많은 출장경험을 갖고 있으므로 까다로운 단체관광객에게도 쉽게 대처할 수 있는 능력을 보유하고 있다. 그러나 여행사 소속이 아니어서 책임감이 부족할 수 있으므로 여행사는 프리랜스 TC를 위촉해야 할 때, 신중하게 선발하는 경향을 보인다.

(4) 스루가이드(Through Guide)

일반적으로는 TC업무를 수행하면서 현지 도착 이후에는 안내를 겸하는 TC로서 일본이나 유럽 일부 지역에서 주로 활동하고 있다. 현지 언어의 이해가 필수적이며, 특히 일본지역은 현지 가이드의 안내료가 비쌀 뿐만 아니라 최근 방한 일본관광객이 줄면서 관광통역안내사 자격을 취득한 후 한국 인바운드 업계에서 근무하지 않고 아웃바운드의 스루가이드(Through Guide)로 활동하는 케이스가 늘고 있는 추세이다.

- 국외여행인솔자: 해외여행객들의 보호자 역할 및 여행사 대표자 역할
- 관광통역안내사: 인바운드 외국인 여행객들을 위해 해당 외국어를 사용하여 한국의 문화, 역사, 관광 등을 설명해 주는 역할
- 현지가이드: 해외여행객들을 현지에서 즐거운 여행이 될 수 있도록 안내해 주는 역할
- 스루가이드(Through Guide): 국외여행인솔자 + 현지가이드

3) 인솔자 자격취득 방법

국외여행인솔자에 대해서는 「관광진흥법」 제13조 및 동법 시행규칙 제22조, 문화체육관광부고시에 규정하고 있는데, 시행규칙 제22조에서는 국외여행인솔자의 자격요건으로 관광통역안내사 자격을 취득, 또는 필요한 교육을 받고 소정의 시험에

합격하여 인솔자 자격을 취득할 것을 명시하고 있다.

국외여행인솔자 교육은 문화체육관광부에서 지정한 기관에서 기본적인 자격을 갖춘 사람에 한해서 일정 시간의 교육을 받고 자격인정을 받는 제도로, 현재 소양기관 40곳, 양성기관 53곳에서 국외여행인솔자 자격인정증 관련 교육을 실시하고 있는데 교육은 크게 소양교육과 양성교육으로 나눌 수 있다. 소양교육의 경우 여행업체에 6개월 이상 근무했고 국외여행의 경험이 있는 자이며, 양성교육은 관광학과 졸업자나 졸업예정자를 대상으로 한다.

2 국외여행인솔자의 역할 및 자질

1) 국외여행인솔자의 역할

① 여행사의 대표자: 인솔자는 여행사를 대표하여 현지에서 각종 고객의 불만 등 여러 상황들을 해결하고 현지 여행일정이 제대로 진행되고 있는지 여행사를 대표해서 관리 · 감독하는 역할을 담당한다.

② 여행객의 보호자: 여행객들의 보호자 역할로서 현지 가이드의 업무에 협조하며, 현지 가이드가 해줄 수 없는 상황이 생길 때, 예를 들어 그 날의 일정이 끝나고 여행객들이 호텔에 투숙한 다음 현지 가이드가 퇴근을 한다던지, 투어 도중 환자가 발생하는 경우, 현지 가이드는 단체 행사 진행을 해야 하므로 환자를 케어하는 것은 오로지 인솔자의 역할인 것이다.

③ 즐거운 관광연출자: 서비스 접점에서 고객이 원하는 것을 먼저 파악하여 즐거운 여행이 될 수 있도록 분위기를 연출하는 역할을 담당한다. 똑같은 여행지, 호텔, 식당이라도 손님들의 분위기가 천차만별인 것은 여행에서 함께한 인솔자의 서비스가 고객만족과 고객감동을 줬느냐 여부에 달린 것이다.

④ 올바른 관광문화 전령사: 관광에 대한 올바른 인식을 갖고 관광 중 올바른 국제매너 등의 안내를 통한 관광문화 전도사로서의 역할을 담당한다.

2) 인솔자의 자질

① 건강: 건강한 신체와 정신을 유지해야만 관광일정 동안 업무를 정상적으로 수행할 수 있기 때문에 좋은 컨디션을 유지하기 위한 자기관리는 필수이다.
② 외국어: 정확하고 관광객이 감동할 수 있는 서비스를 제공하기 위해서는 필수적인 것이 외국어 능력이다.
③ 성격: 단체관광객들을 상대로 하므로 원만하고 유연한 성격의 소유자여야 한다.
④ 상황대처 능력: 항상 침착하고 신속하게 일을 처리할 수 있는 능력이 요구된다.
⑤ 업무지식: 다방면에 걸친 해박한 지식의 소유자여야 한다.

3 인솔자의 업무

1) 출발전 업무

여행사 관련 업무, 관광객 관련 업무, 개인 관련 업무로 나누어 살펴볼 수 있다.

(1) 여행사 관련 업무

① 관광경비 수령과 확인

- 대형패키지 여행사는 현지 여행사와 지상비 지불 방법을 사전에 협의해야 한다.
- 중 · 소 여행사의 경우 아직까지 TC가 현지에서 직접 지불하는 경우가 일반적이다.

② 행사 관련 서류 수령과 확인

여행상품은 기획 · 생산 · 예약 · 수속 · 판매촉진의 과정에서 많은 담당자에 의해 완성되므로, 관광일정표(tour itinerary), 최종확정서(confirm sheet), 바우처(voucher), 항공권과 승객예약기록, 현지 여행사 관련 서류, 단체여행자 명단(name list), 호텔객실 배정 명단(rooming list), 각종 서류 리스트, TC 일지 등을 준비 및 수령하고 확인해야 한다.

표 11-1 최종확정서

여행생각 H우리 Travel service 베트남, 캄보디아, 태국 전문랜드

Seoul : T(02) 123-4567 F(02)123-4568

#Rm(Golden Tower B/D 1306), 191 Choongjungno-2ga, Seodaemun-gu, Seoul, Korea

9-10-2 **최 종 확 정 서** DATE : 2013년 9월 4일

여행사명	백석여행사 / 고영길 대리님		발신	소장 하○○//실장 김○○
인원	15+1		단체명	베트남 북부 / 앙코르유적지 4박6일
요금	USD 310 P/P		기간	2013년 9월 10일-9월 15일
행사조건	포함사항	호텔, 차량, 한국인가이드, 입장료, 식사, 압살라민속쇼, 프놈바켕일몰감상, 세계7대 불가사의인 앙코르왓, 현지공항세 (베트남 $14, 씨엠립 $15)		
	불포함사항	현지 식당에서의 생수, 베트남 비자피₩35000(5일소요, 여권, 사진1장), 캄보디아 비자피 $20(도착비자, 여권, 사진1장)		
	사용호텔	하노이 : HORISON(04-733-0808), 씨엠립 : CITY ANKOR(063-380-200), 하롱베이 : HERITAGE(033-846-888)		

날 자	지 역	교통편	시 간	행 사 일 정	식 사
1DAY 9/10	인천 하노이 씨엠립	VN937 VN845	10:05 12:35 14:30 16:35	인천 국제공항 출발 // 하노이 향발 하노이 도착후 경유하여 (공항대기) 하노이 출발 // 씨엠립 향발 씨엠립 도착 석식 및 호텔투숙	석 : 현지
2DAY 9/11	씨엠립	차량	전일	조식후 앙코르톰 일원의 남문 남쪽 크레앙, 바푸욘사원 바이욘사원, 코끼리테라스, 레프왕테라스 관광 중식후 타푸롬 사원, 세계7대 불가사의인 앙코르왓 관광 프놈바켕 일몰관광(쇼핑센터 방문 : 수와레, 상황버섯) 석식(압살라민속쇼) 및 호텔투숙	조 : 호텔 중 : 현지 석 : 현지
3DAY 9/12	씨엠립 하노이	차량 VN844	오전 17:25 19:30	조식후 톤레삽 호수 관광 및 수상촌 관광 중식후 바레이호수 및 웨스트 메본사원 관광 작은 킬링필드 관광, 공항으로 이동 씨엠립 출발 // 하노이 향발 하노이 도착 후 시내로 이동 석식 후 호텔 투숙	조 : 호텔 중 : 현지 석 : 한식

날 자	지 역	교통편	시 간	행 사 일 정	식 사
4DAY 9/13	하노이 하롱베이	차량	전일	조식후 호치민박물관, 호치민영묘, 문학서원 환검호수, 군사박물관 시내관광 중식후 영화 "인도차이나"의 배경인 하롱베이로 이동 (3시간 소요, 도중 수공예 공장, 도자기 마을 방문) 석식 및 호텔 투숙	조 : 호텔 중 : 한식 석 : 현지
5DAY 9/14	하롱베이 하노이	차량 선편 차량 VN936	전일 23:35	조식 후 유네스코 지정의 천혜의 절경을 자랑하는 하롱만의 3천여개의 주위 섬 관광 석회동굴 감상(천궁, 나무를 감추는 동굴 감상) 선상중식(해산물요리, 국, 밥, 야채종류) 육지로 이동, 하노이로 출발 석식 후 공항으로 이동 하노이 출발 / 인천 향발	조 : 호텔 중 : 선상 석 : 한식
6DAY 9/15	인천		05:40	인천 국제공항 도착	

- 상기 일정은 현지 사정 및 항공 일정에 의해 다소 변경될 수 있습니다.
- 현지 미팅명 : "백석 여행사" 로 미팅합니다.
- 호텔은 6TWN, 1TRP, 1SGL입니다.
- 현지 공항세 포함입니다.
- 캄보디아 비자는 도착비자로 비자 신청서를 한국에서 준비해 가시면 편리합니다.
- 선택관광은 전통안마(전신맛사지 : 1시간에 $20)입니다.
- 앙코르 왓 관광시 현지가이드(캄보디아 가이드)팁은 $10입니다.
- 하롱베이 관광후 배 선장에서 $15의 팁을 줍니다.
- 베트남, 캄보디아는 가이드가 공항에 들어가지 못하므로 BOARDING 및 현지 공항세(이용권) 구입은 T/C 및 손님이 직접 처리하셔야 합니다.
- 하노이 비상연락망 : 최○○ 소장(012-345-6789)
- 캄보디아 비상연락망 : 임○○ 실장(098-765-432)

• 항공권

여권상의 영문과 항공권 영문의 일치, 좌석상태, 항공권 매수, 항공구간, 출 · 도착날짜 등을 다시 한번 확인해야 하며, 항공권 규정(운임규정, 날짜변경 유무, 개별 리턴 가능 유무) 등에 대해서도 숙지하고 있어야 한다.

KOREAN AIR

e-Ticket Itinerary/Receipt

1419 / 09APR07

인쇄하기

승객성명 Passenger Name HONG/KILDONGMR (KE BK1234****)
e-티켓번호 e-Ticket number 1802301740981

여정 Itinerary — 예약번호 Booking Reference 5627911

KE 853 Operated by KE - KOREAN AIR. 경유 Via : -

출발 Departure	서울 (ICN)	07APR07	19:00 Local Time	Terminal NO.: -
도착 Arrival	베이징[北京] (PEK)	07APR07	20:05 Local Time	Terminal NO.: 2

예약클래스 Class E 예약상태 Status OK (확약) 운임 Fare Basis MLPX15
무료 수하물 허용량 Free Baggage Allowance 20 KG
항공권 유효기간 Not Valid Before - After 14APR07

KE 854 Operated by KE - KOREAN AIR. 경유 Via : -

출발 Departure	베이징[北京] (PEK)	12APR07	21:05 Local Time	Terminal NO.: 2
도착 Arrival	서울 (ICN)	12APR07	23:55 Local Time	Terminal NO.: -

예약클래스 Class E 예약상태 Status OK (확약) 운임 Fare Basis MLPX15
무료 수하물 허용량 Free Baggage Allowance 20 KG
항공권 유효기간 Not Valid Before 07APR07 After 14APR07

항공사 직원을 위한 e-티켓 정보입니다. For Airline Staff

Restriction	NON-ENDS KE853/07APR ONLY RFND PNTY 50000 REFUND PENALTY APPLICABLE
Conj. Ticket No.	-
Fare Calculation	M*SEL KE BJS Q22.00 306.96KE SEL Q22.00 306.96 NUC657.92END ROE948.15
Fare Amount	KRW 623900
Equiv. Fare Paid	-
TAX	KRW 4800YQ 27000BP 11000CN
Total Amount	KRW 666700
Form of Payment	7CWIJOI CC VI*************4235/****/E00
e-Ticket Issue Date/Place	05APR07 / 17392340 / KAL INTERNET SEOUL

상기 운임정보는 공시운임으로 실제 지불 금액과 다를 수 있습니다.
지불금액은 영수증을 확인하시기 바랍니다.

※ 본 e-티켓 확인증과 함께 제공된 법적 고지문을 반드시 참고하여 주시기 바랍니다.

• e-티켓 확인증은 탑승수속시, 입출국/세관 통과시 제시하도록 요구될 수 있으므로 반드시 전여행 기간 동안 소지하시기 바랍니다. e-티켓 확인증의 이름과 여권상의 이름은 반드시 일치해야 합니다.

• 대부분의 공항에서 탑승 수속 마감 시간은 해당 항공편 출발 40분 전(미주, 유럽 출발편은 1시간 전)으로 되어 있으니, 해당 항공편 출발 예정시각 최소 2시간 전에는 공항에 도착하시기 바랍니다.
단, 일부 공동 운항편의 경우 탑승수속은 운항항공사의 카운터에서 이루어지며, 운항항공사의 규정에 따라 탑승 마감시간이 다를 수 있습니다.

대한항공 | 서울 강서구 공항동 1370 | 대표이사 : 이종희 외 1명 | 사업자등록번호 : 110-81-14794 |
http://www.koreanair.com

그림 11-1 항공권

• 바우처(Voucher)

일종의 증권과 같은 것으로 그 지참자가 서비스를 수령할 본인이라는 것을 증명하는 것을 말한다.

아래 그림의 바우처는 호텔 바우처인데 현지 호텔에서 체크인할 때 한국에서 미리 호텔숙박료를 지불했다는 것을 증명하는 내용임을 알 수 있다. 주된 내용은 투숙자 · 객실형태 · 체류기간 등이 포함되어 있다.

SERVICE VOUCHER			
Date Printed:	15-Nov-2005	Booking Portfolio: Hong Gil Dong Tanjung Aru TPE	
Traveller's Name	Hong Gil Dong		
Segment Status: Confirmed(HK)		Booking Reference: 1051312	
Category	: ACCOMMODATION		
Country/City	MALAYSIA, PROVINCE OF MALAYSIA/ KOTA KINABALU	Product	Tanjung Aru Resort 5Nights 6Days Hotel
Address	: Tanjung Aru Resort		
	LOCKED BAG 174, 88744 KOTA KINABALU, SABAH, MALAYSIA.		
Telephone	: 6088225800		
Arrival	: 17-Dec-2005	Departure	: 22-Dec-2005
Category	: Standard Room		
Room Type	• Twin Bed Room • Breakfast		
Rate Note	Price includes Government Tax and Service Charge		

그림 11-2 바우처

• 관광객 명단

관광객 명단과 관광객 정보는 출국 전 또는 기내에서 출입국신고서와 세관신고서를 작성할 때 사용되며, 현지 관광목적지에서도 많이 사용하게 되는 자료이므로 반드시 확인해야 할 문서이다.

LOTTE JTB
Travel & Life

PASSENGER LIST

결제	매니저	팀장	부문장	대표이사

실속 서유럽 9일 KE

페이지 : 1/1
출력일시 : 2015-03-01

번호	예약대표자	한글명	영문명	연령구분	주민번호	여권번호	여권만료일	핸드폰	전화번호
		우편번호	주소				고객등급	비고	
1		고 ○ ○	KO ○ ○						
							TC		
2	유 ○ ○	유 ○ ○	YOU ○ ○		580820-2******	M90525442	2024-07-20	010-1234-5678	
			서울 서초구 서초동 245-87						
3	유 ○ ○	문 ○ ○	MOON ○ ○		460101-2******	M49879544	2023-01-03	000--	
4	유 ○ ○	임 ○ ○	IM ○ ○		520102-2******	M81110005	2022-11-11	000--	
5	유 ○ ○	임 ○ ○	IM ○ ○		580701-2******	M19365455	2020-07-24	000--	
6	이 ○ ○	이 ○ ○	LEE ○ ○		580410-2******	SC2205318	2023-03-26	010-234-5678	
			충남 천안시 ○○구 ○○로 12						
7	이 ○ ○	장 ○ ○	JANG ○ ○		570219-2******	M33825708	2024/06/20	000--	
8	박 ○ ○	박 ○ ○	PARK ○ ○		571016-1******	M22192974	2020/09/27	010-3456-7890	
			서울 강남구 ○○동 ○○아파트 1123-4567						
9	박 ○ ○	조 ○ ○	ZOO ○ ○		580414-2******	M15278208	2020/09/13	000--	
								영문 ZOO 가 맞음	
10	배 ○ ○	배 ○ ○	BAE ○ ○		730515-2******	M90385837	2022/04/26	010-1223-4455	
		403--82	인천○○구○○4동(123~456) 789-01						
11	배 ○ ○	김 ○ ○	KIM ○ ○		401025-2******	GB0839898	2020-04-04	000--	
12	배 ○ ○	박 ○ ○	PARK ○ ○		740825-2******	M68483361	2022-05-11	000--	
13	이 ○ ○	이 ○ ○	LEE ○ ○		600613-2******	M58226312	2024/01/08	010-2234-5667	
			경기도 ○○시 ○○구 ○○로 6						
14	이 ○ ○	김 ○ ○	KIM ○ ○		591226-1******	M19881787	2024/01/08	000--	

그림 11-3 관광객 명단

• 호텔 객실배정 명단

현지에서 호텔 체크인 시 객실배정을 할 때 반드시 필요하며 현지에서 호텔 프런트에서 복사를 요청해도 되지만 이용하게 될 호텔 수에 따라서 사전에 충분히 준비하는 것이 좋다.

객실배정표는 객실당 1장씩 고객들에게 배부하며, 객실과 객실 사이 전화연결방법, 한국으로 전화하는 요령, 현지 가이드 긴급연락처, TC 연락처, 기상시간, 식사시간, 출발시간 등을 표시한다.

표 11-2 객실 배정 명단

상품명 : ★실속 서유럽 9일 (KE)★ 인솔자: 고 영 길

ROOMING LIST

번호	한글명	영문명	방번호	비 고
1	유은희	YOU EUN HEE		
	문순옥	MOON SUNOK		
2	임난희	IM NAN HEE		
	임영순	IM YOUNG SOON		
3	이원순	LEE WON SOON		
	장경숙	JANG KYUNG SOOK		
4	박은수	PARK EUN SOO		
	조영숙	ZOO YOUNG SUK		
5	배미숙	BAE MI SOOK		
	김덕임	KIM DUK IM		
	박계순	PARK KYE SUN		
6	이영아	LEE YOUNG A		
	김길정	KIM KIL JUNG		
T/C	고영길	KO YOUNG KIL		

◈ 공지사항

1. 기상시간 :
2. 식사시간:
3. 출발시간 :
4. 국제전화 사용법
   외선( ) +
5. ROOM TO ROOM: ( ) + 방 번 호
6. 식당 위치 :
7. 미니바의 음료 이용이나 ROOM에서의 전화 이용은 CHECK OUT 시에 각자 지불하시기 바랍니다.
8. 일정 이외의 개인적인 행동은 인솔자 및 가이드가 책임을 지지 않으니, 이점 양지하시기 바랍니다.

(2) 관광객 관련 업무

① 단체관광객 파악

TC는 단체관광객의 팀 컬러, 즉 성향을 사전에 파악하는 것이 매우 중요하며, 패키지, 일반단체, 학단(학생단체) 등으로 크게 구분하여 단체관광객 성격에 맞게 서비스를 제공해야 한다. 또한, 관광목적과 단체관광객 명칭 등을 정확하게 파악해야 하며, 연령 · 학력 · 직업 · 교육수준 등도 고려해야 할 항목들이다.

② 설명회 개최

여행사는 출발 전 설명회를 하게 되는데, 관광객에게 설명회 개최의 공지사항을 알리고 참여를 유도하고는 있지만 관광객의 참여율은 그다지 높지 않다. 그러나 TC는 반드시 설명회에 참석하여 관광객에게 인사를 하며 이름과 얼굴을 먼저 익히는 것이 좋다.

설명회에서 설명할 사항들은 여행준비물, 외국에서 지켜야 할 국제 매너, 여행지 정보, 해당 국가 출입국신고서 작성법, 호텔 정보, 상세일정표, 국외여행 표준약관 등이며, 중요한 것은 현지에서 선택관광과 쇼핑에 대한 불만을 사전에 방지하기 위해 자세한 설명과 양해를 구하는 것이 좋으며, 공항 미팅장소와 집결시간을 제대로 공지하여 출발시간에 늦지 않도록 자주 언급해야 한다.

③ 개별 접촉

판매직원이 작성한 관광객명단을 수령하여 관광참가자의 연령 · 성별 · 직업 · 학력수준 · 동반가족 수 등을 미리 파악해야 한다.

그러나 관광객들은 설명회에 참석을 잘 하지 않기 때문에 공항에서 미팅하기 전에 관광객과 직접 통화하여 필요한 요구사항을 체크해야 한다.

(3) 개인 관련 업무

① 현지 정보수집

TC는 관광객으로부터 신뢰를 얻기 위해서는 관광정보를 정확하게 알고 있어야 하는데 구체적으로 제시하면 다음과 같다.

- 해당 지역의 정치 · 역사 · 지리 · 종교 · 문화 · 경제 · 미술 · 건축 · 축제 등
- 해당 지역의 최근 화제와 뉴스, 우리나라와의 관계 등
- 해당 지역의 지리적 위치, 출입국수속절차, 통화, 환전환율 등
- 호텔 위치와 주변상황 등
- 해당 지역의 독특한 관습과 풍습 등
- 해당 지역의 치안상태 등
- 해당 지역의 우리나라 대사관 또는 영사관과 교포단체 연락처 등
- 환승이 필요한 경우 공항구조와 환승방법 등
- 비행시간, 경유 및 환승 유무, 기내식 파악 등

② 준비물

구분	내용
관광객 용	관광객을 위한 음악 테이프와 CD 및 구급비상약품(감기약, 소화제, 해열제, 진통제, 일회용 반창고 등)이 필요함
TC 용	가방, 알람용 시계, 명함, 휴대용 전자계산기, 필기도구, 메모장 등
복장	첫 만남에서 해산할 때까지 반드시 정장차림을 유지하는 것이 좋지만, 상황에 맞게끔 복장을 융통성 있게 갖추어야 함

(출발 전 업무 체크리스트)

① 사전 연구 및 준비	• 여행 일정 파악: 팸플릿, 일정표 등 • 현지 사정 연구: 출입국 수속, 정치, 문화, 경제, 지리, 종교 풍속 습관, 쇼핑, 시차, 축일, 환율, 기후, 치안 등 • 관광일정상 관광포인트 • 시내관광 패턴: 입관, 입장시간 등 • 호텔 내용: 입지, 객실 특성, 부대시설 등 • 여정 시나리오 작성 • 예상되는 트러블에의 대비(시각표 등)
② 투어담당자와의 협의	• 팸플릿 및 최종 일정표 체크: 일정상 조건, 판매 가격, Single use 요금, 투어 성격, 기획의도, 내용변경 등 • 팁 컬러: 그룹 참가자, Single use 희망자, VIP, 환자, 허니문 등 특별 배려객 유무, 집합 공항까지의 이동 수단(항공, 버스, 철도 등 여행사 수배가 있는 경우), 보험 등 • 전도금 및 내역: 정산 관계, 현지 직불 항목(팁, 통신 교통비, 음료대 등 특별 지불 항목), 지급액(외화, 여행자 수표 등), 지급 기준액 확인, 팁 제공을 위한 소액지폐 계산, 귀국 후 정산 시의 주의점(환전증명서, 정산 항목 등) • 손님용 Baggage Tag 및 배지(색깔 및 수량) • 투어보고서 및 설문지
③ 수배관계	• 수배여정: 예약 상황, 특히 확인을 요하는 곳 • 수배조건 및 랜드여행사: 호텔 등급, 식사 조건(조식, 일식, 양식, 뷔페, 한식, 명물요리 등), 가이드, 버스 좌석, 열차, 관광지 입장 횟수(입장료), 샌딩, 미팅 등의 유무 • 옵션 투어: 요금(원가 및 판매가), 조건, 내용, 정산 방법 등 • 항공권, 열차표, 호텔 바우처 등: 수령 장소 및 시점 확인, 매수 및 내용 체크 • 루밍 리스트, 관광객 리스트 • 긴급 연락처 • 쇼핑 지정점 리스트(영업시간 등 확인)

2) 행사 중 업무

(1) 출국업무

출국 업무는 ① 사전업무 준비, ② 관광객과의 첫 만남, ③ 탑승수속과 수하물 탁송, ④ 인원점검과 관광객과의 인사 ⑤ 일정 전달, ⑥ CIQ 및 보세구역 안내, ⑦ 탑승구 미팅 및 탑승 순으로 진행된다.

① 사전업무 준비

단체관광객의 경우 일반적으로 탑승시간보다 2시간 전에 만남이 이루어지기 때문에 TC는 관광객보다 1시간 더 일찍 공항에 도착하여 공항의 상황과 만남장소 등을 점검하는 사전준비가 필요하다.

TC는 공항에 도착하여 먼저 만남장소를 확인하고 점검한 후 눈에 잘 띄는 곳에 미팅 보드나 여행사 상징물 깃발 · 안내판 등을 부착한다. 일반적으로 관광객과의 만남장소는 공항 3층 만남의 장소에서 이루어지며, 성수기에는 혼잡하기 때문에 관광객과 만나기 용이한 장소로 만남장소를 정하는 것도 한 방법이라 할 수 있다.

다음으로 TC는 탑승할 항공사의 단체수속 카운터로 이동하여 해당 항공편의 출발 상황 · 변동사항 등을 점검하고 확인하여 단체 탑승수속을 진행하는 것이 좋다.

인솔자는 항공사 단체 카운터로 가서 자신이 인솔자라는 것을 밝히고 탑승권을 살펴볼 수 있도록 부탁한다. 항공사 직원은 해당 항공사를 이용하는 단체들을 여행사를 통해 사전에 알고 있고, 인솔자가 사전에 탑승권을 체크하는 것이 관행으로 되어 있기 때문에 그 요구에 응하게 된다.

탑승권은 항공사별로 먼저 배부하는 경우(단체의 경우에 한정됨)와 여권 · 항공권을

NO	성명	원 좌석	변경좌석
1	김광균	27A	27A
2	김순옥	27F	27B
3	김철수	28F	27C
4	김안나	28G	27D
5	허윤지	27G	27E
6	강호동	27B	27F
7	강호식	28B	27G
8	김칠구	27C	28F
9	김형호	28A	28G
10	오정은	28C	28A
11	윤지혁	27D	28B
12	고영길	27E	28C

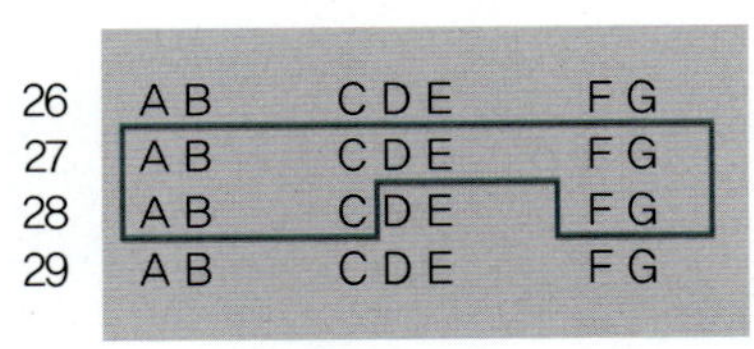

그림 11-4 좌석의 재배치 작업의 예

모두 대조해 배부하는 경우가 있는데, 두 경우 모두 단체관광객의 탑승권을 확인하여 좌석배치가 어떻게 되어 있는지, 항공기의 행과 열은 일률적으로 배정되어 있는지 등을 확인하여 단체관광객의 특성에 맞추어 좌석의 재배정을 마친다.

탑승권의 좌석은 무작위로 배정되어 있기 때문에 단체 명단을 통해 누구와 누가 같은 일행인지를 알고 있는 인솔자는 일행끼리 같이 앉아 갈 수 있도록 [그림 11-4]와 같이 좌석번호를 수기로 작성해 좌석의 재배치 작업을 진행한다.

TC의 경우 항상 단체관광객을 보호하고 서비스할 수 있는 좌석의 확보가 중요한데, 통상적으로 기내업무를 할 수 있는 통로가 적당하다. 좌석의 재배치 작업까지 마치면 관광객의 편의를 도모하기 위해 공항의 부대시설과 편의시설에 대한 위치를 파악한 후 고객과 만나기로 한 장소로 와서 고객을 기다리면 된다.

② 관광객과의 첫 만남

관광객이 도착하는 순서대로 여권과 관광객명단(name list)을 대조 · 확인하여 여권을 취합한 후, 관광객에게 여행사에서 제작한 식별 안내물품을 전달하게 되는데 식별 안내물품은 여권커버, 모자, 필기도구, 여행사 자체 수하물표(baggage claim tag), 허리가방 등이 있으며, 탑승수속을 진행하는 동안 관광객이 쉴 수 있는 자리를 확보해야 한다.

만약 자기 팀에 병무신고 해당자가 있을 경우에는 병무신고를 마쳤는지 여부를 확인하고 여권을 취합한다. 현재 새로운 여권으로 처음 출국하는 병무신고 해당자는 병무신고소에 여권과 국외여행신고서를 제출하여 신고하여야 하는데, 간혹 국외여행신고서를 분실하였다던지 집에 놓고 온 경우가 있다. 이 경우에는 팩스민원을 신청할 수 있다.

③ 탑승수속과 수하물 탁송

해당 항공사의 카운터에서 1차적으로 마친 탑승수속에 대한 마무리 업무로, 1차 확인한 탑승권(boarding pass)에 대하여 관광객으로 부터 취합한 여권을 통해 항공사 직원과 관광객 신분대조 · 영문이름 등을 확인해야 한다.

참고로, 목적지 공항까지 직항하지 않고, 도중 환승해야 하는 일정인 경우, 환승공항에서 다시 연결편 탑승 수속을 해야 하는 번거로움이 있다. 이러한 번거로움을 없애기 위해 스루체크인(Through Check in: 일괄탑승수속) 서비스를 실시하는 항공사들이 많다. 스루체크인이란 출발공항에서 목적지 공항까지 가는 도중 환승을 필요로 하는 구간에서 별도로 탑승수속을 하지 않고 출발공항에서 한번에 모든 탑승수속과 발권을 마치고 가는 서비스를 말한다. 원래 환승의 원칙은 환승 공항에서 일단 위탁수하물을 인수하고, 환승할 항공사 카운터에서 체크인을 다시 실시하여야 한다. 그러나 출발공항에서 탑승수속을 할 때 스루체크인이 가능한 경우 환승편 탑승권을 같이 항공사 직원에게 제출하면 위탁수하물도 자동으로 환승편으로 실리게 되고 환승하는 항공기의 탑승권까지 사전 발권이 되어 연결편 탑승수속을 위해 장시간 환승공항에서 대기할 필요가 없어진다. 다만, 국가나 항공사에 따라 스루체크인이 되지 않는 곳도 있으므로 사전에 확인할 필요가 있다.

2007년 3월 1일부터 대한민국 내에 위치한 공항에서 출발하는 모든 국제선 항공편에 대하여 액체와 젤류 및 에어로졸에 대한 보안통제지침이 시행되고 있음을 관광객에게 주지시켜 기내 반입에 신중하게 대처하도록 해야 하는데, 항공기 내에 반입할 수 있는 액체류는 용기 1개당 100ml 이하, 총량은 1ℓ이며, 투명 지퍼락 봉투 안에 보관하고, 지퍼락 봉투의 크기도 약 20cm×20cm에 지퍼가 잠겨 있어야 가능하다.

수하물은 기내에 반입할 휴대물품과 위탁수하물로 나눌 수 있도록 관광객에게 안내하여야 하며, 항공기 내에는 여권 · 귀중품 · 지갑 등 최소한의 물품을 가지고 탑승하는 것이 탑승수속, 즉 보안검색 시 불필요한 시간을 줄일 수 있는 방법이다.

• 수하물의 종류

수하물(Baggage)은 항공규정에서는 여행객이 여행 시 휴대하는 짐을 말한다. 항공사에서는 수하물을 위탁수하물과 기내반입수하물 두 가지로 구분한다.

위탁수하물 (Checked Baggage)	항공사에 운반을 위탁하는 수하물. 탑승수속 시 항공사 카운터에 위탁하고 도착공항에서 수하물을 찾을 수 있다. 위탁 시에는 수하물을 위탁했다는 수하물 확인표(Baggage Claim Tag)를 받게 되는데 도착공항에서 위탁수하물에 파손이나 도난, 미도착 등 문제가 발생했을 때의 피해보상을 위해 잘 보관해야 한다.
기내반입수하물 (Unchecked Baggage, Hand Carried Baggage)	승객이 기내에 반입할 수 있는 수하물. 좌석 아래나 선반 등 소정의 장소에 보관해야 한다.

수하물을 위탁하는 경우 가능하면 여행객들에게 자신의 짐을 직접 운반하도록 하여 분실되는 것을 방지하여야 하며, 점점 더 많은 항공사들이 고객 스스로가 직접 개별 수하물 체크를 하는 것을 원칙으로 하고 있어 고객들이 자기의 짐을 직접 위탁하고 수하물표를 받도록 권장하고 있다.

항공사 카운터 직원은 위탁수하물의 무게를 재고 각각의 수하물마다 해당 수하물을 위탁하였다는 수하물 표(baggage claim tag)를 제공하는데 위탁한 수하물 갯수와 수하물 표의 숫자가 맞는지 확인토록 한다. 수하물 표는 수하물 사고나 분실 등에 있어 자신들의 수하물임을 증명하고 보상받을 수 있는 결정적 증거가 되기 때문이다.

무료 수하물 허용량은 2013년 현재 대한항공을 예로 들면, 여행객의 여정과 좌석 등급, 스카이패스 회원등급에 따라 수하물의 크기와 무게, 개수가 다르게 적용된다. 여행객들이 많이 이용하는 일반석의 경우, 미주구간은 짐 2개에 각 수하물의 무게는 23kg 이하이며, 미주 이외의 구간에서는 23kg 이하의 짐 1개로 정해져 있다. 만약 무게가 대략 10kg 초과 시 10만 원 정도의 요금을 추가로 부담하여야 한다.

표 11-3 무료 수하물 허용량

<table>
<tr><th>지역</th><th>미주구간</th><th>미주 외 구간</th><th>국내선</th></tr>
<tr><td>일등석</td><td colspan="2">수하물의 무게가 32kg/70lbs 이하이며 최대 3변의 합이 158cm/62ins 이내의 짐 3개</td><td>-</td></tr>
<tr><td>프레스티지석</td><td colspan="2">각 수하물의 무게가 32kg/70lbs 이하이며 최대 3변의 합이 158cm/62ins 이내의 짐 2개</td><td>30kg</td></tr>
<tr><td>일반석</td><td>각 수하물의 무게가 23kg/50lbs 이하이며 최대 3변의 합이 158cm/62ins 이내의 짐 2개
*브라질 출도착 여정은 32kg/70lbs 이하의 짐 2개 적용</td><td>각 수하물의 무게가23kg/50lbs 이하이며 최대 3변의 합이 158cm/62ins 이내의 짐 1개</td><td>20kg</td></tr>
<tr><td>소아
(만 12세 미만)</td><td colspan="2">성인과 동일+ 접는 유모차, 소아용 카시트 중 1개</td><td>성인과 동일</td></tr>
<tr><td>유아
(만 2세 미만)</td><td colspan="2">접는 유모차, 운반용 요람, 유아용 카시트 중 1개+크키가 115cm/45ins 이하이면서 무게가 10kg/22lbs 이하인 가방 1개</td><td>접는 유모차, 운반용 요람, 유아용 카시트 중 1개</td></tr>
</table>

출처: 대한항공.

④ 인원점검과 관광객과의 인사 · 일정 전달

인원점검 시 항상 눈으로 인원을 파악해야 하며, 손가락 또는 몸짓이나 다른 방법을 사용하여 인원을 파악하는 것은 결례가 될 수 있으므로 주의해야한다. 패키지 투어(package tour)는 대부분이 가족이나 친구 등 작은 단위의 관광객이 모인 경우이므로 단위별로 인사를 주고 받을 수 있도록 유도하며, 인센티브 투어(incentive tour)의 경우 회사단체나 모임 등의 성격을 띠므로 단체나 모임의 책임자를 통하여 서로 인사를 나누도록 안내한다.

사전에 여행설명회가 있었더라도 TC는 이번 여행의 간단한 설명을 곁들일 필요가 있으며, 또한 관광목적지의 상황(날씨 · 복장 · 화폐 · 물가 · 치안 등)에 대하여 다시 설명하고, 전반적인 여행에 대한 안내를 덧붙인다.

환전은 사전에 방문국의 화폐로 환전하지 못한 경우 공항의 은행에서 여권을 제시하고 외화반출한도(US$ 10,000) 내에서 본인이 필요한 금액만큼 환전이 가능하며, 환전창구가 혼잡할 경우에는 출국심사를 마치고 보세구역의 은행에서도 환전이 가능함을 주지시킨다.

⑤ CIQ(Customs · Immigration · Quarantine) 절차

• 검역신고

검역소에는 외국여행자, 동물, 식물에 대한 검역증명서를 발급하고 있는데 도착지 국가에 따라 검역증명서를 확인하는 경우가 있으므로 아프리카나 중남미 지역을 여행하고자 하는 여행객은 출국 10일 전에 접종을 받고 검역증명서를 휴대하여야 한다. 또한, 애완동물이나 식물을 반출할 때에도 반입금지나 동 · 식물 검역증명서를 요구하는 경우가 있기 때문에 사전에 신고를 하고 반출이 가능한지 여부를 확인해야 한다. 이러한 검역 관련 절차는 탑승수속을 받기 전에 해야 신속하게 탑승할 수 있다.

• 세관신고

이미 사용하고 있던 고가의 외국제품을 해외로 반출했다가 다시 반입할 목적으로 가지고 나가는 경우, 자국입국 시 면세를 증명하기 위해 신고해야 하며, 교부받은

반출신고서를 귀국시 세관에 제시해야 한다.

통상적으로 우리나라를 포함하여 대부분의 국가에서 자진신고제도를 실시하고 있으며, 이에 따라 출국 시에는 자진신고만으로 출국이 가능하지만, 입국 시에는 세관신고서를 작성해야 한다. 주의해야 할 사항은 출국 시에는 면세허용기준이 US$ 3,000이지만, 입국면세허용기준은 US$600임을 반드시 숙지해야 한다.

• 출입국심사

출입국심사는 내국인과 외국인이 출국 · 입국할 때 여권과 비자의 유효 여부를 확인하여 내국인과 외국인의 안전한 관광을 지원하며, 위 · 변조여권의 소지자 등 불법출입국자와 출입국 금지자의 출입국을 관리하는 것을 말한다.

즉, 출국심사는 관광객이 법적으로 출국에 문제가 없는지를 확인하고 승인하는 절차이며, 정확하게 표현하면 출국사열이라고 한다.

관광객은 출국심사대 앞의 대기선에 기다리다가 자신의 차례가 오면 여권과 탑승권을 제출해야 하며, 25세 이상 병역미필자는 출국심사 시 국외여행허가증명서를 같이 제출해야 한다.

대부분의 국가에서는 출입국신고서를 작성하고 제출하는 것을 요구하고 있으나 우리나라의 경우 내국인의 출입국신고서는 행정절차 간소화차원에서 2006년 8월 1일부터 생략하고 있다.

표 11-4 보안 검색 절차

	여권, 탑승권을 검색요원에게 제시한다.
	신고 대상물품이 있으면 세관에 미리 신고한다.
	휴대물품을 검색대에 컨베이어에 올려 놓는다(가방, 핸드백, 코트).

	소지품(휴대폰, 동전, 열쇠)은 바구니에 넣는다.
	문형 탐지기를 통과하고 검색요원이 검색한다.

표 11-5 출입국 심사절차

	출국심사대 앞 대기선에서 기다린다.
	모자 또는 선글라스는 벗는다.
	여권, 탑승권을 제시한다.
	여권에 출국확인을 받고 여권을 돌려 받는다.
	출국심사대를 통과한다.

출국심사를 마친 후 탑승권이나 운항정보 모니터에 표시된 탑승게이트로 이동하여 항공기에 탑승하게 되는데, 인천 국제공항의 경우 탑승게이트 1~50번은 여객터미널에서 항공기를 탑승하고, 탑승게이트 101~132번은 셔틀트레인을 타고 탑승동으로 이동하게 된다.

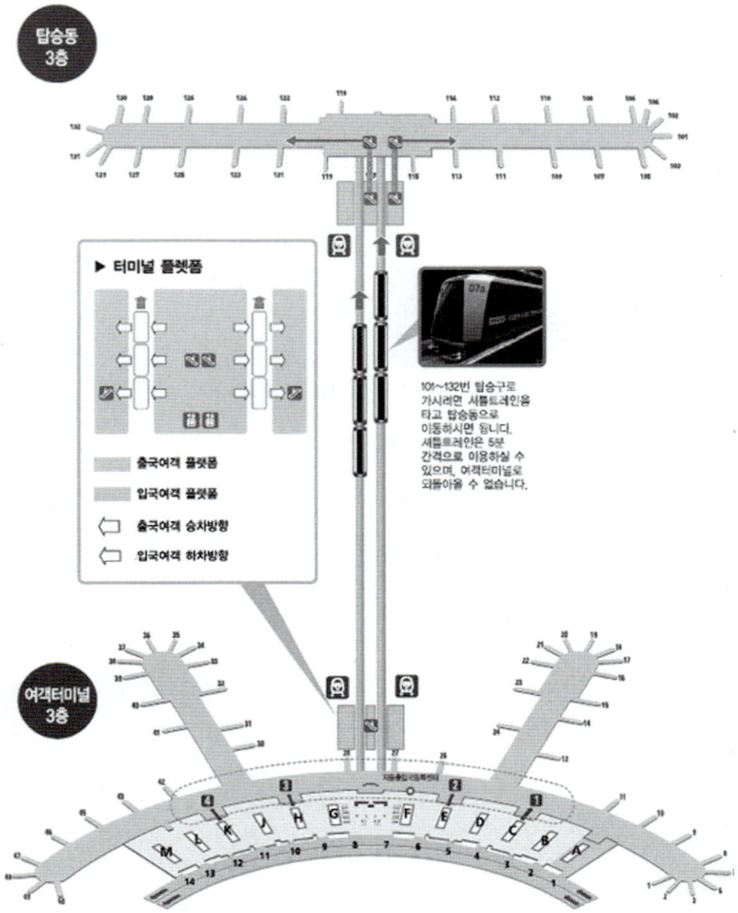

그림 11-5 인천 국제공항 탑승게이트

3) 여행인솔자의 기내업무

기내에서의 인솔자 업무는 크게 기내에서의 업무와 목적지 도착 전 업무로 구분지을 수 있다.

(1) 항공기 기내업무

여행객들이 전원 탑승했는지의 여부를 확인하고, 탑승권에 인솔자가 적은 좌석대로 앉았는지, 인솔자의 좌석은 어디인지 등을 주지시켜 주어야 하며, 객실 승무원에게도 자신이 인솔자임을 알려 주고 단체에 대한 좌석번호를 알려 줌으로써 후에 단체에 대한 협조사항이 있으면 요청한다.

또한 여행하게 될 관광지의 정보와 고객질문에 대한 응대 및 개인적인 유대관계까지 대화를 통해서 인솔자와 고객 간의 친밀감을 형성하는 데 노력한다.

(2) 목적지 도착 전 업무

항공기가 목적지에 가까워지면 TC는 기내 승무원의 서비스 시간과 겹치지 않게 관광객의 건강상태를 확인하면서 관광객과의 친밀도를 유지한다. 또한, 작성한 출입국신고서와 세관신고서를 배포하면서 관광목적지의 입국에 대한 간단한 안내와 유의사항을 전달하며, 항공기에서 내린 후 1차적으로 만날 것임을 관광객에게 안내한다.

① 출입국신고서(E/D Card: embarkation/disembarkation card)

출입국신고서는 양식이나 기재사항이 약간씩 다를 수 있는데 대략적인 내용은 다음과 같다.

- 출입국 신고서의 내용: 성(sir name, family name), 이름(given name, first name), 성별(sex, male/female), 생년월일(date of birth), 국적(nationality), 여권번호(passport number), 관광목적(purpose of visit), 이용 항공편명(flight no.), 여권만료기한(date of expiration), 여권발급지역(place of issue), 출생지(place of birth), 거주국(country of residence), 주소(permanent address), 비자번호(visa no.), 비자유효기간(date of expiration), 체류지(address in nations), 체제기간(intended length of stay), 직업(profession occupation), 동반자녀의 수(no. of accompanied children) 등을 기재한다.

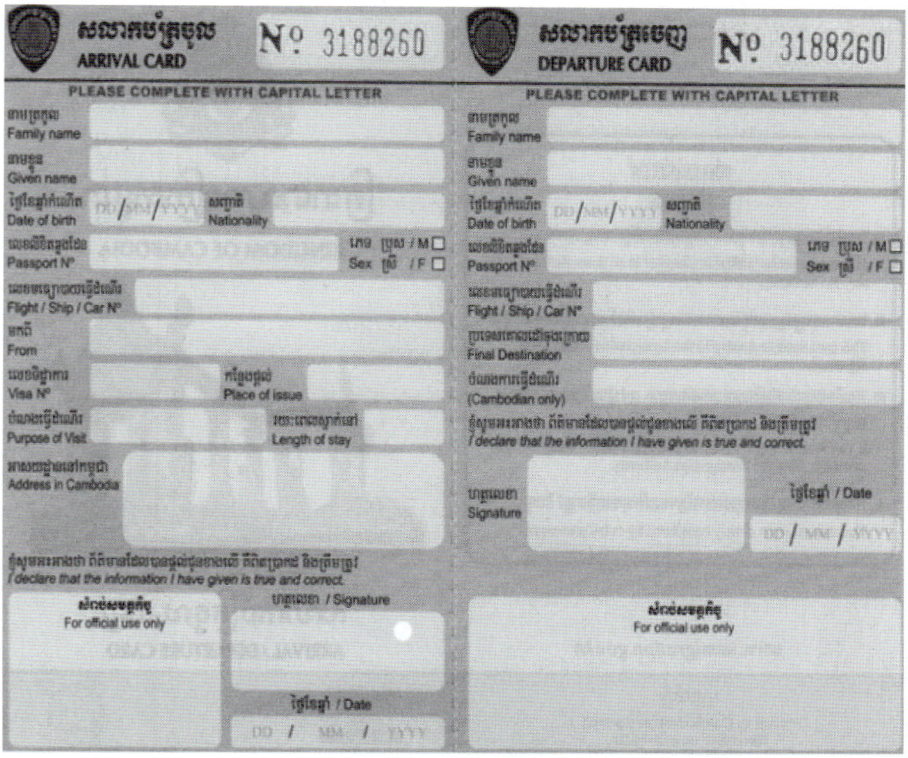

ARRIVAL CARD N° 3188260

PLEASE COMPLETE WITH CAPITAL LETTER

Family name

Given name

Date of birth DD / MM / YYYY Nationality

Passport N° Sex / M □ / F □

Flight / Ship / Car N°

From

Visa N° Place of issue

Purpose of Visit Length of stay

Address in Cambodia

I declare that the information I have given is true and correct.

For official use only

/ Signature

/ Date DD / MM / YYYY

DEPARTURE CARD N° 3188260

PLEASE COMPLETE WITH CAPITAL LETTER

Family name

Given name

Date of birth DD / MM / YYYY Nationality

Passport N° Sex / M □ / F □

Flight / Ship / Car N°

Final Destination

(Cambodian only)

I declare that the information I have given is true and correct.

Signature

/ Date DD / MM / YYYY

For official use only

그림 11-6 캄보디아 출입국 카드

② 세관신고서(customs declaration card)

- 세관신고서의 내용: 성(sir name, family name), 이름(given name, first name), 이용항공 편명(flight no.), 동반 가족 수(no of family members traveling with), 반입이 금지된 품목(fruits, meats, soil, farm products, animals) 소지 여부와 반입초과 물품 신고(cigarette, alcohol, money)에 관한 사항 등을 기재한다.

DEPARTMENT OF THE TREASURY
UNITED STATES CUSTOMS SERVICE

Customs Declaration

FORM APPROVED
OMB NO. 1515-0041

19 CFR 122.27, 148.12, 148.13, 148.110,148.111, 1498; 31 CFR 5316

Each arriving traveler or responsible family member must provide the following information (only ONE written declaration per family is required):

1. **Family Name**
   First *(Given)* Middle
2. **Birth date** Day Month Year
3. Number of **Family members** traveling with you
4. (a) U.S. Street **Address** (hotel name/destination)
   (b) City (c) State
5. **Passport issued by** (country)
6. **Passport number**
7. Country of **Residence**
8. **Countries visited** on this trip prior to U.S. arrival
9. **Airline/Flight No.** or **Vessel Name**
10. The primary purpose of this trip is **business**: Yes No
11. I am (We are) bringing
    (a) fruits, plants, food, insects: Yes No
    (b) meats, animals, animal/wildlife products: Yes No
    (c) disease agents, cell cultures, snails: Yes No
    (d) soil or have been on a farm/ranch/pasture: Yes No
12. I have (We have) been in close proximity of (such as touching or handling) **livestock**: Yes No
13. I am (We are) carrying **currency or monetary instruments** over $10,000 U.S. or foreign equivalent: Yes No
    (see definition of monetary instruments on reverse)
14. I have (We have) **commercial merchandise**: Yes No
    (articles for sale, samples used for soliciting orders, or goods that are not considered personal effects)
15. **Residents** — the **total value of all goods**, including commercial merchandise I/we have purchased or acquired abroad, (including gifts for someone else, but not items mailed to the U.S.) and am/are bringing to the U.S. is: $
    Visitors — the **total value of all articles** that will remain in the U.S., including commercial merchandise is: $

Read the instructions on the back of this form. Space is provided to list all the items you must declare.

I HAVE READ THE IMPORTANT INFORMATION ON THE REVERSE SIDE OF THIS FORM AND HAVE MADE A TRUTHFUL DECLARATION.

X (Signature) Date (day/month/year)

For Official Use Only

Seminole Form 481 E Customs Form 6059B (11/02)

그림 11-7 미국 세관신고서

(공항 및 기내 관련 업무 체크리스트)

① 탑승수속 전 업무	• 집합시간 (____시____분) • 샌딩 요원과의 협의 : 업무 역할 분담, 재 집합 시간 확인 등 • 위탁 수하물 개수(명부에 기입), 네임태그 확인, 취급 주의 수하물 유무 • 여행목적지 국가의 검역 대상물(과일, 육류 등)의 소지 유무 • 여권, 비자, E/D카드 등 체크 • 재집합 안내 (장소 ➡ ____ : 시간 ____시 ____ 분)
② 항공사 카운터 체크인	• 항공권 제시, 매수 확인 • 탑승권, 좌석 확인 • 탑승 게이트, 시간 확인 • 최종 인원 및 수하물 개수 확인 ➡ ____개 ____인 • 클레임 태그(CLAIM TAG) 매수 확인 ➡ ____ 매 • 목적지 THREE CODE확인 • THREE CODE ➡ ____
③ 재집합 시간 확인	• 인원수 파악 및 확인 ➡ ____ 인 • 인솔자 인사 • 여행일정, 출국수속, 기내, 현지도착까지의 설명 및 유의점 • 탑승권 배부 • 면세품 구입안내 및 환전 요령 • 보안 검색 요령 설명 • 탑승 시간 및 탑승 게이트 안내 ➡ ____ 시 ____ 분 ____ 번 게이트
④ 탑승 및 기내	• 탑승시의 인원파악 및 손님 좌석 위치 확인 • 기내 설비 안내: 손 짐, 화장실, 좌석 스위치 등 • 객실 승무원에 인사 : E/D카드 등 필요 서류 확보 • 환승의 경우 환승 요령 설명 • 행선지 E/D카드 등 서류 재확인

4) 입국수속업무

항공기에서 내린 후 관광객들은 적절한 장소에 집결시킨 후 인원이 모두 모였으면 검역(quarantine), 입국심사(immigration, passport control), 위탁수하물 회수(baggage claim), 세관검사(customs declaration), 입국, 현지 가이드 만남의 과정을 거치게 된다.

(1) 입국수속 전 업무

관광객들이 항공기에서 내리면 인원을 파악하고, 사전에 기내에서 작성하여 관광객에게 전달한 출입국신고서(em/disembarkation card)와 세관신고서(customs declaration card)를 확인하고, 입국절차를 안내한다.

입국심사대는 국가별로 상이하지만 통상적으로 'Arrival', 'Baggage claim', 'Immigration', 'Passport Control' 등으로 표시되어 있다.

만약 해당 공항이 경유지인 경우에는 항공사의 안내에 따라 기내에서 대기하거나 공항 내 경유 구역(transit area)에서 대기하며, 환승(transfer)하는 경우에는 trasit이나 transfer라고 적혀 있는 안내표지판을 따라 이동하여 환승 체크인 카운터(transfer check-in counter)로 이동하여 탑승수속 후 게이트에서 대기하도록 한다. 절대 arrival 방향으로 가지 않도록 주의한다.

(2) 검역(quarantine)

관광목적지 입국 시 검역은 대부분의 국가에서 생략하거나 관광객이 지나가면서 모르는 사이에 이루어지는 경우가 대부분인데, 중국을 포함한 몇 개 국가에서는 검역신고서를 제출하는 경우도 있으며, 동남아시아 국가의 경우 세관신고 시 검역에 대한 사항을 함께 질문하는 경우도 있다. TC는 관광목적지 검역 사항을 사전에 안내하여 허위나 누락신고가 되지 않도록 관광객에게 주의를 당부해야 한다.

(3) 입국심사(immigration, passport control)

입국심사는 어느 나라에서나 입국자 전원을 대상으로 실시하는데 입국심사대는 국가별로 약간 상이하지만 자국어와 영어를 혼용하여 사용하고 있으며, 자국인은 Nationals, Residents 등으로 외국인은 Foreigners, Aliens 등으로 표기되어 있다.

TC는 항상 먼저 입국심사를 받고 대기하거나 마지막에 입국심사를 받는 것이 현명하며, 관광객에 대한 입국심사 시 발생할 수 있는 돌발상황(귀국항공권의 제시, 방문목적에 대한 질문, 사증의 확인, 관광목적지의 숙박지 연락처, 현지 여행사 연락처 제시 등)에 대해 대비하도록 한다.

입국심사는 입국심사관이 한 사람씩(혹은 가족단위로) 실시하며, 입국허가 여부를 최종적으로 판단한다. 국가마다 실시하는 방법이 다를 수 있는데, 미국의 경우에는

澳門特別行政區政府
Governo da Região Administrativa Especial de Macau
衛生局
Serviços de Saúde

健康申報表
Declaração de Saúde / Health Declaration

姓名 ____________ 性別 ______ 年齡 ______
Nome completo / Name in full — Sexo / Sex — Idade / Age

職業 ____________ 國籍 ____________
Ocupação / Occupation — Nacionalidade / Nationality

旅遊證件或身份證編號 ____________ 入境日期 ____________
Nº de documento de viagem ou ID./
Nº of travelling document or ID. — Data de entrada / Date of entry

交通工具
Meio de transporte /
Mode of transport
☐ 飛機航班 ____________
nº de voo / Flight no.
☐ 陸路
Terrestre / By land
☐ 海路航班 ____________
Marítimo nº de embarcação / Sea no.

在澳聯絡地址 ____________
Endereço de contacto em Macau / Contact address in Macao

電話 ____________
Telefone / Telephone

1. 到達前十四天內您到過的城市和國家 ____________
Indique os países ou cidades que visitou nos últimos 14 dias antes da sua chegada. /
Please name the countries and cities that you have visited within the last 14 days before arrival.

2. 兩天內如有下列症狀，請在方格內劃 ☑
Caso tiver os seguintes sintomas nos últimos 2 dias, marque o(s) quadrado(s) com ✓ /
Please mark ✓ before the symptom if any within 2 days.

☐ 發燒 Ter febre / Fever
☐ 氣促 Falta de ar / Shortness of breath
☐ 咳嗽 Tosse / Cough
☐ 腹瀉 Diarreia / Diarrhea
☐ 呼吸困難 Dificuldade respiratória / Breathing difficulty

簽名
Assinatura / Signature

根據第2／2004號法律（傳染病防治法）第十條第一款及第二款的規定，進入澳門特別行政區的人應如實填寫本表，並在有需要時接受衛生局工作人員的醫學檢查；根據上述法律第三十條（一）項的規定，違者可處最高六個月徒刑或科最高六十日罰金。

Nos termos dos n.ºs 1 e 2 do artigo 10º da Lei nº 2/2004-Lei de Prevenção, controlo e tratamento de doenças transmissíveis, as pessoas que entram na RAEM devem preencher esta ficha, dela fazendo constar elementos verdadeiros, e sujeitar-se, se necessário, a exame médico a efectuar pelo pessoal dos Serviços de Saúde, sob pena de poderem ser punidos com pena de prisão até 6 meses ou de multa até 60 dias, nos termos da alínea 1) do artigo 30º do mesmo diploma.

Under article 10 no. 1 & 2 of Law 2/2004 – Law of Prevention, Control and Treatment of Communicable Diseases, people entering Macao SAR must fill truthfully this form and submit, when asked, to medical examination performed by staff members of Department of Health. Infringers should be liable to imprisonment up to 6 months or a fine up to 60 days, under article 30 (1) of Law 2/2004.

그림 11–8 검역신고서(마카오)

입국 심사관이 입국목적, 체제하는 곳, 체제일수를 물어볼 수 있으며, 여권 등을 조회한 후에 입국허가 여부를 결정한다. 또한, 지문 스캔과 얼굴 사진촬영이 같이 이루어진다.

유럽으로 여행가는 경우, 유럽은 EU가맹국과 비가맹국으로 이루어져 있으며, 또한 국경심사폐지를 목적으로 한 협정인 셍겐 조약에 따라 유럽 국가들을 분류할 수 있다. 따라서 쉥겐 협정을 실시하는 국가 간 이동에는 출입국심사가 없기 때문에 한국에서 출발하는 경우 첫 쉥겐 국가에서 입국심사를 하고 마지막 쉥겐 국가에서 출국심사를 하고 한국으로 귀국하면 된다.

한편, 쉥겐 미실시국이 여정에 포함되어 있는 경우에는 어떻게 해야 하는지를 예를 들어 설명하면 다음과 같다(수하물은 스루체크인한다고 가정).

예 1) 쉥겐 협정 가입국가에서 경유하는 경우

한국–파리 경유–로마(프랑스와 이탈리아 모두 쉥겐 가입국)

입국심사: 파리공항(○), 로마공항(×)

세관검사: 파리공항(×), 로마공항(○)

예 2) 쉥겐 협정 미가입국인 영국에서 경유하는 경우

한국–런던 경유–로마

입국심사: 런던공항(×), 로마공항(○)

세관검사: 런던공항(×), 로마공항(○)

예 3) 쉥겐 협정 가입국에서 경유하여 영국으로 가는 경우

한국–로마 경유–런던

입국심사: 로마공항(×), 런던공항(○)

세관검사: 로마공항(×), 런던공항(○)

Tip 유럽연합(EU) · 쉥겐(Schengen)조약 · 유로(Euro)에 대해

① 유럽연합(EU)의 개요

1993년 1월에 발효된 유럽연합조약에 따라 유럽 내 단일시장을 구축하고 단일통화를 실현하여 유럽의 경제 · 사회 발전을 촉진하고, 공동방위정책을 포함하는 공동외교안보정책을 수립하고 이행하여 국제무대에서 유럽의 이해를 제고하기 위해 창립되었다. 유럽연합은 또 유럽시민권제도를 도입하여 회원국 국민의 권리와 이익보호를 강화하기 위한 목적도 있다.

② 쉥겐조약

EU결성의 일환으로서 가맹국 간의 국경 간 이동 자유화를 위해 출입국 수속을 하지 않기로 한 협정으로 룩셈부르크의 쉥겐에서 협약을 체결해서 쉥겐조약이라고 한다.

아래 표에서 볼 수 있는 것처럼 29개국이 조인하였는데, 그중 *표시의 3개국은 아직 실시하고 있지 않고 있다.

한국인 여행들은 비가맹국(미실시국 포함)으로의 출입국 수속은 통상적으로 이루어지지만 가맹국 상호 간의 이동은 출입국 수속이 생략되므로 처음 입국한 가맹국에서 입국수속을, 그리고 마지막에 출국하는 가맹국에서 출국수속을 하면 된다.

③ 유로의 등장

1999년 1월부터 당시 EU가맹국 15개국 중 11개국이 경제통화 통합으로서 단일통화「유로화」를 도입한 것을 계기로 현재는 17개국이 도입하여 7종류의 유로지폐와 8종류의 유로 동전이 유통되고 있다. EU가맹국 중 10개국은 유로화를 도입하고 있지 않다(영국, 스위스, 덴마크 등).

2012년 현재 EU가맹국 27개 국, 쉥겐 협정 29개국, 유로 가맹 17개국은 아래 표와 같다.

국명	영문명	EU	쉥겐	유로
아이스랜드	Iceland		○	
아일랜드	Ireland	○		○
영국	United Kingdom	○		
노르웨이	Norway		○	
스웨덴	Sweden	○	○	
덴마크	Denmark	○	○	
핀란드	Finland	○	○	○
네덜란드	Netherlands	○	○	○
벨기에	Belgium	○	○	○
독일	Germany	○	○	○
룩셈부르크	Luxembourg	○	○	○
프랑스	France	○	○	○
스위스	Switzerland		○	
리히텐슈타인	Liechtenstein		○	
오스트리아	Austria	○	○	○
이탈리아	Italy	○	○	○
스페인	Spain	○	○	○
포르투갈	Portugal	○	○	○
그리스	Greece	○	○	○
폴란드	Poland	○	○	
체코	Czech	○	○	
슬로바키아	Slovakia	○	○	○
헝가리	Hungary	○	○	
슬로베니아	Slovenia	○	○	○
에스토니아	Estonia	○	○	○
라트비아	LATVIA	○	○	
리투아니아	Lithuania	○	○	

국명	영문명	EU	솅겐	유로
몰타	Malta	○	○	○
키프로스	Cyprus	○	*	○
불가리아	Bulgaria	○	*	
루마니아	Romania	○	*	
		총 27개국	총 29개국	총 17개국

*로 표시한 3개국은 가맹하였지만 아직 실시하고 있지 않은 국가이다.

(4) 위탁수하물 인수(baggage claim)

수하물도착 안내전광판에서 수하물 수취대의 번호를 확인하여 해당 항공편의 컨베이어 벨트(convey belt)에서 수하물을 회수하도록 한다.

수하물 회수 시 관광객 자신이 탁송의뢰한 수하물이 맞는지 그리고 상태는 어떤지 반드시 확인하고, 본인의 수하물이 아닌 것은 절대로 운반해서는 안 된다는 것을 숙지하도록 안내하며, 여권과 귀중품(지갑 등)은 본인이 소지하도록 한다.

관광객이 모든 위탁수하물을 수령하였다면 인원과 수하물을 재확인하고 단체관광객을 출구로 인도하며, 세관신고(customs declaration)를 위해 가급적이면 모든 수하물을 관광객 본인이 가지고 나가도록 안내한다.

위탁수하물의 분실, 파손

위탁수하물이 분실 또는 파손되었다면 수하물 분실신고소(Baggage Claim)에 가서 신고하고 수하물 사고보고서라는 서류를 작성해야 하는데 이 서류는 수하물 보상에 대한 근거 서류로 사용되므로 필히 작성해야 한다.

그 후 분실수하물의 형태와 크기, 색깔 등을 말해 주고 수하물을 위탁할 때 받았던 Baggage Claim Tag를 제시한 후 수하물을 반환받을 투숙 호텔이나 연락처를 기재하면 된다. Baggage Claim Tag는 본인이 짐을 맡겼다고 하는 증명서이기 때문에 현지 공항에서 무사히 짐을 찾기 전까지는 반드시 소지하고 있어야 한다.

만약 수하물이 도착하지 않은 경우, 항공사는 여행객들에게 지연보상금을 현장에서 지불하게 되는데 항공사와 좌석 클래스에 따라 다르지만 대략 1인당 미화 50불 정도의 금액이다.

지연보상금이란 자기 연고지가 아닌 미지의 곳으로 여행을 온 여행객들에게 그들의 수하물이 도착하지 않았으니 세면도구나 간단한 속옷 등 임시 생활용품을 구매하라는 의미로 승객에게 지급하는 응급 비용이라고 할 수 있는데 승객이 도착한 지역이 연고지인지 아닌지 불확실하기 때문에 승객이 요구하지 않으면 지급하지 않는 경우도 많으므로 연고지가 없는 곳에 도착했는데 짐이 오지 않았다면 '수하물 지연보상금'을 요구해야 한다.

- 보상방법
  - 필요서류: 항공권, 클레임 택(Claim Tag), 사고보고서(Property Irregularity Report: PIR)
  - 파손된 경우: 항공사에 손해배상을 청구
  - 지연된 경우: 수하물을 찾아서 호텔 등 여행객이 받을 수 있는 곳으로 배송해 줄 것을 청구한다. 수하물을 찾지 못할 경우에는 항공사에 손해배상을 청구

(5) 세관검사(customs declaration)

자신의 단체가 모두 수하물을 찾은 것을 확인한 다음에는 인솔자는 맨 앞에서 단체를 인솔하여 면세출구(nothing to declare: 신고할 것이 없음)로 가며, 만약 손님 중에 신고할 물품이 있을 경우 과세출구(things to declare: 신고할 것이 있음)로 가서 세관신고 후 입국하면 된다.

일반적으로 면세출구는 녹색으로, 과세출구는 빨간색으로 표시되어 있다.

과세출구로 가야 할 경우 인솔자는 해당 손님과 함께 이동하여 세관신고에 관한 사항을 통역하고 안내해 주어야 할 것이다. 이때 다른 관광객들에게는 먼저 세관통과를 하여 마중나와 있는 현지 가이드와 만난 다음에 잠시 기다리도록 부탁한다.

일반적으로 단체관광객의 경우에는 세관검사 관련한 수속이 매우 간단한 편이지만, 몇몇 국가의 경우는 예외적으로 까다로운 곳도 있다. 예를 들어 호주나 뉴질랜드 등에서는 관광객들이 가지고 간 김치나 밑반찬 같은 음식물들도 신고대상이 되며 만약 이를 신고하지 않았을 경우 벌금이 부과될 수도 있기 때문에 주의해야 한다.

그리고 국가마다 입국 시 면세범위가 다르다는 것에 대해 사전 안내가 없다면 여행객들의 즐거운 여행을 처음부터 망칠 수 있기 때문에 손님에게 출국 전 방문국의

면세범위에 대해 주지시킨다.

만약 면세기준을 초과한 물건에 대해서는 여행자 휴대품 신고서를 작성하여 제출하고 소정의 세금을 납부한 후에 물건을 받아 나가면 된다.

5) 현지 가이드 만남 및 버스 탑승

세관검사대를 통과하면 현지 가이드가 여행사 이름이나 단체이름이 적혀 있는 미팅보드(meeting board)를 들고 대기하고 있다.

현지 가이드와 만난 후 관광객에게 잠시 화장실이나 기타 용무를 볼 수 있는 시간을 제공하며, 이 때 TC는 현지 가이드와 인사를 나누며 단체의 특성이나 개성 등을 간단하게 알려 준다.

버스에 승차하기 전 TC는 수하물의 숫자가 맞는지 확인하고, 버스에 승차한 다음 한다.

여행객들이 모두 버스에 승차했는지 출발하기 전에 인원수를 확인해야 하는데 버스에서 인원수를 확인할 때는 통로를 걸어가면서 앞좌석에서부터 순서대로 세고, 다시 뒷좌석에서 앞으로 오면서 다시 한 번 세는 방법이 가장 확실하다.

현지 가이드와 TC가 버스에서 내려서 관광객이 안전하게 이동할 수 있도록 도와줄 수 있도록 항상 TC는 첫번째 열의 좌석에 앉도록 하며, 현지 가이드는 맨 앞에서 관광객을 안내하며, TC는 맨 마지막에서 관광객에 보호해야 한다.

인솔자와 가이드가 항상 첫 번째 자리에 앉는 이유는 현지 가이드와 인솔자가 버스에서 내려서 여행객이 안전하게 이동할 수 있도록 돕기 위해서이다. 앞자리가 전경이 잘 보이기 때문에 간혹 맨 앞자리를 고집하는 여행객들이 있는데, 보통 동남아시아 국가의 관광버스는 좌석이 매우 높게 설치되어 있어서 앞 자리가 위험할 수 있으며 실제로 안전상의 문제로 버스 기사 바로 뒷 자리에 관광객이 앉는 것을 금지하는 나라도 있다.

따라서 특별한 경우가 아니고는 버스에서는 인솔자와 가이드가 항상 맨 앞좌석에 앉는다는 사실을 여행객에게 이해시키는 것이 좋다.

인원이 모두 탑승하였다면, 인솔자는 마이크를 들고 손님들에게 정식으로 인사를 한다.

버스에 승차한 다음에 아무 말 없이 현지 가이드에게 전부 맡기고 자신은 그냥 앉아 있는다면 결코 바람직하다 할 수 없다.

인솔자가 먼저 마이크를 잡고 여권과 귀중품 보관요령, 간단한 전달사항들을 이야기한 다음에 현지 가이드와 버스기사를 소개하고 그 다음에 현지 가이드에게 마이크를 넘긴다.

현지 가이드는 실제 현지에서 벌어지는 일정을 적은 일정표를 배부하는데, 인솔자는 이 일정표와 최종확정서를 비교해야 한다. 현지 공항에 도착해서 간단히 확인을 했지만 이동시간 중에 꼼꼼히 비교를 해서 변경이나 누락사항이 있는 경우에 현지 가이드와 꼭 협의를 해야 하고, 변경내용이 만약 심각한 경우에는 현지 여행사 측에게 최종확정서대로 이행해 줄 것을 요청하고, 만약 받아들여지지 않을 경우에는 한국의 여행사에 연락해서 필요한 조치를 취해야 한다.

(도착 및 입국 업무 체크리스트)

① 공항 도착	• 기내 분실물 주의 • 인원 파악 및 입국 수속의 흐름 설명 • 입국 심사대로의 유도 및 안내 • 세관 구내에서의 수하물 개수 및 인원 체크 • 환전, 화장실 안내 • 검역: 식품류, 동식물류 등 검역 대상물 유무 ➡ ____ • 단체 통관(세관원과의 교섭) 또는 개별 통관
② 공항 출발	• 가이드, 현지 스태프의 협의(예정된 일정, 수배 등 확인) • 버스로 안내 • 수하물 격납 개수 확인 ➡ ____ 개
③ 버스	• 인원 확인 ➡ 출발 ➡ ____ 명 • 차내에서의 인솔자 인사 • 가이드 및 운전사 소개, 앞으로의 개략적인 일정 안내 • 하차 시 차내 분실물 체크, 수하물 개수 확인

6) 호텔 도착 후 호텔 체크인

(1) 호텔 체크인 및 객실 배정

관광객들을 호텔 로비로 인솔하고, 수하물은 호텔 벨맨이 수거하여 대기하도록 한다. 현지 가이드와 함께 프런트로 가서 단체명과 단체번호를 알려 주고 예약상황을 확인한다. 객실은 수배한 내용으로 배정되는 것이 원칙이지만, 성수기에는 호텔 측 사정으로 수배한 내용과 다른 객실이 배정되었을 수 있으니 꼼꼼히 체크하여야 한다.

객실을 배정할 때의 원칙은 노약자나 몸이 불편한 여행객은 다른 일행의 양해를 구해서 저층이나 엘리베이터에서 가까운 객실로 배정하는 것이 좋으며, 같은 일행이 있을 경우 같은 층에 투숙할 수 있도록 해야 한다.

간혹 호텔 측에서 인솔자에게 여행객보다 좋은 객실을 제공하는 경우가 있는데 인솔자가 자신들보다 월등히 좋은 객실에 투숙한다는 사실에 불쾌해 할 수 있기 때문에 이럴 경우에는 나이드신 분이나 신혼 부부 등 특별한 분들에게 양보한다면 다들 좋아할 것이다.

결국 기본적으로 단체는 동일한 수준의 객실에 투숙하는 것이 좋다는 것인데 이러한 원칙에 입각해서 객실을 배정한다.

한국에서 준비해 간 루밍리스트를 이용해 배정한 객실번호와 손님들이 알아둬야 할 중요정보들을 적어 프론트에 객실 수에 맞게 복사를 요청하고, 그 중 한 장을 벨맨에게 주어 수하물 배달을 미리 하도록 지시한다.

프론트로부터 열쇠와 조식쿠폰을 수령한 뒤 손님들이 기다리고 있는 로비로 이동한다.

- 객실키 및 조식쿠폰 수령. 그 후 루밍리스트에 객실번호, 조식 장소 및 시간, 모닝콜 시간 등을 기재 후 프런트에 제출(객실 수에 맞게 복사 요청)
- 객실번호가 기재된 루밍리스트를 벨멘에게 제공하여 수하물을 배달하도록 지시

(2) 열쇠전달 및 인폼

전통적인 열쇠, 카드식 등 호텔마다 사용하는 다양한 열쇠들이 있는데, 특히나 카드식의 경우 어떻게 사용하는지 모르시는 분들이 있다. 카드식 열쇠는 객실 출입문 손잡이 부근에 있는 카드 삽입구에 카드식 열쇠를 삽입하면 정상적인 경우 파란 불이 들어오고 이때 손잡이를 돌려 문을 열면 된다. 그리고 문을 열면 바로 벽면에 열쇠를 꽂아둘 수 있는 키 박스(Key box)가 있는데, 여기에 열쇠를 보관해야 한다. 키 박스에 열쇠를 꽂아 놓지 않으면 몇 분 뒤 전원이 들어오지 않게 되기 때문이다.

또한 객실 문은 자동잠금장치로 되어 있으므로 외출하기 전에는 반드시 열쇠를 가지고 나오도록 설명해야 한다.

호텔 객실과 관련해서는 욕조 사용법, 미니바, 개인 금고 이용법, 유료 tv 이용법, 다른 방으로 전화하는 법 등을 설명해야 한다.

마지막으로 호텔 안에 있는 부대시설인 수영장, 사우나, 레스토랑 등에 대해서도 설명한다.

엘리베이터의 경우, 보통 유럽식 호텔에서는 1층을 그라운드 플로어라고 해서 알파벳 G라고 적혀 있다. 그래서 유럽식 호텔에 투숙한 경우에는 1층 로비로 오기 위해서는 G층을 눌러야 한다는 점도 주지시켜야 한다.

일정이 모두 끝나고 다음날 손님을 만나는 일정이라면 모닝콜 시간, 아침식사 장소 및 시간, 준비를 마치고 다음날 행사를 위해 만나는 시간을 알려 주어야 한다.

마지막으로 인솔자의 객실번호를 알려 주어 긴급상황이나 용무가 있을 때 전화할 수 있도록 하며, 호텔에서의 팁문화에 대해 설명한다. 즉, 수하물을 날라준 벨맨에게, 또는 투숙한 다음날 룸메이드를 위해서 베개 위에 1달러 정도의 팁을 주는 것이 에티켓이라는 점을 알려준다.

개략적인 주의사항을 설명한 뒤 객실 열쇠와 조식쿠폰, 루밍리스트를 여행객들에게 배부하고 해산시킨다.

- 열쇠사용법/객실 내 설비 이용법/ 부대시설 이용안내
- 다음날 일정(모닝콜, 조식장소 및 시간, 집합시간 등)
- 인솔자 객실번호 주지
- 호텔에서의 팁 관련 설명

(3) 수하물 배달 확인 및 객실 점검

손님들에게 열쇠전달과 각종 인폼을 주고 있는 사이 벨멘은 고객들의 수하물을 루밍리스트를 통해 배정된 객실로 운반하게 된다.

인솔자는 각 손님들의 객실을 방문하면서 객실 점검을 통해 객실 상태를 확인하고, 손님이 불편한 것이 없는지 확인한다. 그러면서 배달된 짐의 개수가 맞는지 확인하고, 혹시 객실에 배달되지 않았을 때는 호텔 컨시어지나 벨 캡틴에게 이야기하여 신속히 처리되도록 한다.

- 관광객들과 해산 후, 현지가이드와 함께 각 객실 확인 점검, 수하물 배달이 제대로 되었는지 점검하면서 관광객의 불편사항 유무 체크

(4) 행사보고서 작성 후 휴식

다음날 일정에 대해 꼼꼼히 협의를 하고 현지 가이드에게 단체성격이나 특별히 관심을 가져야 할 여행객 등에 대한 정보를 제공해서 투어가 잘 이루어질 수 있도록 하고 그날의 행사와 관련한 보고서를 작성하고 휴식을 취한다.

- 다음날 일정에 대해 현지 가이드와 논의하고, 수배사항에 대한 확인 및 점검
- 그 날 업무에 대한 행사보고서 작성 후 휴식 또는 현지 여행경비를 직접 한국에서 가지고 온 경우 지상비를 전달하고 반드시 영수증을 확인하고 받아야 한다.

(호텔 체크인 업무 체크리스트)

① 호텔 체크인	• 손님을 로비로 유도 • 포터에 지시: 수하물 개수 확인 • 프런트에서의 사용 객실 수 확인 및 객실 배정: 루밍 리스트, 여권 리스트, 바우처 제출 ➡ ____TWN+____SGL+ ____ TRP =TOTAL ROOM #______ • 호텔 시설 안내: 집합장소, 조식 등 레스토랑 위치, 프론트 캐셔(환전), 기타 부대시설 안내 • 객실 키 배부 및 관리 설명: 카드 키 조작 방법, 키 박스 • Safety box 안내: 유료 · 무료, 이용시간, 객실 키 관리 등 • 객실 관계: 객실 냉장고, 전화, 욕실 등 설명, 비상구 위치 확인 • 다음 일정 설명(메모하도록 부탁하거나 메모하여 전달) • 인솔자 객실 번호 및 전화 사용법 설명 • 엘리베이터 위치 설명 → 해산
② 수하물 확인	• 포터 확인 사항: 수하물 개수 확인 및 분류, 객실로의 운반 확인
③ 체크인 후	• 손님 객실 방문: 객실 내 시설 안내, 수하물 등 체크 • 로비에서 대기: 손님 불만, 고충 처리(수하물 미도착, 객실관련), 여행사 스태프와의 협의
④ 식사	• 레스토랑과의 협의 • 메뉴 내용 확인 • 음료 등, 별도 요금 확인, 지불 방법 파악
⑤ 다음날 행동 예정	• 모닝 콜 (____ 시 ____ 분) • 모닝 콜 확인 → 프런트 또는 전화 교환 • 모닝 콜 → 전화 또는 부저 • 다른 호텔로의 이동이 있는 경우 Baggage down (____ 시 ____ 분) • Baggage down장소⇒객실 내 또는 밖 • 조식 장소 및 시간, 스타일(아메리칸 또는 컨티넨탈, 뷔페, 일식 등)

7) 행사진행

관광을 위해 버스에 오르면 인솔자는 인원점검과 일정 관리를 위주로 역할을 담당하고 행사는 현지 가이드에게 일임하는 것이 바람직하다.

버스에서 하차하여 이동할 때에는 현지 가이드가 앞장서게 하고, 인솔자는 맨 뒤에서 인원파악과 통제를 해야 하며, 특히나 혼잡한 박물관이나 길거리에서 이동할 때에는 일행에서 이탈하거나 뒤쳐지는 사람이 꼭 있기 때문에 주의해서 살펴야 한다.

일정관리와 관련해서는 일행 중 한사람이 늦기라도 하면 모든 일정에 차질이 생길 수밖에 없기 때문에 반드시 손님들에게 집합장소와 시간을 주지시키고 시간엄수의 중요성을 인식시켜서 모두가 즐거운 여행이 될 수 있도록 한다. 그리고 현지 일정을 진행할 때 일정표에 명시된 관광지는 반드시 가도록 현지 가이드에게 주지시켜야 한다.

현지 사정으로 일정표대로 진행할 수 없는 경우에는 버스 창밖으로 볼 수 있게끔이라도 하는 식으로 일정표에 나와 있는 모든 관광지는 반드시 들러야지 나중에 문제가 발생하지 않는다.

만약 일정표에 표시된 관광명소가 휴관이나 폐쇄된 경우에는 여행객들이 납득할 수 있도록 그 이유를 설명드려야 하고, 다른 관광명소로 대체하여 안내하도록 가이드에게 지시해야지 그렇지 않으면 귀국 후에 계약내용을 이행하지 못했다는 클레임을 받을 수도 있다.

- 행사는 모닝콜–조식–출발–행사진행–행사종료 후 호텔 도착 순으로 이루어짐.
- 손님들보다 미리 식당에 도착하여 모닝콜이 모든 객실로 울렸는지, 고객들의 식사준비가 완료되었는지, 음식은 제대로 나오는지, 통역이 필요하지 않은지 확인
- 행사는 현지 안내원에 맡기는 것이 바람직하며, 인솔자는 그 날의 일정에 대한 간단한 브리핑 정도로 하는 것이 좋음. 인솔자는 안내역할이 아니라 보호자, 회사의 대표자라는 것을 명심할 것.

8) 쇼핑

(1) 가격

- 쇼핑은 여행사뿐 아니라 TC나 가이드에게도 선택관광과 함께 주요 수입원이 된다.
- TC는 수익률보다는 관광객들의 만족도를 우선적으로 고려해야 하며, 수익률이 다소 낮더라도 만족도가 높다면 대량판매로 인한 이익은 오히려 더 클 수 있다.
- 옵션이나 쇼핑에 대한 의사결정은 고객들에게 전적으로 맡기고, 이와 관련한

상세정보를 제공함으로서 현명한 판단을 하도록 한다.

(2) 쇼핑 장소

- 관광객들의 특성에 맞춰(노년층 · 여성층 등) 이들이 관심을 가질 만한 쇼핑장소를 물색한다.
- 일반패키지가 아닌 인센티브단체(수배여행)일 경우 그 단체의 특성에 맞는 쇼핑장소를 찾는 것이 바람직하다.
- 가장 무난한 쇼핑 장소는 해당 지역의 기념품 · 특산물 등을 골고루 갖춘 대형 상점이다.
- 신용이 있는 상점을 선택하는 것이 중요하다.

(3) 쇼핑 품목

패키지 상품에는 대부분 쇼핑이 포함되어 있는데 여행객의 입장에서도 쇼핑은 여행에서 누릴 수 있는 하나의 즐거움이지만 한편으로 여행객들과의 갈등을 유발시킬 수도 있으므로 당장의 수익보다는 관광객들의 만족도를 우선적으로 고려해야 한다.

- 일반 패키지 단체일 경우 쇼핑 품목은 다양할수록 좋다.
- 해당 국가와 지역을 대표할 수 있는 기념품과 특산물이 구비되거나 그 외에 한국과 가격차가 나는 품목들이 많이 구비되어 있는 것이 좋다.
- 입국 시 통관에 제한이 있는 품목들은 사전에 안내하여 관광객의 책임하에 물품을 구매하도록 한다.
- TC는 해당 지역의 특산물과 기념품 정도는 추천하되, 구매는 관광객이 판단하도록 한다. 가격흥정에 있어서도 통역을 돕는 정도라면 상관없지만, 직접적으로 개입하지 않는다.

(4) 쇼핑 시간

- 면세점과 같은 넓은 장소라면 1시간 정도, 넓지 않은 상점이라면 30분 정도가 적당하다.

- 쇼핑 센터에 도착시 우선 쇼핑의 종료시간과 모이는 장소를 안내하여야 한다.
- 쇼핑은 하루 중 관광일정이 끝날 무렵에 하는 것이 좋으며, 하루에 1~2곳 이상은 가지 않는 것이 바람직하다.

9) 선택관광

선택관광은 공식적인 여행 일정에는 포함되어 있지 않지만, 여행객이 개별적으로 선택하여 비용을 지불하고 참여하는 여행이라 할 수 있다.

(1) 정보습득

- 관광객들의 반응 외에도 선택관광의 소요시간, 가격, 최소인원, 구체적인 내용 등을 충분히 숙지한 후 안내해야 한다.
- 관광객들이 관심을 갖도록 미리 정보를 주는 것이 중요하며, 해당 지역에 대한 정보를 제공하여 선택관광에 대해 짧은 설명을 덧붙이는 것이 가장 무난하다.

(2) 선택관광 권유

- 선택관광 권유에 관한 사항은 전적으로 현지 가이드에게 일임하되 단체의 문의가 있을 경우 조언을 해주는 정도로 그치는 것이 좋다.
- 선택관광은 관광객들의 자발적인 의사에 의해서 결정되어야 하고, 강요에 의해서 결정되어서는 안 되며, 그 지역의 특색을 잘 나타내는 관광이어야 한다.

(3) 선택관광인솔

- TC가 선택관광을 인솔해야 하는가의 문제는 전적으로 TC 자신의 판단에 달려 있다.
- 모든 참가자들이 빠짐없이 참여하는 선택관광일 경우에는 일정의 일부로 보아 TC도 참가하는 것이 바람직하나 모든 관광객이 참여하는 선택관광이 아닐 경우 TC가 인솔해야 할 필요는 없다.

(4) 선택관광시간

- 하루 일정상 자유시간 내에 하게 되는 선택관광의 형태와 정규 일정 이외의 시간에 이루어지는 선택관광으로 나눌 수 있으며, 전자는 각종 해양 스포츠활동(스노클링 · 보트 · 제트스키 · 패러세일링) 등이나 골프가 있고, 후자는 주로 야간관광(night tour: 각종 쇼, 유람선 탑승, 야경관람 등)을 말한다.

(시내관광 시 업무 체크리스트)

① 출발 전	• 손님 기상 확인: 모닝 콜 더블 체크(전화사용) • 조식 장소로의 손님 안내 및 조식을 안 드신 손님 파악 확인 • 가이드, 운전사와 협의 • 코스 확인(방문, 입장, 하차, 지나치는 관광지 파악), 식사, 쇼핑 장소 및 소요 시간 체크 • 집합인원 확인 ➡ _______ 인 • 인솔자 인사 및 당일 관광일정 안내 • 가이드, 운전사 소개
② 관광 중	• 하차 장소에서의 유도 안내, 사진 촬영 도움 • 입장하는 관광지 개수 및 체재 시간(단체 행동, 자유행동) • 집합 장소, 시간 • 교통사고, 도난, 길 잃는 것 등에의 배려 • 승차 시 인원 확인 ➡ _______ 인 • 화장실 등을 위한 배려 : 유료, 무료 • 분실물 주의
③ 관광 중의 식사	• 차 내 수하물 주의: 귀중품, 카메라, 기타 물품 주의 • 식사 장소, 테이블 안내, 인원 파악, 메뉴 · 음료의 별도 요금 안내 • 출발 시간, 버스 장소, 화장실 안내 • 분실물 체크 • 승차 확인 ➡ _______ 인
④ 자유일정	• 조식 안내 • 자유 일정시의 어드바이스 및 손님 행동 파악 • 자유 일정시의 대기: 긴급 연락 대비, 관광지 · 쇼핑 · 식사 등 정보 제공 • 재확인 사항 체크: 항공기 reconfirm 등 • 정보 수집 활동: 이후의 인솔자들을 위한 해당 지역의 최신 정보 수집 ※ 단, 손님 대응에 여유가 있을 때 • 손님 도착 확인 • 수집된 정보 정리 • 석식 안내

10) 호텔 체크아웃

체크아웃 전날에 손님들에게 모닝콜 시간, 출발시간과 함께 수하물 수거(Baggage down)와 관련해서 미리 설명을 한다.

즉, 수하물 수거는 호텔 출발 한 시간 전쯤까지 자기 객실 문 앞에 수하물을 내 놓아야 한다고 말하고, 프런트에 그 시간대를 알려 주면 호텔 직원인 포터가 이를 수거해서 로비 한쪽에 모아 놓게 된다. 다만, 투숙객이 많아 혼잡하거나 서비스가 좋지 못한 호텔에서는 분실의 우려도 있기 때문에 손님들이 직접 가지고 내려오도록 요청을 하기도 한다.

체크아웃 당일이 되면 인솔자는 일찍 식사를 마치고 프런트에서 대기하면서 일행 가운데 룸서비스나 유료 TV, 전화 사용료 등 지불해야 할 내용이 있다면 청구서를 받아서 여행객에게 확인시키고 지불하는 것을 도와야 한다.

체크아웃이 끝나면 수하물 개수와 인원수를 확인하고 분실물이 있는지 여부를 최종적으로 확인한 다음 호텔을 출발하게 된다.

(호텔 체크아웃 업무 체크리스트)

① 전날 확인 사항	• 모닝 콜 (______ 시 ______ 분) • Baggage down (______ 시 ______ 분) • 손님에게 필요사항 전달 →「다음날 일정 변동 여부, 손님에게 전달 여부」
② 출발 당일	• 모닝 콜, Baggage down 재확인 • 조식 안내 및 확인 • 마스터 빌 정산: 바우처 제출 제출하지 않은 경우→내용 확인 후 서명 • 개인 빌 정산: extra charge=객실 내 냉장고 음료, 전화, 룸서비스, 유료 tv 등 • 객실 키 반납, safety box • 분실물 주의 • 승차 유도, 인원 점검 • 확인된 수하물의 개수 및 버스 적재 확인

11) 여행인솔 귀국업무

(1) 현지 공항 출국수속업무

한국에서 출국할 때와 동일한 업무라 할 수 있다. 공항 도착 전에 미리 회수한 관광객들의 여권과 항공권을 가이드에게 전달하여 체크인 수속을 하도록 하며, 인솔자는 관광객을 공항로비에 대기하도록 한 후, 항공사 카운터에서 현지 가이드와 탑승권 확인 후 좌석 재배치 작업을 실시한다.

현지 공항세 납부 후 납부 영수증과 여권, 탑승권, 출국카드 등을 배부하고, 현지 가이드와 최종 인사 후, 출국수속을 한다.

(2) 입국 및 해선

기내에서 내리기 전 고객에게 미리 작성한 세관신고서를 배부한다. 입국수속은 검역–입국심사–수하물회수–세관검사의 순으로 진행된다.

수하물 수취장에서 수하물 수취 이상여부를 확인 후 고객들과 최종 인사를 하고 헤어진 후 여행사에 행사종료 보고한다.

(3) 회사보고

여행사에 출근하여 행사하면서 작성한 단체행사보고서와 해외여행 정산서 작성 후 제출하고, 행사에 참여한 관광객들에게 유선상으로 감사를 전함으로서 행사를 완료한다.

표 11-6 단체행사 보고서

항목	내용
현지 가이드	• 친절도, 성실도, 관광지 설명의 이해도나 전문성 등
관광	• 다채로움과 흥미, 관광객의 만족도, 적합성, 접근성 등
호텔	• 등급, 부대시설의 내용, 서비스와 친절도, 시내와의 접근성, 조식의 내용, 객실의 크기나 구비된 비품 등
교통	• 교통수단, 편리성, 안전성, 특히 차량의 상태와 쾌적성 등

항목	내용
식당	• 위치, 메뉴(특히 중복의 여부), 위생, 분위기, 맛, 가격, 서비스, 접근성, 주차장 등
쇼핑과 옵션	• 적정횟수, 위치, 물품의 다양성, 가격, 접근성, 강제성의 여부 등
특이사항	• 돌발사태, 컴플레인, 사고, 그 외 TC의 의견 등

(귀국업무 체크리스트)

① 공항까지의 버스 내에서의 업무	• 분실물 주의, 인원 확인 ➡ ______ 인 • 수하물 변동 유무 확인: 최종 개수 ➡ ______ 개 • 출국 공항에서의 출국수속 흐름 안내 • 한국 도착까지의 예정 설명: 공항에서의 대기 시간(출국수속, 쇼핑 시간), 비행시간, 한국 출입국 수속 등 • 면세품 구입 방법과 한국의 면세 범위 설명 • 가이드(sending staff), 운전사에게 인사
② 공항에서의 업무	• 하차 시 분실물 체크 • 출발 공항에서의 재 집합 장소와 시각 확인, 해산 장소로의 유도 안내, 도난주의 • 항공기 체크 인: 인원 수, 수하물 개수 • 공항세(있는 경우) • 탑승권 배부 받은 후 좌석 재배정 • claim tag 매수 및 내용 확인
③ 출국수속	• 재집합 인원 파악, 탑승권 배부, 출국수속 설명 • 수속 후 시간 배분, 면세점에서의 자유시간 등 • 보안 검사 • 출국 심사 • 탑승 전 재 집합 장소 및 시간 확인 • 탑승 시의 인원 확인
④ 기내에서의 업무	• 한국 입국 수속 설명 및 서류 체크(세관 신고서 등) • 도착 시 분실물 체크
⑤ 입국 수속	• 손님에게 인사 • 입국 수속 흐름 설명 및 유도 • 위탁 수하물 회수 • 미도착 · 파손 위탁 수하물 등 처리 • 손님 통관 확인 • 업무 종료 전화 연락: 회사에 귀국 보고, 정산일자 전달
⑥ 보고 및 정산	• 행사결과 보고서 • 정산 보고서 • 여정 변경 보고서

출입국카드 작성 예제

김선희씨는 캄보디아 · 일본 만끽 5일 상품을 구입하여 아래의 일정으로 여행을 하게 되었습니다.

캄보디아는 도착비자라고 해서 씨엠립 공항에 도착하면 즉석에서 비자신청을 하여 받아야 하며, 캄보디아와 일본 각기 출입국 신고서를 작성해야 합니다.

인솔자인 여러분이 아래의 일정과 관광객 명단을 참조하여 김선희씨의 도착비자 신청서와 캄보디아, 일본의 출입국신고서를 작성해주세요.

- 일 정 -

1일 : 2015년 11월 21일
인천(ICN) 출국 (OZ838편)
캄보디아 씨엠립(REP) 도착
도착비자 발급(비자번호:M132453)
관광 후 호텔(ANGKOR HOTEL: 0531-230-2541) 체크인

2일 : 2015년 11월 22일
전일 관광

3일 : 2015년 11월 23일
전일 관광

4일 : 2015년 11월 24일
호텔 체크아웃
씨엠립 공항 출국 (VN839편)
일본 나리타(NRT) 도착
관광 후 호텔(KEIHIN HOTEL: 03-3348-1234) 체크인

5일 : 2015년 11월 25일
호텔 체크아웃 후
일본 나리타 출발(JL731편)
인천 도착

NAME LIST

NO	성 명	주민등록번호	여권번호 여권만기일	전화번호
1	김○○ KIM/ ○○ ○○	630527-2******	NW 0041379 2024.03.12	02-1234-5678
2	김○○ KIM/ ○○ ○○	621212-1******	JR 1226314 2024.03.12	〃

KINGDOM OF CAMBODIA

APPLICATION FORM
VISA ON ARRIVAL

* PLEASE COMPLETE WITH CAPITAL LETTER

Surname: .... ☐ **Male**

Given name: .... ☐ **Female**

Photograph
Please attach a recent Passport photograph
4 X 6

Place of birth: ....

Date of birth: ...DD.../...MM.../...YYYY... **Nationality:** ....

Passport N°: .... **Profession:** ....

Date passport issued: ...DD.../...MM.../...YYYY... **Date passport expires:** ...DD.../...MM.../...YYYY...

Port of entry: .... **From:** .... **Flight/Ship/Car N°:** ....

Permanent address: ....

.... **E-mail:** ....

Address in Cambodia: ....

Details of children under 12 years old included in your passport who are travelling with you

Name	Date of birth
Name:	Date of birth: ...DD.../...MM.../...YYYY...
Name:	Date of birth: ...DD.../...MM.../...YYYY...
Name:	Date of birth: ...DD.../...MM.../...YYYY...

Purpose of visit: .... Length of stay: ....

Visa type (Choose one only)

Tourist visa (T) ☐ Ordinary visa (E) ☐ Official visa (B) ☐

Special visa (K) ☐ Diplomatic visa (A) ☐ Courtesy visa(C) ☐

Other ....

I declare that the information given on this form is correct to the best of my knowledge and belief.

Date...DD.../...MM.../...YYYY...

Signature

For official use only

Department of Immigration
N°322, Russian Blvd., Phnom Penh

Website: www.immigration.gov.kh
Email: visa.info@immigration.gov.kh

그림 11-9 캄보디아 도착비자 신청서

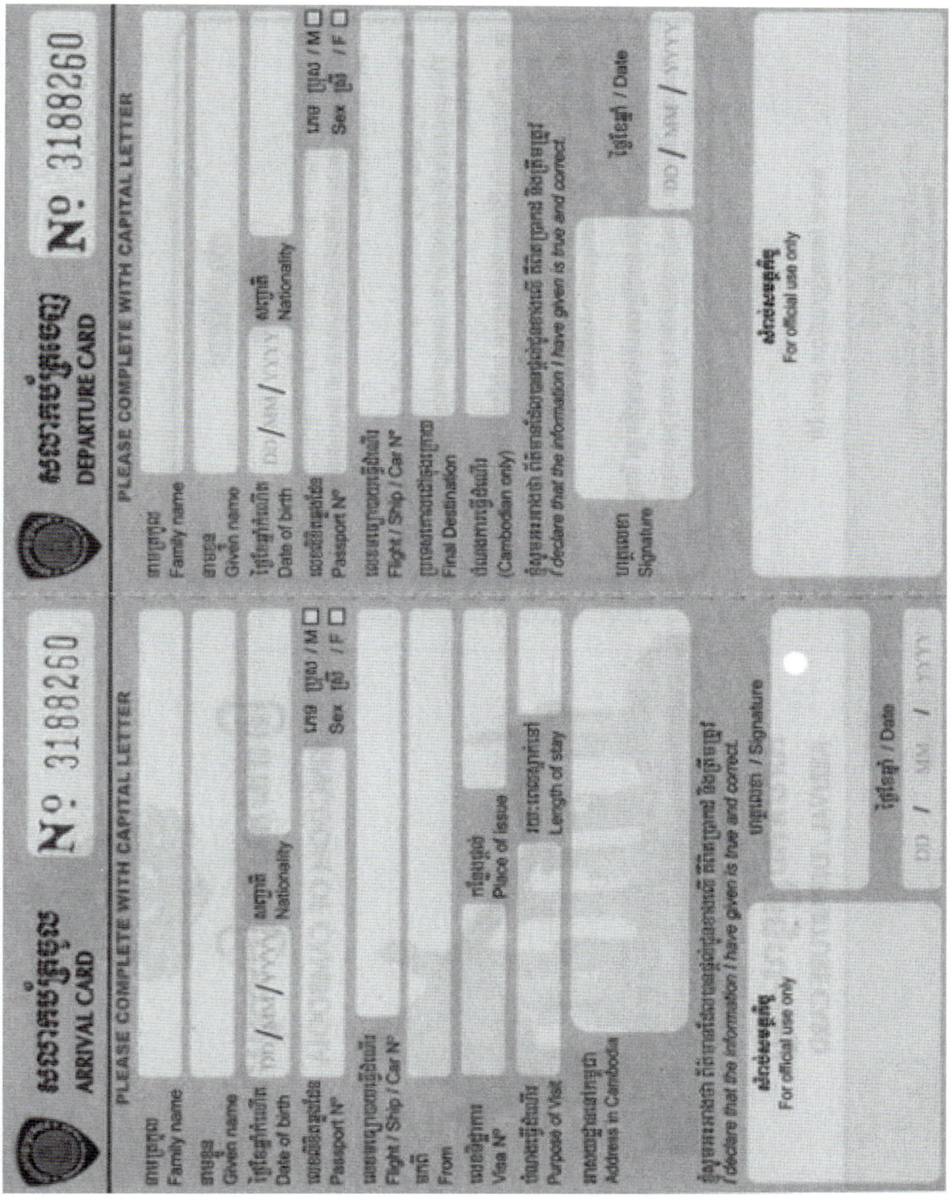

그림 11-10 캄보디아 출입국카드

外國人出國記錄 EMBARKATION CARD FOR FOREIGNER ②
E.D.No出入國記錄番號　區分

EU 0420103		22

氏 名 (漢 字) (Name)	氏		名		
	Family Name				
	Given Name				
國籍 Nationality		生年月日 Date of Birth	Day 日	Month 月	Year 年
外國人登錄證明書番號 Number of ailan registration					
航空機 便名·船名 Flight No/Vessel					
降 機 地 Port of Disembarkation					
署 名 Signature					

外國人入國記錄 DISEMBARKATION CARD FOR FOREIGNER ①
E.D.No出入國記錄番號　區分

EU 0420103		22

氏 名 (漢 字) (Name)	氏 Family Name		名 Given Name			
國籍 Nationality		生年月日 Date of Birth	Day 日	Month 月	Year 年	男① 女② Male Female
住所 Home Address			職 業 Occupation			
日本の連絡先 Address in Japan						
旅 券 番 號 Passport No.			航空機便名 · 船名 Flight No/Vessel			
日本滯在豫定期間 Intended Length of stay in Japan			乘 機 地 Port of Embarkation			
渡 航 目 的 Purpose of visit			署 名 Signature			

그림 11-11 일본 출입국카드

Appendix

부록

예제 답안

국외여행 표준 약관

고객상담 매뉴얼

• 예제 답안

87p

1. 다음 표를 완성하시오.(지역은 동남아, 일본, 중국, 미주, 유럽, 남태평양으로 구분)

지역	공항/도시명	코드	항공사명	코드
예) 유럽	예) 런던 히드로공항	LHR	예) 콴타스 항공	QF
유럽	프라하	PRG	루프트한자	LH
미주	벤쿠버	YVR	핀에어	AY
일본	오사카	KIX	제주항공	7C
남태평양	시드니	SYD	중국국제항공	CA
동남아	푸켓	HKT	필리핀항공	PR

2. VN415편(실제운항)과 KE5689편이 공동운항(CODE SHARE)하게 되어있는데 여행사에서 KE5689편으로 예약한 고객의 다음 질문에 설명해 주세요.

고객: 운임은 어느 항공사 운임이 적용되나요?

답변: 대한항공 운임이 적용됩니다.

고객: 출국수속은 어느 카운터에서 하나요?

답변: 베트남항공 카운터에서 출국수속을 하게 됩니다.

고객: 대한항공 마일리지 이용이 가능한가요?

답변: 예, 대한항공 마일리지 적립이 가능하십니다.

고객: 대한항공 기내식인 비빔밥을 먹을 수 있나요?

답변: 아니요, 실제로는 베트남항공을 이용하시므로 비빔밥은 드실 수 없으십니다.

183p

〈예제 1 정답〉

항목	산출내역		합계
① 항공료	₩200,000×10명		₩2,000,000
② 지상비	숙박비	($30×₩1,000)×6실×3박	₩540,000
	식사비	($10×₩1,000)×6회×10명	₩600,000
	전용버스	($90×₩1,000)×4일	₩360,000
	관광지입장료	($30×₩1,000)×10명	₩300,000
③ 기타비용	여행자보험	₩5,500×11명	₩60,500
	인솔자출장비	($30×₩1,000)×4일	₩120,000
④ 총원가		₩2,000,000+₩1,800,000+₩180,500	₩3,980,500
⑤ 판매수익		₩3,980,500×10%	₩398,050
⑥ 총경비		₩3,980,500+₩398,050	₩4,378,550
⑦ 1인당 상품가		₩4,378,550÷10	₩437,855

184p

〈예제 2 정답〉

항목	산출내역		합계
① 항공료	₩300,000×15명		₩4,500,000
② 지상비	숙박비	($30×₩1,200)×8실×3박	₩864,000
	식사비	($10×₩1,200)×6회×15명	₩1,080,000
	전용버스	($100×₩1,200)×4일	₩480,000
	관광지입장료	($20×₩1,200)×15명	₩360,000
③ 기타비용	여행자보험	₩5,500×16명	₩88,000
	인솔자출장비	($30×₩1,200)×4일	₩144,000
④ 총원가		₩4,500,000+₩2,784,000+₩232,000	₩7,516,000
⑤ 판매수익		₩7,516,000×10%	₩751,600
⑥ 총경비		₩7,516,000+ ₩751,600	₩8,267,600
⑦ 1인당 상품가		₩8,267,600÷15	₩551,170

202p

〈판매 및 수배 관련 예제 모범답안〉

** 각 여행사마다 양식과 작성방법이 약간씩 다를 수 있으므로 여기에 적힌 답안만이 정답이라 고는 할 수 없습니다 **

1. 수배견적 의뢰서를 작성해보세요.

ATTN : H우리여행사 하○○ 소장
FROM : 백석여행사 동남아팀 고영길 대리님
DATE : 03/JUN/2015

수 배 의 뢰 서

귀사의 무궁한 발전을 기원합니다.
아래와 같이 수배 견적을 의뢰하오니 빠른 회신 부탁합니다.

출국 : 01/JUL/2015 KE653(20:20/00:05)
귀국 : 05/JUL/2015 KE654(01:40/08:40)
PAX : 15+1TC
호텔 : Delux cls & B/F
객실형태 : 6TWN, 1TRP, 1SGL(TC)
전용차량 : 버스(25인승)

* 방콕, 파타야 3박 5일(방콕 1박, 파타야 2박)이며, 전 일정 식사, 관광지, 버스, 가이드 포함된 가격으로 견적 부탁드립니다.
* 객실 싱글차지는 얼마인지도 알려주세요.

ROOMING LIST

No	Name	Remark	No	Name	Remark
1	YOU/EUN HEE		6	MIN/KYONG TAE	
	MOON/SUN OK			LEE/KYONG AH	
2	IM/NAN HEE		7	KIM/WOO SEON	
	IM/YOUNG SOON			SON/JUNG HWA	
3	LEE/WON SOON			KIM/KIL JUNG	
	JANG/KYUNG SOOK		8	KO/YOUNG KIL	TC
4	PARK/EUN SOO				
	ZOO/YOUNG SUK				
5	BAE/MI SOOK				
	PARK/KYE SUN				

2. 백석여행사의 의뢰에 근거하여 랜드사는 일정표를 작성하게 됩니다.
아래의 내용을 바탕으로 일정표를 작성해 보세요.

일자	지역	교통	시간	일 정	식사
제1일 7/1(월)	인천 방콕	KE653 전용버스	20:20 00:05	인천국제공항 출발 방콕 수완나폼 국제공항 도착 호텔 체크인 및 휴식	석식 : 기내식
제2일 7/2(화)	방콕 파타야	전용버스	전일	오전 새벽사원, 왕궁, 수상가옥 관광 오후 파타야 미니시암 광장 호텔 투숙	조식 : 호텔식 중식 : 한식 석식 : 현지식
제3일 7/3(수)	파타야	전용버스	전일	오전 산호섬 관광 및 해변에서 자유시간 오후 농눅빌리지 관광 호텔 투숙	조식 : 호텔식 중식 : 한식 석식 : 현지식
제4일 7/4(목)	파타야 방콕	전용버스	전일	오전 악어농장 관광 오후 간단한 시내관광후 공항으로 이동	조식 : 호텔식 중식 : 한식 석식 : 현지식
제5일 7/5(금)	방콕 인천	KE654	01:40 08:40	방콕 수완나폼 국제공항 출발 인천 국제공항 도착	조식 : 기내식

3. 현지 여행사는 일정표를 작성한 후 견적금액을 산출해야 합니다.
아래와 같은 조건으로 견적금액을 산출해 보세요.

내 역	원가(1인 기준)	원가(15인 기준)	산출내역
숙박	$86	$1,290	[($60×6실)+($70×1실)]×3박
식사	$60	$900	$10×15명×6회
교통비(버스)	$33	$500	$100×5일
입장료	$40	$600	$40×15명
현지가이드&기사 인건비	$40	600	$120×5일
소계	$259	$3,890	
지상수익(이익률 10%)	$26	$389	
견적가격	$285	$4,279	

4. 견적서 작성

여행생각 H우리 Travel service 베트남, 캄보디아, 태국 전문랜드

Seoul : T(02) 123-4567 F(02)1233-4568

#Rm(Golden Tower B/D 1306), 191 Choongjungno-2ga, Seodaemun-gu, Seoul, Korea

견 적 서

DATE : 05/JUN/2015

ATTN	백석여행사 / 고영길 대리님	FROM	소장 하○ ○
PAX	15+1TC	GRP	방콕/파타야 3박5일

귀사의 무궁한 발전을 기원합니다.
요청하신 내용에 대하여 아래와 같이 일정 및 견적을 제안하오니 검토 부탁드립니다.

아 래 -

HTL : Delux cls & Americna B/F 6TWN+1TRP+1SGL(TC)
FLT : ICN/BKK (20:20/00:05) BKK/ICN(01:40/08:40)
PAX : 15+1TC
MEAL : TOTAL 6MEAL
포함 사항 : 호텔, 차량, 한국인가이드, 입장료, 식사, 관광(새벽사원, 왕궁, 수상가옥, 미니시암, 농눅빌리지, 악어농장), 현지공항세
BUS : 25인승 전용버스
불포함 사항 : 전 일정 항공, 여행자보험, 인솔자 출장비, 공동경비($50/인당), 개인비용
8. 선택관광은 파타야 산호섬 현지에서 필수적으로 구입하셔야 합니다.(1인당 $100)
9. 견적금액 : $285 P/P tota; $4,279 (SGL SUPP : USD 50 P/P)

감사합니다.

날 짜	지 역	교통편	시 간	행 사 일 정	식 사
1DAY 7/1 (월)	인천 방콕	KE653 전용버스	20:20 00:05	인천국제공항 출발 방콕 수완나폼 국제공항 도착 호텔 체크인 및 휴식	석식 : 기내식
2DAY 7/2 (화)	방콕 파타야	전용버스	전일	오전 새벽사원, 왕궁, 수상가옥 관광 오후 파타야 미니시암 광장 호텔 투숙	조식 : 호텔식 중식 : 한식 석식 : 현지식
3DAY 7/3 (수)	파타야	전용버스	전일	오전 산호섬 관광 및 해변에서 자유시간 오후 농눅빌리지 관광 호텔 투숙	조식 : 호텔식 중식 : 한식 석식 : 현지식

날 짜	지 역	교통편	시 간	행 사 일 정	식 사
4DAY 7/4 (목)	파타야 방콕	전용버스	전일	오전 악어농장 관광 오후 간단한 시내관광후 공항으로 이동	조식 : 호텔식 중식 : 한식 석식 : 현지식
5DAY 7/5 (금)	방콕 인천	KE654	01:40 08:40	방콕 수완나폼 국제공항 출발 인천 국제공항 도착	조식 : 기내식

5. 확정서 작성

여행생각 H우리 Travel service 베트남, 캄보디아, 태국 전문랜드

Seoul : T(02) 123-4567 F(02)1233-4568

#Rm(Golden Tower B/D 1306), 191 Choongjungno-2ga, Seodaemun-gu, Seoul, Korea

확 정 서

DATE : 15/JUN/2015

여행사명	백석여행사 / 고영길 대리님		발신	소장 하○○
인원	15+1TC		단체명	방콕/파타야 3박5일
요금	USD 285 P/P		기간	2015년 7월 1일-7월 5일
행사 조건	포함사항	호텔, 차량, 한국인가이드, 입장료, 식사, 관광(새벽사원, 왕궁, 수상가옥, 미니시암, 농눅빌리지, 악어농장), 현지공항세		
	불포함사항	전 일정 항공, 여행자보험, 인솔자 출장비, 공동경비($50/인당), 개인비용		
	사용호텔	방콕 : AVANA 호텔, 파타야 : JOMTIEN 호텔		

날 짜	지 역	교통편	시 간	행 사 일 정	식 사
1DAY 7/1 (월)	인천 방콕	KE653 전용버스	20:20 00:05	인천국제공항 출발 방콕 수완나폼 국제공항 도착 호텔 체크인 및 휴식	석식 : 기내식
2DAY 7/2 (화)	방콕 파타야	전용버스	전일	오전 새벽사원, 왕궁, 수상가옥 관광 오후 파타야 미니시암 광장 호텔 투숙	조식 : 호텔식 중식 : 한식 석식 : 현지식
3DAY 7/3 (수)	파타야	전용버스	전일	오전 산호섬 관광 및 해변에서 자유시간 오후 농눅빌리지 관광 호텔 투숙	조식 : 호텔식 중식 : 한식 석식 : 현지식

4DAY 7/4 (목)	파타야 방콕	전용버스	전일	오전 악어농장 관광 오후 간단한 시내관광후 공항으로 이동	조식 : 호텔식 중식 : 한식 석식 : 현지식
5DAY 7/5 (금)	방콕 인천	KE654	01:40 08:40	방콕 수완나폼 국제공항 출발 인천 국제공항 도착	조식 : 기내식

◎ 상기 일정은 현지 사정 및 항공 일정에 의해 다소 변경될 수 있습니다.
◎ 현지 미팅명 : "백석 여행사" 로 미팅합니다.
◎ 호텔은 6TWN, 1TRP, 1SGL(TC)입니다.
◎ 선택관광은 파타야 산호섬 현지에서 필수적으로 구입하셔야 합니다.(1인당 $100)
◎ 방콕 비상연락망 : 하 ○○ 소장(123-456-7890)
◎ 파타야 비상연락망 : 김 ○○ 실장(012-345-6789)

6. 인보이스 작성

여행생각 H우리 Travel service 베트남, 캄보디아, 태국 전문랜드

Seoul : T(02) 123-4567 F(02)1233-4568

#Rm(Golden Tower B/D 1306), 191 Choongjungno-2ga, Seodaemun-gu, Seoul, Korea

INVOICE

DATE : 17/JUN/2015

ATTN : 백석여행사 / 고영길 대리님
FROM : 한우리 여행사 소장 하○○

귀사의 무궁한 발전을 기원합니다.
아래와 같이 요금을 청구하오니 입금을 부탁드립니다.

-아 래 -

단체명 : 방콕/파타야 3박5일
일 정 : 01/JUL/2015 - 05/JUL/2015
항 공 : KE653 / KE654
인 원 : 15+1TC

청구내역
① 지상비 : $285 P/P total $4,279

* 상기 금액을 아래 계좌로 6월 28일까지 입금해 주시기 바랍니다.
* 신한은행 000-000-000000 예금주 : H우리여행사

• 국외여행 표준약관

*공정거래위원회 고시 제2014-4호 소비자분쟁해결기준에 의한 것으로 적용됩니다.

제1조(목적)

이 약관은 ○○여행사와 여행자가 체결한 국외여행계약의 세부 이행 및 준수사항을 정함을 목적으로 합니다.

제2조(당사와 여행자 의무)

① 당사는 여행자에게 안전하고 만족스러운 여행서비스를 제공하기 위하여 여행알선 및 안내, 운송, 숙박 등 여행계획의 수립 및 실행과정에서 맡은 바 임무를 충실히 수행하여야 합니다.

② 여행자는 안전하고 즐거운 여행을 위하여 여행자간 화합도모 및 여행업자의 여행질서 유지에 적극 협조하여야 합니다.

제3조(용어의 정의)

여행의 종류 및 정의, 해외여행수속대행업의 정의는 다음과 같다.

1. '기획여행'이라 함은 당사가 미리 여행목적지 및 관광일정, 여행자에게 제공될 운송 및 숙식서비스 내용(이하 '여행서비스'라 한다), 여행요금을 정하여 광고 또는 기타 방법으로 여행자를 모집, 실시하는 여행을 말합니다.
2. '희망여행'이라 함은 여행자(개인 또는 단체)가 희망하는 여행조건에 따라 당사가 운송, 숙식, 관광 등 여행에 관한 전반적인 계획을 수립하여 실시하는 여행을 말합니다.
3. '해외여행 수속대행'(이하 수속대행계약이라 함)이라 함은 당사가 여행자로부터 소정의 수속대행 요금을 받기로 약정하고, 여행자의 위탁에 따라 다음에 열거하는 업무(이하 수속 대행업무라함)를 대행하는 것을 말합니다.
   1) 사증, 재입국 허가 및 각종 증명서 취득에 관한 수속
   2) 출입국 수속서류 작성 및 기타 관련업무

제4조(계약의 구성)

① 여행계약은 여행계약서(붙임)와 여행약관, 여행일정표(또는 여행 설명서)를 계약내용으로 합니다.

② 여행일정표(또는 여행설명서)에는 여행일자별 여행지와 관광내용, 교통수단, 쇼핑횟수, 숙박장소, 식사 등 여행실시일정 및 당사의 제공 서비스 내용과 여행자 유의사항이 포함되어야 합니다.

제5조(특약)

당사와 여행자는 관계법규에 위반되지 않는 범위내에서 서면으로 특약을 맺을 수 있습니다. 이 경우 표준약관과 다름을 당사는 여행자에게 설명해야 합니다.

제6조(안전정보 제공 및 계약서 등 교부)

당사는 여행자와 여행계약을 체결할 때 여행약관과 외교부 해외안전여행 홈페이지(www.0404.go.kr)에 게재된 여행지 안전정보를 제공하여야 하며, 여행계약을 체결할 경우 계약서와 여행일정표(또는 여행설명서)를 각 1부씩 여행자에게 교부하여야 합니다.

제7조(계약서 및 약관 등 교부 간주)

다음 각 호의 경우 여행계약서와 여행약관 및 여행일정표(또는 여행설명서)가 교부된 것으로 간주합니다.

1. 여행자가 인터넷 등 전자정보망으로 제공된 여행계약서, 약관 및 여행일정표(또는 여행설명서)의 내용에 동의하고 여행계약의 체결을 신청한데 대해 당사가 전자정보망 내지 기계적 장치 등을 이용하여 여행자에게

승낙의 의사를 통지한 경우

2. 당사가 팩시밀리 등 기계적 장치를 이용하여 제공한 여행계약서, 약관 및 여행일정표(또는 여행설명서)의 내용에 대하여 여행자가 동의하고 여행계약의 체결을 신청하는 서면을 송부한데 대해 당사가 전자정보망 내지 기계적 장치 등을 이용하여 여행자에게 승낙의 의사를 통지한 경우

제8조(당사의 책임)

당사는 여행 출발시부터 도착시까지 당사 본인 또는 그 고용인, 현지여행사 또는 그 고용인 등(이하 '사용인'이라 함)이 제2조제1항에서 규정한 당사 임무와 관련하여 여행자에게 고의 또는 과실로 손해를 가한 경우 책임을 집니다.

제9조(최저행사인원 미 충족시 계약해제)

① 당사는 최저행사인원이 충족되지 아니하여 여행계약을 해제하는 경우 여행출발 7일전까지 여행자에게 통지하여야 합니다.

② 당사는 여행참가자 수 미달로 전항의 기일내 통지를 하지 아니하고 계약을 해제하는 경우 이미 지급 받은 계약금 환급 외에 다음 각 목의 1의 금액을 여행자에게 배상하여야 합니다.

가. 여행개시 7일전까지 여행계약 해제 통지시 : 계약금 환급

나. 여행출발 1일전까지 통지시 : 여행요금의 30%

다. 여행출발 당일 통지시 : 여행요금의 50%

제10조(계약체결 거절)

당사는 여행자에게 다음 각 호의 1에 해당하는 사유가 있을 경우에는 여행자와의 계약체결을 거절할 수 있습니다.

1. 다른 여행자에게 폐를 끼치거나 여행의 원활한 실시에 지장에 있다고 인정될 때
2. 질병 기타 사유로 여행이 어렵다고 인정될 때
3. 계약서에 명시한 최대행사인원이 초과되었을 때

제11조(여행요금)

① 여행계약서의 여행요금에는 다음 각 호가 포함됩니다.
단, 희망여행은 당사자간 합의에 따릅니다.

1. 항공기, 선박, 철도 등 이용운송기관의 운임(보통운임기준)
2. 공항, 역, 부두와 호텔사이 등 송영버스요금
3. 숙박요금 및 식사요금
4. 안내자경비
5. 여행 중 필요한 각종세금
6. 국내외 공항, 항만세
7. 관광진흥개발기금
8. 일정표내 관광지 입장료
9. 기타 개별계약에 따른 비용

② 여행자는 계약체결시 계약금(여행요금 중 10%이하 금액)을 당사에게 지급하여야 하며, 계약금은 여행요금 또는 손해배상액의 전부 또는 일부로 취급합니다.

③ 여행자는 제1항의 여행요금 중 계약금을 제외한 잔금을 여행출발 7일 전까지 당사에게 지급하여야 합니다.

④ 여행자는 제1항의 여행요금을 당사자가 약정한 바에 따라 카드, 계좌이체 또는 무통장입금 등의방법으로 지급하여야 합니다.

⑤ 희망여행요금에 여행자 보험료가 포함되는 경우 당사는 보험회사명, 보상내용 등을 여행자에게 설명하여야 합니다.

제12조(여행요금의 변경)

① 국외여행을 실시함에 있어서 이용운송, 숙박기관에 지급하여야 할 요금이 계약체결시보다 5%이상 증감하거나 여행요금에 적용된 외화환율이 계약체결시보다 2% 이상 증감한 경우 당사 또는 여행자는 그 증감된 금액 범위 내에서 여행요금의 증감을 상대방에게 청구할 수 있습니다.

② 당사는 제1항의 규정에 따라 여행요금을 증액하였을 때에는 여행출발일 15일전에 여행자에게 통지하여야 합니다.

제13조(여행조건의 변경요건 및 요금 등의 정산)

① 위 제1조 내지 제12조의 여행조건은 다음 각 호의 1의 경우에 한하여 변경될 수 있습니다.

1. 여행자의 안전과 보호를 위하여 여행자의 요청 또는 현지사정에 의하여 부득이하다고 쌍방이 합의한 경우
2. 천재지변, 전란, 정부의 명령, 운송, 숙박기관 등의 파업, 휴업 등으로 여행의 목적을 달성할 수 없는 경우

② 제1항의 여행조건 변경 및 제12조의 여행요금 변경으로 인하여 제11조제1항의 여행요금에 증감이 생기는 경우에는 여행출발 전 변경 분은 여행출발 이전에, 여행 중 변경 분은 여행종료 후 10일 이내에 각각 정산(환급)하여야 합니다.

③ 제1항의 규정에 의하지 아니하고 여행조건이 변경되거나 제14조 또는 제15조의 규정에 의한 계약의 해제, 해지로 인하여 손해배상액이 발생한 경우에는 여행출발 전 발생 분은 여행출발이전에, 여행 중 발생 분은 여행종료 후 10일 이내에 각각 정산(환급)하여야 합니다.

④ 여행자는 여행출발 후 자기의 사정으로 숙박, 식사, 관광 등 여행요금에 포함된 서비스를 제공받지 못한 경우 당사에게 그에 상응하는 요금의 환급을 청구할 수 없습니다. 단, 여행이 중도에 종료된 경우에는 제16조에 준하여 처리합니다.

제14조(손해배상)

① 당사는 현지여행사 등의 고의 또는 과실로 여행자에게 손해를 가한 경우 당사는 여행자에게 손해를 배상하여야 합니다.

② 당사의 귀책사유로 여행자의 국외여행에 필요한 사증, 재 입국 허가 또는 각종 증명서 등을 취득하지 못하여 여행자의 여행일정에 차질이 생긴 경우 여행사는 여행자로부터 절차대행을 위하여 받은 금액 전부 및 그 금액의 100%상당액을 여행자에게 배상하여야 합니다.

③ 당사는 항공기, 기차, 선박 등 교통기관의 연 발착 또는 교통체증 등으로 인하여 여행자가 입은 손해를 배상하여야 합니다. 단, 여행사가 고의 또는 과실이 없음을 입증한 때에는 그러하지 아니합니다.

④ 당사는 자기나 그 사용인이 여행자의 수하물 수령, 인도, 보관 등에 관하여 주의를 해태(懈怠)하지 아니하였음을 증명하지 아니하면 여행자의 수하물 멸실, 훼손 또는 연착으로 인한 손해를 배상할 책임을 면하지 못합니다.

제15조(여행출발 전 계약해제)

① 당사는 또는 여행자는 여행출발전 이 여행계약을 해제할 수 있습니다. 이 경우 발생하는 손해액은 '소비자분쟁해결기준'(공정거래위원회 고시)에 따라 배상합니다.

1. 여행자의 여행계약 해제 요청이 있는 경우(여행자의 취소 요청시)
   - 여행출발일 ~30일전까지 취소 통보시 - 계약금 환급
   - 여행출발일 29~20일전까지 취소 통보시 - 여행요금의 10% 배상

- 여행출발일 19~10일전까지 취소 통보시 - 여행요금의 15% 배상
- 여행출발일 9~8일전까지 취소 통보시 - 여행요금의 20% 배상
- 여행출발일 7~1일전까지 취소 통보시 - 여행요금의 30% 배상
- 여행출발 당일 취소 통보시 - 여행요금의 50% 배상

2. 당사의 취소통보로 여행이 취소된 경우 손해배상
   - 여행개시 ~30일전까지 통보시 - 계약금 환급
   - 여행개시 29~20일전까지 통보시 - 여행요금의 10% 배상
   - 여행개시 19~10일전까지 통보시 - 여행요금의 15% 배상
   - 여행개시 9~8일전까지 통보시 - 여행요금의 20% 배상
   - 여행개시 7~1일전까지 통보시 - 여행요금의 30% 배상
   - 여행출발 당일 취소 통보시 - 여행요금의 50% 배상

   단, 최저행사인원이 충족되지 않아 불가피하게 기획여행을 실시할 수 없는 경우에는 제9조(최저행사인원 미 충족시 계약해제)의 조항에 의거하여 당사가 여행자에게 배상한다.

② 당사 또는 여행자는 여행출발 전에 다음 각 호의 1에 해당하는 사유가 있는 경우 상대방에게 제1항의 손해배상액을 지급하지 아니하고 이 여행계약을 해제할 수 있습니다.

1. 당사가 해제할 수 있는 경우
   가. 제13조제1항제1호 및 제2호사유의 경우
   나. 다른 여행자에게 폐를 끼치거나 여행의 원활한 실시에 현저한 지장이 있다고 인정될 때
   다. 질병 등 여행자의 신체에 이상이 발생하여 여행에의 참가가 불가능한 경우
   라. 여행자가 계약서에 기재된 기일까지 여행요금을 납입하지 아니한 경우
2. 여행자가 해제할 수 있는 경우
   가. 제13조제1항제1호 및 제2호의 사유가 있는 경우
   나. 여행자의 3촌 이내 친족이 사망한 경우
      당사제출용 증빙서류
      - 친족을 확인 할 수 있는 서류(가족관계증명서 등…)
      - 진단서 또는 사체검안서(사망진단서)
      - 그 밖의 필요서류
   다. 질병 등 여행자의 신체에 이상이 발생하여 여행에의 참가가 불가능한 경우
      당사제출용 증빙서류
      - 진단서
      - 그 밖의 필요 서류
   라. 배우자 또는 직계존비속이 신체이상으로 3일 이상 병원(의원)에 입원하여 여행 출발 전까지 퇴원이 곤란한 경우 그 배우자 또는 보호자 1인
      당사제출용 증빙서류
      - 친족을 확인할 수 있는 서류(가족관계증명서 등…)
      - 진단서
      - 그 밖의 필요서류
   마. 당사의 귀책사유로 계약서 또는 여행일정표(여행설명서)에 기재된 여행일정대로의 여행실시가 불가능

해진 경우

바. 제12조제1항의 규정에 의한 여행요금의 증액으로 인하여 여행 계속이 어렵다고 인정될 경우

제16조(여행출발 후 계약해지)

① 당사 또는 여행자는 여행출발 후 부득이한 사유가 있는 경우 이 여행계약을 해지할 수 있습니다. 다만, 이로 인하여 상대방이 입은 손해를 배상하여야 합니다.

② 제1항의 규정에 의하여 계약이 해지된 경우 당사는 여행자가 귀국하는데 필요한 사항을 협조하여야 하며, 이에 필요한 비용으로서 당사의 귀책사유에 의하지 아니한 것은 여행자가 부담합니다.

제17조(여행의 시작과 종료)

여행의 시작은 탑승수속(선박인 경우 승선수속)을 마친 시점으로 하며, 여행의 종료는 여행자가 입국장 보세구역을 벗어나는 시점으로 합니다. 다만, 계약내용상 국내이동이 있을 경우에는 최초 출발지에서 이용하는 운송수단의 출발시각과 도착시각으로 합니다.

제18조(설명의무)

당사는 계약서에 정하여져 있는 중요한 내용 및 그 변경사항을 여행자가 이해할 수 있도록 설명하여야 합니다.

제19조(보험가입 등)

당사는 이 여행과 관련하여 여행자에게 손해가 발생한 경우 여행자에게 보험금을 지급하기 위한 보험 또는 공제에 가입하거나 영업보증금을 예치하여야 합니다.

제20조(기타사항)

① 이 계약에 명시되지 아니한 사항 또는 이 계약의 해석에 관하여 다툼이 있는 경우에는 당사 또는 여행자가 합의하여 결정하되, 합의가 이루어지지 아니한 경우에는 관계법령 및 일반관례에 따릅니다.

② 특수지역에의 여행으로서 정당한 사유가 있는 경우에는 이 표준약관의 내용과 달리 정할 수 있습니다.

• 고객 상담 매뉴얼

1. 상품 상담

고객들이 많이 묻는 질문 중에 하나는 해당 지역이나 상품이 어떤지에 대한 것이다. 고객들은 상담원이 당연히 모든 여행상품에 대해 해박한 지식을 가지고 있다고 생각한다. 모든 여행상품을 직접 다녀와서 상담에 임하는 것이 가장 좋지만 현실적으로 불가능하다. 직접 다녀온 상품이든 아니든 상품에 대해 자신감을 갖고 상담에 임해야 한다. 평소 꾸준히 상품 지식과 정보를 습득하여 고객의 궁금증을 해결할 수 있도록 한다.

1) 직접 다녀온 상품을 상담할 때

상담원이 직접 다녀온 상품에 대해 고객은 어느 정도의 신뢰감을 갖게 된다. 본인이 가장 잘 알고 있는 상품이므로 자신감을 가지고 상담에 임하도록 한다. 상품의 장점 및 특징을 본인의 경험과 접목시켜 고객에게 어필할 수 있도록 한다. 또한 직접 다녀온 상품의 장점과 특징, 경험과 느낌 등을 문서로 정리한 뒤 다른 직원들과 공유하여 노하우로 전달될 수 있게 하는 것도 중요하다.

"제가 얼마 전에 다녀온 곳이라 잘 알고 있습니다."

2) 직접 다녀오지 못한 상품을 상담할 때

직접 다녀오지 못한 상품을 상담할 경우에도 위의 경우와 마찬가지로 자신이 판매할 상품에 자신감을 갖고 상담에 임하도록 한다. 평소 상품에 대한 꾸준한 학습은 물론, 해당 지역을 다녀온 상품담당자 및 동료의 경험과 지식을 공유하는 것이 좋다.

"저는 가보지 못했지만 저의 추천을 받고 다녀오신 대부분의 고객님들이 너무 만족해 하셨습니다. 여행요금을 납부하시고 가신 고객님들이 만족해하신 곳이 더 믿을 만하지 않을까요?"

3) 해당 지역을 다녀왔냐는 질문을 받았을 때

직접 다녀오지 못했다는 말을 하는 순간 고객은 상담원이 전문적이지 못하다고 느끼게 되어 상담의 신뢰도가 감소한다. 다녀오지는 않았지만 해당 상품에 대한 완벽한 지식을 가지고 있음을 보여야 한다. 상담원도 가보고 싶은 곳이라고 자신 있게 말하여 고객을 안심시키도록 한다.

"아직 저는 직접 다녀오지 못했지만 상품담당자가 일생에 꼭 한번은 다녀와야 할 천하절경이라고 합니다. 먼저 다녀오신 고객님들께서도 매우 만족해하셨습니다."

"저는 바다를 좋아해서 아직 장가계에 가보지 않았지만 천하절경이라고 칭찬하시는 분들이 많아서 나중에 꼭 가보려고 합니다."

2. 고객의 일정관련 요구

요즘 고객들은 패키지 일정에 그대로 따르기 보다는 현지에서의 자유 시간을 갖길 원한다. 그러나 패키지 상품의 특성상 이러한 고객의 욕구를 채워주기에는 다소 무리가 있다. 패키지 상품의 특성을 안내하여 양해를 구하거나 자유 일정이 포함된 상품을 추천해드린다.

1) 패키지 상품의 특성 안내

패키지 상품은 동일한 일정으로 많은 인원의 단체가 여행하는 상품으로 항공사와 호텔에서 단체를 위한 특별요금을 제공하여 상품가격이 책정된다. 그래서 패키지로 여행하는 것이 개별적으로 여행하는 것보다 저렴하다. 그래서 요즘 젊은 고객 중 요금 저렴한 패키지를 예약 후 자유일정을 즐기려는 계획으로 문의를 하는 경우가 많은데 패키지 일정은 상품가격에 맞춰서 기획된 것이기 때문에 현지에서 개별적으로 행동하는 것은 곤란함을 말씀 드린다.

"다른 고객님들도 모두 같은 일정으로 예약하신 상품이기 때문에 특정한 분들께만 자유 시간을 드리기는 어렵습니다. 양해바랍니다."

"여행자계약서를 보면, 저희는 정해진 일정을 진행해야 할 의무가 있습니다. 일정진행에 어려움이 많으므로 가급적 개별행동은 자제해주시기 바랍니다."

2) 자유일정이 포함된 상품 추천

개별행동을 하기 원하는 고객에게는 자유일정이 포함된 패키지 상품이나 항공과 호텔만 이용하는 상품을 추천한다. 또한 독립적으로 인센티브 단체를 구성하여 여행할 수 있음을 안내하여 드린다.

"1일 자유일정이 포함되어 있는 도쿄/닛코 상품은 어떠세요?"

"항공과 호텔만 포함된 에어텔 상품은 현지에서 여행일정이나 식사를 직접 해결하시기 때문에 원하시는 자유로운 형태의 여행이 될 수 있을 겁니다."

3) 리턴연장 희망 시 원하는 귀국일과 항공패턴 확인

고객이 원하는 현지출발일, 귀국일 변경 인원, 체류도시 등 확인한다. 가장 많이 문의하는 미주노선은 UA, SQ, KE, OZ 항공사마다 리턴 연장 규정이 다르므로 확인하여 좌석상황 체크 후에 정확하게 정보를 드리는 것이 중요하다. 출발일 기준으로 연장 체류 가능여부와 추가요금을 확인해서 안내한다.

"리턴 연장은 이용하시는 항공사의 규정에 따라 달라집니다. 그 규정에 따라 일부 상품은 추가 비용을 지불하셔야 합니다.

"고객님께서 원하시는 현지 출발일은 언제입니까?"

"제가 고객님이 원하시는 날짜로 확인해 드리겠습니다."

"미주노선은 귀국일 연장요청이 많은 지역이기 때문에 좌석 상태를 확인해야 정확히 요금과 규정을 알 수 있으며 기간에 따른 요금 차이도 있습니다."

3. 요금 관련

패키지 상품은 성인, 아동, 유아에 따라 요금 차이가 있다. 고객은 아동요금과 유아요금의 차이를 이해 못하시거나 어떤 기준으로 적용되는지 궁금해 한다. 요금의 기준이 되는 항공사의 규정을 확인시켜 드려서 패키지 요금을 설명하도록 해야 하며, 여행 계획 시 고객에게 요금은 민감하고 중요한 부분이므로 최대한 고객입장에서 안내한다.

1) 항공사 요금

유아는 생후 14일 이후면 별다른 제약 조건 없이 항공여행이 가능하다. 국제항공운송협회가 정한 유아의 나이는 첫 구간 출발일 기준 만24개월 미만, 아동은 만2세 이상 만12세 미만이다. 단, 항공사에 따라 안전상의 이유로 첫 구간 출발일과 관계없이 항공편 탑승일 기준 유아의 나이가 24개월이 넘으면 좌석을 구매 할 수도 있다.

유아의 국제선 항공운임은 통상 성인 공시운임의 10%를, 만2세 이상 만12세 미만의 아동은 성인 공시운임의 75%를 지불해야 한다. 이때 성인 1인에 대해 동반하는 유아 1명에게는 별도의 항공기 좌석이 제공되지 않으며 좌석을 요청하는 경우는 아동 운임이 적용된다.

단, 성인 1인이 동반하는 유아가 2명 이상인 경우에는 각1명을 제외한 나머지 유아에 대해서는 인원수만큼 좌석이 반드시 필요하다. 이 경우는 통상 성인 판매운임의 75%를 지불해야 한다.

2) 패키지 요금

패키지 요금도 항공사 규정에 따라 생후 15일 이상 만2세 미만의 소아는 유아요금 적용을 받지만 실질적으로 성인 요금의 10%~20%를 지불하게 된다. 할인요금이 아닌 공시요금의 10%임을 잘 말씀 드려야 한다. 패키지 요금은 할인을 적용 받은 것이기 때문에 지역에 따라 차이가 있으며 정확히 성인 여행요금의 10%가 아니다.

아동의 패키지 요금은 성인요금의 80%~90% 정도를 적용 받는데, 이 요금은 보호자가 동반해야 적용 받을 수 있다. 아동요금은 성인 2명과 같은 방을 사용할 경우에 적용 되는 것이며, 유아의 경우 좌석이 따로 배정되지 않는 점을 미리 알려 드려야 한다.

4. 팁 관련

우리나라에는 팁 문화가 발달되어 있지 않아 팁 주는 것에 익숙하지 않다. 결국 고객들은 팁을 가이드의 수고에 대한 고마움의 표현이 아닌 비용으로 인식하게 된다. 관행적인 팁 금액의 룰을 그대로 이야기하는 것보다는 가이드의 수고와 노력을 알려, 비용이 아닌 좋은 서비스에 대한 답례로 기분 좋게 돈을 쓰실 수 있도록 한다.

1) 팁 포함 상품일 경우

"이 상품은 팁 포함 상품으로 별도의 팁을 내실 필요가 없습니다. 그러나 현지에서 좋은 서비스를 받으셨다면 고마움의 표현으로 소정의 팁을 주시는 것도 여행을 즐기시는 방법 중에 하나입니다."

2) 팁 불포함 상품일 경우

"이 상품은 1인당 1박에 10불씩 팁을 내셔야 합니다. 하루 만원에 하루 종일 애쓰는 가이드/기사/인솔자 팁이 포함되어 있습니다. 수고비로 기분 좋게 주시면 됩니다."

5. 가격 관련

같은 상품이어도 성수기/비수기, 상품 등급, 항공요금, 호텔 등에 따라 가격 차이가 발생한다. 고객에게 가격 차이의 발생요인을 정확히 알려드리고, 고객의 이해를 구한다. 그러나 상품을 판매하는 곳은 여행사이므로 여행사의 노력을 충분히 알릴 필요가 있다.

여행사의 특별한 서비스를 강조해야 고객들은 다음에도 그 여행사를 통해 여행을 가게 된다. 즉, 고객에게 항공, 호텔 등 외부요인에 의해 발생한 가격 차이를 그대로 알리는 것 보다는 가격에 대해 유리하게 이야기 할 수 있는 부분은 여행사의 노력임을 알려 신뢰를 얻도록 한다.

1) 팁 불포함 상품일 경우

"저희가 특별히 저렴한 가격으로 준비했습니다. 성수기 때는 이와 비슷한 상품이 훨씬 더 비싸지기 때문에 지금 선택하시면 굉장히 저렴한 가격에 다녀오실 수 있습니다. 이 기회에 한번 다녀오세요."

– 성수기에는 여행자 수요가 많아 항공, 호텔 등의 요금이 올라가게 된다.
  같은 상품이라도 성수기 / 비수기에 따라 많게는 2배정도 차이가 난다.
– 상품 등급 (실속/정통/품격)
  "가격차이가 좀 있지만, 4성급 호텔에 여러 가지 선택 관광이 포함되어 있는 고품격상품으로 편안히 여행하시는 게 어떨까요?"

– 항공요금 (날짜별/요일별/항공사별)
  여행상품 가격에서 가장 큰 부분을 차지하는 것이 항공요금이다. 항공요금은 날짜별, 요일별로 탑승객의 수를 통계 내어 산정하기 때문에 가격 변동이 심하고, 같은 구간이라도 요금이 다르게 적용되는 경우가 많다. 보통 성수기와 주말 요금이 비싸며, 국적기가 외항사보다 요금이 비싸다.

– 호텔/선택관광 및 포함사항
  같은 상품이더라도 호텔 등급별(3성급,4성급,5성급)로 가격 차이가 있다. 패키지상품은 주로 3성급, 4성급의 호텔을 사용하며, 또한 선택관광 및 포함사항에 따라 상품 가격에 차이가 생긴다.

2) 상품요금이 비싸다며 할인 요구

일정이나 특전에서 고객이 받게 되는 혜택이 많은 점을 강조하여 판매한다.

타사상품의 포함사항과 자사의 포함사항을 비교하였을 때 가격 경쟁력이 있으며, 이미 고객은 생각보다 많은 할인을 받는 것이다.

"현재 패키지로 나온 상품은 몇 달 전부터 기획해서 저렴한 가격으로 준비된 상품입니다. 다른 고객님들도 가시기 전에는 비싸다고 하셨지만 다녀오신 후에는 오히려 추천해서 고맙다고 하시며 매우 만족하셨습니다."

"성수기 때는 이와 비슷한 상품이 훨씬 더 비쌉니다. 지금 선택하시면 굉장히 저렴한 가격에 다녀오실 수 있습니다."

3) 단체예약 할인 요구

단체예약 해주었으니 당연히 할인을 요구하는 고객께는 예약의 감사함을 표현하되 여행사 입장을 미리 밝혀 둘 필요는 있다. 단체고객이므로 조금 더 세심한 관심과 서비스를 받으실 수 있음을 강조한다.

"이미 단체요금을 적용 받아 항공요금과 상품가격이 책정되었기 때문에 더 이상의 할인을 해드릴 수 없는 점을 양해 바랍니다."

이용 항공 및 호텔, 여행 일정 등 일정표 상의 모든 것이 같은데도 하나투어 상품이 타사에 비해 왜 가격이 높은지 고객들이 이해하지 못하는 것은 당연하다. 여행상품의 특성상 모방이 용이하여 여행 일정에는 큰 차이가 없으나 이용 호텔 및 포함 조건 등 하나투어 상품과 타사 상품 간에는 분명한 차이가 존재한다.

타사 상품과 비교하여 상품의 특징, 혜택, 포함조건을 확인시켜 드리고, 하나투어의 브랜드 밸류를 강조하여 안정성 및 수준 높은 서비스로 차별화 한다.

4) 차별성 강조

자사만 단독으로 이용하는 호텔 및 리조트, 식당은 물론 하나투어를 통해서만 갈 수 있는 지역과 관광지도 있다. 단독 일정의 자부심을 갖고 특별한 혜택임을 느낄 수 있도록 강조한다.

– 자사 단독 일정(호텔/관광지/식당 등)

"나스뷰 호텔은 저희 여행사 고객님들만 가실 수 있는 특별한 호텔입니다.
별장지대에 위치해 있어 경치도 좋고, 온천을 즐기기에도 좋습니다."
"호/뉴 상품에는 호주 하드락 카페의 스테이크 특식이 포함되어 있습니다. 세계적인 명소로서 하나투어 고객님들만 가실 수 있는 특별한 곳입니다."

5) 선택관광/특전/팁 포함 여부

"서유럽에서는 유일하게 문화체육관광부에서 선정한 '우수여행상품'인증을 획득한 인기상품이며, 에펠탑 전망대와 세느강 유람선 관광, 베니스 곤돌라 등 옵션과 공동경비가 포함되어 있는 퀄리티 높은 상품입니다. 또한 유럽 3대 박물관에서 모두 개인용 수신기를 제공해드리고 있습니다."

6) 자사의 안정성/현지직영지사 행사 진행 등

타사의 경우 현지 랜드사를 통해 행사를 진행하는 경우가 대부분인데 수준 높은 서비스 제공이 어렵고, 응급상황 발생 시 책임감 있는 대처가 어렵다.

"방콕에 저희 회사 직영지사가 있어 안심하고 다녀오실 수 있습니다."

7) 지역전문 인솔자 및 가이드

각 지역에 정통한 전문 인솔자가 동행한다면 고객에게 즐거운 여행과 편안한 여행이 될 수 있을 것이다. 연세드신 부모님의 효도관광을 계획하고 있는 고객에게 어필하도록 한다.

"중국어에 능통한 전문인솔자가 고객님의 편안한 여행을 도와드립니다."

8) 유류할증료와 각종 세금 관련

항공권구매 시 기본적인 항공료 외에 세금(TAX)과 유류할증료(Fuel Surcharge)란, 추가요금이 발생하는 것이다.

하나투어 패키지상품의 경우 일부 상품을 제외하고는 세금과 유류할증료가 포함되어 있지만, 불포함일 경우는 이러한 추가요금에 대한 부가적인 안내가 필요하다.

– 세금(TAX)

기본적으로 항공료에 부가되는 세금은 인천출발 공항 이용세와 목적도시 공항 이용세, 전쟁보험료가 포함된 금액이다.

또한 항공사나 목적지에 따라 검역세, 경유세 등 추가로 포함되는 세금이 있으며, 경유지와 목적지에 따라 5~20만 원 가량 예상하면 된다.

출국 전 포함되지 않고 현지 공항에서 직접 지불하셔야 하는 세금도 있으며, 세금 금액은 예약완료화면에서 확인하여야 한다.

- 유류할증료(Fuel Surcharge)

  건설교통부 승인 하에 각 항공사들은 여객 유류할증제도를 도입하였다.

  유류할증료란 기하급수적으로 증가되는 항공유가에 대한 부담을 운임인상 대신 세금처럼 추가 요금으로 지불하는 것을 말한다.

  최근에 국제유가가 수시로 오르고 내리고 있는데, 그때마다 항공요금을 변경할 수가 없기 때문에 유류할증료를 신설하여 1개월 단위로 인상 또는 인하된 추가 유류대를 받는 것이다.

  유류할증료는 통상적으로 편도당 얼마씩 달러로 정해지는데, 각 항공사마다 할증료가 다르며 달러로 책정된 것을 입금 당시 환율에 따른 원화로 입금하기 때문에 환율 변동에 따라서도 약간씩 차이가 있다.

- 전쟁보험료

  평상시 부과되는 기본 전쟁보험료와 전쟁위험지역 및 전쟁지역을 운항하는 선박에 부과되는 전쟁보험료로 구분되며 런던전쟁보험자협회에 의해 결정된다.

  전쟁보험료는 항공사마다 약간의 차이가 있다.

  모든 항공이용 승객이 부담을 해야 하는 각 공항세, 전쟁보험료는 여행일정과 이용항공사에 따라 차이가 있다.

  여행사나 항공사에서 고시되는 항공요금은 순수한 항공료로서, 전쟁보험료와 공항세가 포함되어 있지 않은 요금이다.

  항공료는 일정한데 반해, 전쟁보험료와 공항세는 US$로 지불되기에 당일 고시되는 환율에 따라 차이가 있다.

9) 예약금/ 잔금 결제 안내

고객이 상품을 예약하시면 여행사는 일정표와 여행약관, 계약서를 교부해야 한다. 특별한 경우를 제외하면 예약금을 입금시킨 후의 나머지 잔액에 대한 안내는 고객에게 이용하기 편한 은행계좌번호를 알려드리고, 카드결제를 할 경우 ARS 안심카드결제를 안내해 드린다.

"여행상품을 예약하신 후 보통의 경우 3일 이내에 상품가의 10%에 해당하는 예약금을 입금하면 계약이 성립됩니다. 하지만, 특별약관이 적용되는 경우 정해진 예약금을 입금해 주셔야 합니다. 출발일이 얼마 남지 않았을 경우는 바로 예약금을 입금해주셔야 계약이 확정 됩니다. 특별한 경우를 제외하면 출발일 일주일 전쯤 완납해주시면 됩니다. 예약금 입금후의 나머지 잔액에 대한 안내는 제가 다시 해드리겠습니다."

10) 결제수단 안내

"신용카드나 무통장 입금으로 결제 가능하십니다. 무통장 입금을 원하시면 홈페이지 오른쪽 상단의 예약확인/결제에서 결제수단을 무통장 입금으로 선택하신 후 입금하실 은행과 입금자명을 입력해 주시고 입금해주시면 됩니다. 신용카드 결제는 홈페이지 오른쪽 상단의 예약확인/결제에서 온라인 직접결제가 가능하십니다. 또, ARS로 전화 주시거나 대리점 직접 방문 시에도 가능하십니다."

6. 출발확정인원

보통 출발 1주일 전에서 3일전까지 고객에게 출발확정 여부를 알려드린다.

그 전까지 최소출발인원이 안될 경우 해당 상품을 취소하거나 다른 상품으로 변경해야 한다.

상품 상담 시, 이 점을 알려드려 추후에 발생되는 불만을 최소화한다. 모객이 어느 정도 되어 있거나 모객이 잘 되는 대표적인 상품을 예약하실 수 있도록 도와드린다.

7. 출발 가능 상품 예약 유도

상담을 시작할 때부터 모객이 한 명도 되어 있지 않은 상품보다는 모객이 어느 정도 되어 있어 출발 가능한 상품으로 안내해드린다.

후에 모객이 되지 않아 상품이 취소되면 예약취소나 변경이 불가피하므로 고객의 실망감도 커지고 세일즈 기회도 놓치게 된다.

- 출발이 안 될 가능성이 있는 경우

  "현재 이 상품은 모객이 되어 있지 않아 출발가능성이 희박합니다. 같은 날짜 저녁시간에 출발하는 상품은 현재 15명이 모객 되어 있어 출발 가능합니다. 이 상품으로 예약하시는 건 어떠세요?"

  "다른 고객님께서 갑자기 캔슬하셔서 출발이 어렵게 되었습니다. 정말 죄송하지만 혹시 일정 조정이 가능하시면, 하루 늦게 출발하는 상품으로 이용해주시길 부탁드립니다."

- 출발 확정인 경우

  "현재 이 상품은 출발이 확정된 상품입니다. 일정표상으로 그대로 진행되나, 현지 사정에 따라 호텔이나 일정이 변경될 수 있습니다. 일정상의 호텔과 동급 또는 그 이상으로 변경되니 걱정 안 하셔도 됩니다. 일정은 빠짐없이 진행하도록 최선을 다하겠습니다."

8. 환전방법

선택관광, 쇼핑, 개인경비 등 추가적인 여행경비를 안내하고, 환전금액을 예상하실 수 있게 도와드린다.

현지에서 직접 지불해야 할 선택관광비용과 팁은 환전이 필요함을 안내한다. 또한 현지의 소규모 상점이나 편의점에서 사용할 돈도 환전이 필요하다. 많은 양의 현금은 분실 및 도난의 위험이 있으니 주의가 필요함을 안내한다.

"환전금액은 개인별로 차이가 있으나 상품가에 기본적인 여행경비가 대부분 포함되어 있으므로 현지에서 쇼핑이나 간식 드시는데 쓰실 개인 경비만 준비하시면 됩니다. 희망하는 선택관광을 확인해보시고 그에 맞는 금액을 준비하시면 됩니다. 쇼핑하실 때 신용카드 사용이 가능하므로 큰 금액은 신용카드를 이용하시고, 현지에서 쓰실 간단한 비용 정도 환전하시면 좋습니다."

9. 팀 구성 질문

고객들은 자신과 함께 여행할 사람들이 누구인지, 몇 살인지, 몇 명과 함께 갈지 궁금해 한다. 비슷한 연령대끼리 다녀야 여행도 즐겁고 여행하기 편하다고 생각한다.

고객에 대해 자세히 언급하는 것은 불가능하므로 간단히 연령대와 가족 수 정도로 답변한다.

고객이 예약할 수 있게 하는 것이 무엇보다 중요하므로 고객이 원하는 바를 캐치하여 답변한다.

1) 예약현황을 통해 필요한 고객정보 확인

상품 예약현황을 통해 해당 상품을 먼저 예약한 고객의 나이, 가족 수, 일행 등을 확인할 수 있으므로 필요한 정보를 확인하여 고객의 취향에 맞게 안내하도록 한다.

고객이 많은 인원과 함께 가길 원하는지, 비슷한 연령대와 가고 싶어 하는지, 다른 사람에 대해 별로 신경 쓰고 싶지 않은지 등을 상담원은 잘 파악해야 한다. 같은 정보라도 어떻게 이야기하느냐에 따라 예약여부가 결정되기 때문이다.

"현재 초등학생 자녀를 두신 가족 두 팀이 먼저 예약되어 있습니다. 고객님과 가족 구성도 비슷하시니 이 상품으로 예약해드릴까요?"

"주로 어르신 분들이 많이 예약하셨습니다. 비슷한 연령대 분들이신데 가셔서 새로운 분들도 만나보시는 게 어떠세요?

2) 인원이 너무 많다고 컴플레인 할 경우

30명 단체는 너무 많은데 어떻게 일정을 진행하느냐고 물어볼 경우, 적은 인원으로 구성하게 되면 요금이 상승하게 됨을 알려 드린다.

"이 상품은 30명 기준으로 해서 요금을 저렴하게 책정할 수 있었습니다. 이 정도 가격으로 이렇게 좋은 상품을 만나기 어렵습니다."

"인원이 많아서 일정 진행이나 서비스 문제가 걱정되시죠? 저희 전문인솔자가 동행하여 불편한 점이 생기면 바로 처리해드립니다."

10. 면세점 이용 방법

어느새 면세점은 해외여행 고객에게 필수 쇼핑코스로 자리 잡았다. 면세점에서는 일반 매장에 비해 훨씬 저렴한 비용으로 평소 사고 싶었던 물건을 구입할 수 있다.

면세점 이용을 원하시는 알뜰 고객을 위해 면세점 활용법을 안내해 드린다. 또한 국내면세품 한도액이나 현지 입국시 주의사항도 함께 안내하도록 한다.

1) 출국 전 국내면세점 쇼핑 이용방법 안내

직장인이나 결혼식을 마치고 당일 공항으로 이동하는 허니무너는 따로 공항 면세점을 이용하기에는 무리가 따른다.

시간이 촉박하여 시간 내에 항공편을 타는 것도 힘든 경우인데 공항면세점을 구경하는 것은 언감생심이다.

그렇다고 저렴하게 면세점을 이용할 수 있는 기회를 차버릴 수는 없다. 여유만만하게 국내면세점에서 쇼핑한 후 공항에서 물건을 찾는 방법을 안내한다.

2) 면세점 쇼핑정보

일반적으로 면세품 구입은 꼭 항공권이 나온 후에 살 수 있다고 알고 계시나, 출국일 한 달 전부터 출국 전일까지 쇼핑이 가능하다. 물품대금은 원화, 미화, 엔화 및 신용카드로 결제 할 수 있다.

면세점에서 구입한 물품은 그 자리에서 수령할 수 없기 때문에 물품대금을 지불한 후 물품교환증과 여권을 제시하고 공항에서 수령한다. 이때 구매자와 출국자는 반드시 동일인이어야 한다. 구매자와 출국자가 상이한 경우 상품인도가 불가능하므로 반드시 확인해야 한다.

한 가지 주의점은 최근 들어 국내면세점 이용객들이 크게 늘어 공항에서 물건을 수령하는 것도 시간을 넉넉히 잡아야 한다는 점이다.

3) 면세 한도액 확인 필수

입국 시 여행자 1인당 면세금액은 미화 600불이다. 이를 초과하는 물품을 반입하는 경우 세관에 반드시 신고하여 관세를 납부하여야 한다. 위 사항을 위반할 시에는 관세법 규정에 의거 처벌받게 된다.

또한, 면세점 면세품구입내역이 관세청에서 운영하는 전산시스템에 기록, 관리되고 있으며 미화 600불을 초과하여 면세물품을 구입한 여행자에 대해서는 관세청에서 보유하고 있는 전산자료에 근거하여 입국시에 세관으로부터 검사를 받게 될 수도 있다.

11. 여행자보험

해외여행 중 현지에서 일어난 사고처리에 관하여 보험 문의를 하시게 될 경우, 먼저 고객님의 안부를 물어 고객의 심리상태를 확인하고 위안의 말씀을 드리도록 한다.

고객은 최대의 보상을 요구하고 기대하기 때문에 상담원의 적극적인 태도가 중요하다. 여행사에서는 해외여행자보험을 예외적인 경우를 제외하고 의무적으로 들어드리고 있다. 보험처리절차를 말씀 드려 필요한 서류를 준비하도록 성심껏 도와드린다.

1) 소지품 도난, 항공사 사고, 질병에 의한 치료나 장애 등의 사고처리

- 사고 발생시 그에 따른 각종 진단서, 경찰 리포트, 인솔자 및 목격자 진술서, 본인 통장사본, 여권사본, 교통비 등의 영수증을 받아야 한다.
- 손해보험청구서류를 빠짐없이 작성하고 필요한 각종 증빙서류를 첨부하여 여행사에 접수 한다.
- 서류가 접수는 일주일에서 이주일 소요되며 부족한 서류나 내용이 없을 시에는 보험약관에 따른 금액이 고객님 통장으로 입금된다. 만약, 미흡한 사항이 있을 시 보험회사에서 고객님께 연락을 드리게 된다.
- 보험금 액수나 시기, 보상 범위 등은 여행사에서 결정할 사항이 아니므로 보험사에 직접 문의하여야 한다.

2) 여행자보험의 포함내용

여행을 출발하는 날부터 돌아오는 날까지 질병, 상해 시 병원실비지급 또는 휴대품 도난(분실은 제외), 파손, 배상책임이 포함된다.

3) 1억 원 해외여행자보험

일반적으로 예외적인 경우를 제외하고 여행자보험을 필수항목으로 포함시켜 준다. 보통 1억 원이라고 말하

는 것은 사망 시 받는 최고의 금액을 말한다.

자주 빈번히 발생하는 현지에서의 분실물이나 상해 등에 의한 보험 한도액은 보험 종류에 따라 천차만별로 차이가 나게 된다. 같은 1억 원 여행자보험이라 해도 보험액에 따라 각기 항목에 해당하는 손해배상 비용이 달라지는 것이다.

12. 기타 궁금한 점이 있어요

여행을 준비하는 고객은 설렘과 많은 기대를 가지고 있으며 궁금하신 점도 많다. 여행사에서 모든 궁금증을 다 해결해줄 것이란 생각을 가지고 있기 때문에 상담원의 귀찮아하는 말투나 성의 없는 답변에서 고객은 크게 실망하고 불신감을 갖게 된다. 정확한 답변을 드릴 수 없더라도 최소한의 도움으로 고객의 여행준비에 도움을 드리도록 한다.

1) 현금영수증 신청 방법 안내

하나투어닷컴에서 현금영수증을 신청하기 위한 조건은 다음과 같다.

- 현금 결제 금액이 있어야 가능
- 출발일+1일~도착일+3일 이내 신청 가능

"홈페이지 예약확인/결제 메뉴를 클릭하시고 고객님이 알고 계신 예약번호, 성함, 주민번호를 입력 후 확인하시면 예약상세내역 화면 하단에 현금영수증 부분이 있습니다. 신청하기와 도움말을 이용하시기 바랍니다."

2) 로밍서비스

- 국내 휴대폰의 해외사용 문의

  "해외에서 휴대폰 사용은 임대폰을 사용하시는 방법과 고객님의 국내휴대폰을 로밍서비스 받아 사용하시는 경우도 있습니다. 하지만 기종에 따라 불가능한 경우도 있기 때문에 보다 구체적이고 정확한 답을 원하시는 경우는 고객님이 가입하신 이동전화사의 서비스를 통하여 자세히 확인해주시기 바랍니다."

3) 임산부: 32주 이상의 임산부에게 필요한 서류를 안내

"탑승일 기준으로 32주 이상 된 임산부이십니까? 의사소견서와 예약 시 임신일수 및 출산 예정일을 알아야 합니다. 서류는 진단서2부와 서약서2부가 필요합니다."

- 진단서: 일반 산부인과 의사가 발급한 의사 소견서로서 항공편 출발 전 72시간 이내에 발급된 것으로, 임신 일수(여행개시일 기준), 초산여부 및 출산 예정일이 반드시 기재되어 있어야 한다.
- 서약서 : 출발 전 공항에서 작성한다.

4) 외투보관: 겨울철 따뜻한 지역으로 여행갈 때 안내해드린다.

"아시아나항공을 탑승하신다면 아시아나항공 승객들을 위해 겨울에 외투보관 서비스를 실시하고 있습니다. 별도의 신청 없이 아시아나항공 카운터에서 7일 동안 보관 가능합니다."

"공항 수하물보관소에 맡기실 경우에 보관료는 보통크기의 여행가방 한 개당 5,000원입니다. 또, 공항지하

에 있는 세탁소를 이용하시면 세탁비만으로 입국 시까지 맡기실 수 있어 더 경제적입니다."

5) 유아동반

- 유아용 바구니 신청: 장거리 구간에 대하여 항공편 예약 시 일부 기종을 제외하고 항공기용 유아 바구니를 신청할 수 있다. 몸무게 11㎏ 미만, 신장 75㎝ 미만, 생후 6개월 미만 유아가 사용 가능하다.
- 유아식 신청: 국제선 항공편의 경우 이유기의 아기를 위해서 기내에서 액상 조제 분유, 이유식 등이 제공되고 있다. 서비스를 받으려면 출발 24시간 전까지 서비스를 주문해야 한다.

이 외에도 각 항공사마다 유아를 위한 특별 서비스를 제공하고 있으니 해당 항공사 혹은 항공사 홈페이지를 통하여 확인하여 안내한다.

- 유모차나 유/소아용 보조 안전의자를 가져 올 수도 있다. 유모차의 경우 기내에 가져가려면 완전히 접을 수 있어야 하며 좌석 아래, 또는 기내 가방 보관함에 넣을 수 있는 크기여야 한다. 접히지 않는 큰 유모차는 일반 화물로 부쳐야만 하므로 미리 안내한다.

6) 전자제품

"나라마다 전압과 콘센트 구멍의 크기 및 형태에 따라 사용이 불가능한 경우가 있습니다. 호텔로비에서 대여도 가능하나 수량이 한정되어 있습니다. 공항면세점에서 전 세계 사용 가능한 어댑터를 판매하고 있으니 구입하시는 것도 좋은 방법입니다."

참고문헌

고영길 외 (2010). 여행안내와 인솔실무. 서울: 대왕사.

고종원 (2007). 여행상품개발론. 서울: 백산출판사.

고종원, 이광우 (2010). 여행사경영론. 서울: 백산출판사.

권문호 외 (2011). Tour Conductor 서비스실무. 서울: 대왕사.

김광근, 여창원, 김용철 (2007).방한 중국인관광객의 여행상품선택속성과 만족도에 관한 연구. 관광연구, 22(1), pp.133-153.

김상회 (1997). 한국 노년층의 여행상품 구매행동 특성에 관한 연구. 세종대학교 박사학위 논문.

김성혁, 문보영, 강혜숙 (2003). 여행사유형에 따른 CRS기능에 대한 인식도 및 만족도 분석. 관광·레저연구, 15(2). pp. 193-207.

김영규 (2013). 여행사 실무개론. 서울: 대왕사.

김영규 (2014). 여행사 경영과 실무. 서울: 대왕사.

김옥재 (2001). 관광객의 성격유형과 해외 여행상품 선택요인간의 관계 연구. 동의대학교 박사학위 논문.

김천중 (1999). 21세기 신 여행업. 서울: 학문사.

김천중, 최혜경 (2011). 여행업 창업과 경영실무. 서울: 대왕사.

나태영, 천민호 (2009). 여행사 경영실무. 서울: 대왕사.

노정철 (2012). 여행사경영론. 서울: 한올출판사.

박의서 (2002). 배낭여행 선택행동에 관한 연구. 관광경영연구, 6(3). pp. 109-127.

손수진 외 (2010). 여행사 경영과 실무. 서울: 대왕사.

아시아나 IDT (2003). 항공운임.

안대희 외 (2006). 여행사경영론. 서울: 백산출판사.

이교종 (2000). 여행업 실무. 서울: 백산출판사.

이교종 (2008). 여행업실무. 서울: 백산출판사.

이선희 (2004). 여행업경영개론. 서울: 대왕사.

이영관 외 (2008). 여행업 창업과 경영. 서울: 대왕사.

임헌국 (1997). 여행사경영론. 서울: 기문사.

장양례 외 (2014). 신여행업 실무. 서울: 대왕사.

전주형, 임연우 (2014). 여행사운영관리. 서울: 대왕사.

정찬종 (1994). 여행업무관리론. 서울: 백산출판사.

정찬종 (2010). 최신 여행사실무. 서울: 백산출판사.

조송빈 (1991). 여행사경영관리론. 서울: 백산출판사.

조송빈 (1993). 여행사경영이론. 서울: 백산출판사.

천덕희 외 (2009). 여행사 경영과 실무. 서울: 대왕사.

최준호, 신용원 (2001). 국외여행상품 선택속성에 관한 연구. 여행학연구, 13, pp.31-53.

최진영 (2008). 여행업 전문인력개발에 관한 연구. 숙명여대 석사학위논문.

토파즈 여행정보 (2002). 자동 발권.

한국여행발전연구회 (2012). 해외여행 · 항공업무의 이해. 서울: 대왕사.

Hyde. K. F., & Lawson. R. (2003). The nature of independent travel. *Journal of Travel Research, 42*(1). pp. 13-23.

藤本幸男, 森下晶美 (2011). 旅行商品企劃の理論と實際. 同友館.

末武直義, 觀光事業論, 法律出版社 (1993).

松園俊志, 森下晶美 (2012). 旅行業概論. 同友館.

ジェイティービー能力開發 (2012). 海外旅行實務. JHRS.

ジェイティービー能力開發 (2012). 海外旅行カウンター販賣. JHRS.

대한항공 kr.koreanair.com

롯데관광 www.lottetour.com

모두투어 www.modetour.com

스카이팀 www.skyteam.com

스타얼라이언스 www.staralliance.com

아시아나항공 www.flyasiana.com

원월드 www.oneworld.com

인천국제공항 www.cyberairport.kr

하나투어 www.hanatour.com

한국일반여행업협회 www.kata.or.kr

저자약력

■ 고영길

경기대학교 대학원 관광경영학과 박사 졸업

경기대학교 관광경영과 겸임교수

동양미래대학 관광경영과 겸임교수

경민대학 호텔관광경영과 조교수

㈜한남세계여행 국제관광부

㈜온누리여행사 해외여행팀

㈜리눅스투어 해외여행부

관광통역안내사 자격증 취득

현) 백석대학교 관광학부 관광경영전공 조교수

관광통역안내사 필기문제 출제위원 및 면접심사위원

국내여행안내사 면접심사위원

Tour Operating Practice

투어오퍼레이션 실무

2016년 3월 5일 1판 1쇄 인쇄
2016년 3월 10일 1판 1쇄 발행

지 은 이 고영길
펴 낸 이 최용구
펴 낸 곳 이프레스

주 소 (04316) 서울시 용산구 원효로 89길 19 (원효로1가)
전 화 537-1720(영업부), 537-1721(편집부), 537-1711(팩스)
이 메 일 epress01@naver.com
홈 페 이 지 www.epress1.com
등 록 2009년 12월 10일 제16-2710호

기획마케팅 최용구 장만동 송대용
책 임 편 집 석기은 황가연
본 문 편 집 oks
표 지 SDY

ISBN 978-89-90245-87-8 93980

정가 18,000원